歐 洲 概 論

方子毓◎著

五南圖書出版股份有限公司

目錄

第一章　緒論——認識歐洲

　　大學通識中心所開授之「歐洲概論」（European Introduction），主要以「認識歐洲」為導向，清楚介紹歐洲文化。在一學期2學分的課程裡，涵蓋內容包括了對歐洲各國的基本認識、歐洲的歷史文化、歐洲的藝術、繪畫與建築、歐洲政治外交、歐洲聯盟以及觀光旅遊和歐洲的生活文化等課題。整學期下來預期的目標為希望讓學生了解「歐洲」是什麼？歐洲的「特色」是什麼？以及歐洲特有且具代表性的「文化」是什麼？這也是通識課程中，在人文社會學科的教學上以「歐洲概論」來開授課程的動機與目的。

　　綜觀世界歷史近五百年，歐洲地區歷經了人類文明進步的幾個重要里程，這些歷程也象徵著人類在歷史與文明的發展中一個重要的階段。從文藝復興、工業革命、科學革命、啓蒙運動、地理大發現、十九世紀革命的世代以及當代歐洲統合與「歐洲聯盟」（EU）的問題與研究等。這幾個時代的演進過程是歐洲近代發展的重點，因此在課程的內容上也以專題形式來呈現和探討。

　　有道是：「**通識教育是一套知識組織體，他的基礎建材是一門門的課[1]**」。歐洲概論課程內容結合教師多年授課經驗、研究心得、學習成果與分享等；在課程的運用上也隨著國際時事的變化而做彈性適度的調整。歐洲在現今國際舞臺中具有舉足輕重的影響，對國際局勢變化，其角色更是不容忽視。因此，從時事分析的觀點來看歐洲政局的變化，是本課程之一大特色。畢竟，從全球化影響下的議題來看歐洲，也會讓同學對於認識歐洲文化有更進一步的認識與了解。

---

[1]　James L. Ratcliff D. Kent Johnson, Jerry G. Gaff著，國立編譯館主譯，吳璧純、詹志禹合譯，《通識教育課程改革》，臺北：國立政治大學政大出版社，2010年4月，頁126。

一、開課緣由

近年來大學通識課程越趨專業化，人文社會學科方面，諸多關於世界文化，全球化議題與各國區域性研究的課程多元。不論在亞洲、美洲以及歐洲文化等課程，皆讓學生有更多了解世界文化的選擇。而「歐洲概論」此門課程在通識教育中心的分類中通常歸類為人文社會群組，開課動機之一亦是在培養學生的專業知識與能力、國際觀的涵養，進而對於歐洲文化有更深入的體認。並希望藉由每週兩小時的課程，能夠充分發揮「通才」與「全人教育」的精神，讓學生了解本課程的專業知識，進而引發其學習興趣。

通識教育的目的與授課方式

在John J. MacAloon所著之《社會科學的通識教育》（*General ducation in The Social Sciences*）一書中提及：區分「通識」教育與「博雅」教育相當重要。「通識教育」反應了文理學科中最值得探討的問題，而非狹隘的只是以特定學科為基礎。而在通識教育的課程中採取專題討論的教學方式，並針對始終重要的議題指定文本或作業。通識教育課程的目標是透過一系列的一年期課程來實現，而教授課程的教師顯然關注問題多於特定文本。負責課程的教師皆相當熟悉其學科領域中的新舊爭議，且非常了解橫跨人文學科與社會科學的議題[2]。作者在攻讀博士班時於國立雲林科技大學兼課，利用機會向通識教育中心申請開授「歐洲概論」課程，

---

[2]　John J. MacAloon著，楊雅婷譯，《社會科學的通識教育》（*General Education In The Social Sciences*），主譯：國立編譯館，臺北：韋伯文化國際出版有限公司，2010年8月，頁310。

審核過程進行順利，之後便於民國93學年度第二學期起正式授課，自此也開啓大學通識教育中心長達十餘年的「歐洲概論」課程。因此，本書集結了作者多年的授課內容與相關資料，針對學生普遍性感興趣之議題妥善規劃書本架構及內容。除了專業性知識的傳達外，也增加了許多問題與討論、有趣的反向思考等。畢竟在大學課堂中，是以激發學生思考與討論來達到課程特色與授課目的。書中內容還包括了未來計劃授課之內容與相關資訊等。全書在時間與空間上皆以「歐洲」爲基礎，擬訂既定之授課方向，懇請各方專業領域學者、教師與學習者不吝賜教。

二、課程簡介──「歐洲概論」課程主要規劃授課方向

（一）內容綱要

　　本書主要分爲五個章節來談歐洲，以輕鬆的學習方式讓學生來認識歐洲。章節分別爲：1.認識歐洲、2.歐洲歷史與文明、3.歐洲藝術與文化、4.歐洲統合與歐洲聯盟，以及5.歐洲生活與文化等。從以上的架構與內容章節，希望藉此可以在一個學期的授課內容中，儘量能讓學生產生對於歐洲的興趣。

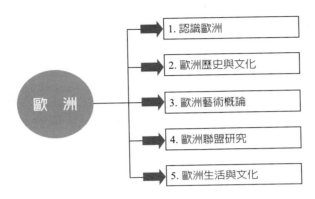

歐　洲

1. 認識歐洲

2. 歐洲歷史與文化

3. 歐洲藝術概論

4. 歐洲聯盟研究

5. 歐洲生活與文化

【圖1-1】　課程內容架構圖

（二）本書最大的特色

　　本書之最大特色在於以「專業」的知識為基礎，並用「大眾化」的書寫方式來呈現歐洲文化。讓對於歐洲文化較為陌生或其他非人文科系之學生能在大學的通識教學領域中來認識歐洲，進而對歐洲文化能輕易地了解和認識。再者，本書的撰寫目的是以大多數（大眾）皆能閱讀為目的，非少數專業性之歐洲研究書籍，因而在文辭和語意之詮釋上儘可能以大眾閱讀的方式撰寫，讓大家都能藉此了解歐洲文化。此為本書與其他專業知識類書籍與研究性論文等之最大不同點。因此，雖是大學通識教育課程的使用及參考書籍，但書本之內容也會盡量以輕鬆詼諧的文句來呈現，並輔以眾多熟悉的圖片來剖析歐洲文化與生活等。以文字敘述及圖片輔助，在圖文並茂的扶引下，使該書不僅可以讓大學修課學生閱讀參考，更能夠將讀者群擴大為社會上每一位對歐洲有興趣的讀者，使其也能輕鬆地來「**認識歐洲**」。

三、認識歐洲——基礎入門

　　如本章前言所述，歐洲概論入門課程既是以「認識歐洲」爲主要目的，初步規劃則在於引導學生了解何謂歐洲？歐洲在哪裡？以及歐洲的特色與文化等，再依序切入歐洲相關知識。以空間上的歐洲爲橫軸、時間上的歐洲爲縱軸來了解歐洲。空間上的歐洲主要以地圖來呈現，先讓學生了解歐洲在世界地圖的位置，這是一般基礎的概念。再來則是針對歐洲各區域的國家做區分；由北到南、由西到東，依序也分爲北歐、西歐、中歐、南歐、中東歐、東歐、波羅的海地區、巴爾幹地區以及地中海國家等。有別於傳統的地圖劃分，多了「中東歐國家」、「地中海國家」、「波羅的海三小國」等，用以更明確地讓學生了解細分的歐洲區域。這些國家的區分也是長期在研究歐洲區域議題時所慣用的區域性稱呼，尤其地中海地區國家雖然面積不大，且都是島國，其都是歐盟的成員國，而地中海也是歐洲上古文明之重要發源地。因此地中海地區對於在歐洲區域的劃分上也相形重要。

　　空間下的歐洲，在疆界的認定其實尙有討論的空間，在外交部網站裡羅列的歐洲國家僅有43國，而白俄羅斯、俄羅斯與烏克蘭將其歸類爲西亞地區。但若以歐洲聯盟的標準認定，俄羅斯、烏克蘭與白俄羅斯未來也將有可能成爲歐盟入會談判的對象（詳見第四章：歐洲統合與歐洲聯盟）。因此，在此特將所謂「歐洲」的空間範圍稍微擴大，在黑海以西與北部地區都屬於「歐洲」的範圍。即俄羅斯西部有大片土地面積在歐洲是毋庸置疑的，而烏克蘭與白俄羅斯也算在「東歐國家」的範圍內。冷戰時期這些地區本身就是以東歐集團與西方民主世界對立，也是前英國首相邱吉爾（Winston Churchill, 1874-1965）口中所謂的「鐵幕」（Iron Curtain）國家。這是以國家的疆界來界定歐洲地區。而海洋部分，在目前在地中海

的三個島國分別爲賽普勒斯共和國（南賽）以及北賽普勒斯土耳其共和國
（北賽）以及馬爾他。

　　雖然南、北賽普勒斯均屬於地中海東邊同一個島上，但由於目前國
際上所承認的「賽普勒斯」爲法理上主權獨立的政經實體國家，是賽普勒
斯共和國（南賽），而北賽普勒斯土耳其共和國（北賽）基本上僅土耳其
承認其主權獨立地位。由此可知，地中海國家在界定上爲歐洲的區塊，這
是以海洋界定爲歐洲的情況。特別強調的是：這兩國目前也是歐盟的成員
國。在法國「年鑑學派」（École des Annales）史學家布勞岱爾（Fernand
Braudel, 1902-1985）的大著《地中海》一書中曾提及：「地中海歷史的
磁場，一極在歐洲，另一極在北非遼闊的沙漠。地中海非同尋常的特點，
正是它沿著一個荒蕪的大陸鋪展其遼闊的水域，甚至通過紅海和印度洋，
一直深入到這個大陸的深處[3]。」廣義的地中海其實也包括了北非的撒哈
拉沙漠一帶，伊朗、阿拉伯等中東地區也因著地中海繁忙的貿易而興盛起
來。從中亞草原以至於地中海東側，至十三、十四世紀蒙古西征時期廣大
的商路即以此爲主，這樣的範圍一直從亞洲到歐洲[4]。從商業腹地的廣泛
可以見得當時以歐洲中心爲主的文化，也因著這些貿易與相依存的商業活
動而廣泛地傳播。顯示地中海文明對歐洲文化發展的重要影響。

（一）從世界角度來看歐洲

　　地緣上歐洲大陸地區國家範圍涵蓋極廣，北起斯堪地那維亞半島

---

[3]　費爾南‧布勞岱爾（Fernand Braudel）著，曾培耿、唐家龍翻譯，《地中海史（第一卷）》，臺北：臺
　　灣商務印書館，2002年6月，頁205。

[4]　Fernand Braudel, *"Le Méditerranée et le Monde Méditerranéen àl'Époque de Philippe II"*, France: 1949 (first
　　published). Great Britain: 1972 (English translation of second revised edition, Harper Collins Publishers), p.123.

（北歐三國：挪威、瑞典、芬蘭），南至地中海與北非接壤，東至高加索山西側，歐陸最西端爲伊比利半島的羅卡角。若以「經度」來界定，歐洲西北端的冰島（Iceland）位於西經約19度位置，應屬於整個大歐洲範圍的最西端。歐陸最南端約爲北緯40度，往南至地中海南部。非洲北端瀕臨地中海地區大約在北緯36度左右，因此整個歐洲基本上爲溫帶氣候型地區，四季分明。

【圖1-2】　歐洲在地球上的位置

（二）從歐洲地圖來認識歐洲區域概況

　　從歐洲地圖來劃分歐洲的區域，傳統上以東歐地區、西歐地區、北歐地區、中歐地區及南歐地區爲主。由於時代的變遷，國際政治因素的改變也讓歐洲的區域劃分有了地緣政治的概念。從早先冷戰時期我們讀到的歐

洲區域劃分，以東、西歐爲兩大主軸的架構，到今日歐洲區域由南到北，
由西到東的區域也各自增加其區域呈現的多元。因此，在此地圖「中歐國
家」的部分，會再細分出波蘭、捷克、斯洛伐克以及匈牙利等國爲主的
中、東歐國家。而中歐國家基本上則是以德國、奧地利、瑞士、列支敦斯
登等國爲主體。並提示在中、東歐國家區域東北部之波羅地海三國。用以
讓學生更細微地理解歐洲各國的區域分布。

【圖1-3】　歐洲地圖

（三）以國旗來介紹歐洲國家

以下羅列了歐洲各國國旗，依照區域來劃分各國。在緒論當中以

「國旗」介紹國家有三個主要因素：第一，國旗為一個國家的代表，也是國家民族所認同之象徵性符號。用國旗來代表國家最為直接，也更能清楚明白認識歐洲各國。第二，現今國際間不論經貿、體育、外交等各項交流與頻繁，只要以個別國家的單位出現，就少不了伴隨著國家的代表旗幟。在國際組織、各經貿會議、國際體育賽事等重要國際舞臺中，絕對少不了各國國旗。而在世界舞臺占有重要一席之地的歐洲國家，以國旗來介紹歐洲各國，不失為一最直接「認識歐洲」之方法。第三，以國旗來介紹國家，可以從個別國家的國旗，呈現其所代表的意義，進而了解各國的文化特色與歷史背景。從五顏六色的國旗呈現中，更可以增加學生了解歐洲各國文化的興趣。在以下的歐洲各國國旗中，是否有些國旗讓您覺得非常眼熟？又是否發現北歐的國家或地區的旗幟都有一個「十字」符號？有沒有看出瑞士國旗有別於各國，形狀較趨近於正方形？而巴爾幹地區國家以及面積迷你的小國家，其國旗中都有該國的「國徽」或代表性的符號？從觀察當中引發興趣，更能加深印象。在網際網路全球化的國際世界裡，從國旗來認識國家，也是最直接與清楚的方法之一。以下為歐洲各國國旗與區域介紹：

1. 北歐地區

①冰島（Iceland）

②法羅群島（Faroe，丹麥自治領地）

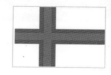

③挪威（Norway）

④瑞典（Sweden）

⑤芬蘭（Finland）

⑥丹麥（Denmark）

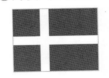

2. 西歐地區

①愛爾蘭（Ireland）

②英國（Great Britain）

③荷蘭（Holland）

④比利時（Belgium）

⑤盧森堡（Luxembourg）

⑥法國（France）

⑦摩納哥（Monaco）

⑧安道爾（Andorra）

3. 中歐地區

①德國（Germany）

②奧地利（Austria）

③瑞士（Swiss）

④列支敦斯登（Lichtenstein）

4. 中、東歐地區

①波蘭（Poland）

②捷克（Czech Republic）

③匈牙利（Hungary）

④斯洛伐克（Slovenská republika）

5. 東歐地區

①俄羅斯（Russia）

②白俄羅斯（Belarus）

③烏克蘭（Ukraine）

④保加利亞（Bulgaria）

⑤羅馬尼亞（Romania）

⑥摩爾多瓦（Moldova）

6. 南歐地區

①葡萄牙（Portugal）

②西班牙（Spain）

③義大利（Italy）

④梵蒂岡（Holy See）

⑤聖馬利諾（San Marino）

⑥希臘（Hellenic Republic）

7. 巴爾幹地區

①克羅埃西亞（Croatia）

②斯洛維尼亞（Slovenia）

③塞爾維亞（Serbia）

④蒙特內哥羅（Montenegro）

⑤馬其頓（Macedonia）

⑥波士尼亞與赫塞哥維納（Bosnia and Herzegovina）

⑦科索沃（Kosovo）

⑧阿爾巴尼亞（Albania）

8. 地中海地區

①馬爾他（Malta）

②賽普勒斯共和國（Cyprus，南賽普勒斯）

9. 波羅的海地區

①愛沙尼亞（Estonia）

②立陶宛（Lithuania）

③拉脫維亞（Latvia）

【表1-1】 歐洲國家區域分布

區域	國家分布
東歐國家	保加利亞、羅馬尼亞、波羅的海三小國（立陶宛、愛沙尼亞、拉脫維亞）、俄羅斯、白俄羅斯、烏克蘭
西歐國家	法國、荷蘭、比利時、盧森堡、英國、愛爾蘭
南歐國家	義大利、西班牙、葡萄牙、希臘
巴爾幹半島地區（南歐）	克羅埃西亞、斯洛維尼亞、塞爾維亞、蒙特內哥羅、馬其頓、波士尼亞與赫塞哥維納、科索沃、阿爾巴尼亞
北歐國家	瑞典、挪威、芬蘭、丹麥、冰島、法羅群島
中歐國家	德國、瑞士、奧地利、列支敦斯登
中東歐國家	波蘭、捷克、斯洛伐克、匈牙利
地中海國家	馬爾他、賽普勒斯（南賽普勒斯、北賽普勒斯）
其他小國	列支敦斯登、梵蒂岡（教廷）、安道爾、聖馬利諾、摩納哥
海外屬地自治領地	英國、法國、荷蘭、丹麥

註：南歐地區的巴爾幹半島除了阿爾巴尼亞外，其餘皆為前「南斯拉夫社會主義聯邦共和國」之成員
國。

資料來源：筆者自行分類整理

（四）以圖示來導引「歐洲概論」的入門學習

認識歐洲一開始即以「歐洲地圖」做為講解依據，並當作認識歐洲之入門課題。讓學生了解歐洲在哪裡？歐洲位在世界五大洲當中的那個區域？以及歐洲有哪些國家？因此，先以歐洲地圖來做對於認識歐洲的導引，並從世界地圖的角度與位置來幫助同學更加認識歐洲。

第二章　歐洲歷史與文明

一、單元介紹

　　本章以介紹歐洲「歷史與文明」為主題，針對通識課程修課學生做一歐洲歷史概述。內容主要是以歷史的專業為基礎，結合各學科領域來將歷史面向呈現多元與通俗化，進而引導學生對於歐洲歷史與文化的認識。亦使歐洲概論課程中的歐洲歷史與文化內容能夠達到讓多數學生接受，並成為能引發學習興趣與共鳴的課程。

　　教學設計上也有別於一般歷史學系之歐洲史或世界通史等課程。雖有指定以專業歷史文本當參考書目，基本上專業的基礎知識內容不減，但是以一個更為多元的方式來詮釋歷史與文化方面的教學。在史料的選讀方面不完全以大專用書為主要參考範本，相當程度融入各領域的歷史知識以強化學生對於歐洲歷史的理解，此為本單元課程之主要授課內容與基礎。專業理論之部分僅約略引導學生了解即可，避免於課堂中讓學生感覺時間冗長與無趣。課程的規劃中適時加入相關視聽教材與歷史圖片、照片講解，以及搭配影片教學來呈現「影視史學」（historiophoty）的教學方式。儘可能跳脫學生對於歷史的刻板印象。從這些授課的模式可以讓學生知道歷史是一門需要理解與活用的有趣學科。總歸，通識教育中之歐洲史課程範圍較為廣泛，彈性程度亦較大。因此在歐洲歷史教學的課程中，授課內容的呈現在專業知識教學上必然需符合人文學科的授課精神。

二、「歐洲歷史與文明」單元之主要規劃與設計

（一）基本架構

　　「歐洲歷史與文明」的課程內容，在時間的脈絡上從上古希臘與羅馬時期為開端，到二十世紀初的第一次世界大戰前為主要內容。依序在歐洲各歷史階段做一重點說明。以歐洲歷史的發展脈絡為縱向，從西方文明的源頭——希臘與羅馬文化史為啟點，剖析上古文明發展極其影響後世之成就。一直到西羅馬帝國衰亡，歐洲進入中古時期後開啟另一個新紀元。緊接著再探討歐洲中世紀發展史、文藝復興時期、歐洲近代史、十九世紀歐洲史與當代歐洲文化面向來做一剖析。確認歐洲文明之發展為縱向主軸後，即依序在各領域中做一深入探討，使其課程由概論性的「廣化」進而達到各個單元內容「深化」為目的。適時呈現歐洲歷史發展中主要之歷史事件、著名歷史人物與輝煌時期等。另一方面，課程內容也由淺至深，廣泛解讀歐洲之歷史文化，使學生在歷史事件與人物的評論上有自我主見，並重新認識不同以往的歐洲史。

　　在「歐洲歷史與文明」單元的授課架構如以下圖示：

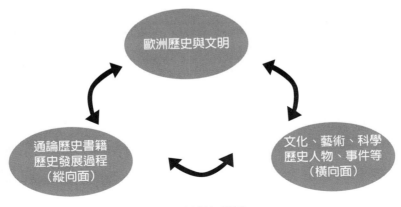

【圖2-1】　「歐洲歷史與文明」之基本授課架構圖

　　在單元架構中可看出授課內容在基本架構上分成縱向面與橫向面兩個主要方向，確立教學支柱後再輔以各類史料、檔案、專書、各類知識性書籍與文本等相互運用，以深化課程內容。重要的是讓學生能以自己客觀的立場來看待過去所發生的真實歷史，從而全盤了解後，並能夠體認所謂大眾史學的實質意涵。

（二）課程安排與設計

　　如前段所述，在課程的安排上先從認識「**歐洲歷史與文明**」為主軸，並依序切入歐洲相關知識。課程的設計上主要分為五大類依序講授，包含歷史背景介紹：1.歐洲上古時期，上古希臘與羅馬時期之政治、藝術與文明的演變。2.歐洲中古時期的政治發展及經濟概況，以及西歐莊園封建社會的發展。在這涵蓋歐洲歷史千年的中古時期，內容含括了西羅馬帝國的衰敗與拜占庭帝國的建立、歐洲版圖的分合、戰爭與宗教對後世歐洲歷史發展的影響。這一部分有許多重要的歷史事件需了解，諸如：神聖羅馬帝國建立、基督教的第一次分裂、十字軍東征以及黑死病的流行等。3.中世紀後期的文藝復興時期，可探討的面向更為廣泛，舉凡政治、文學、宗教、藝術與科學等乃至繪畫、建築與藝術皆在其範圍內。甚至此一時期代表性人物的介紹，也是這一時期主要強調的重點。隨著時代的演進來到了中世紀末期，社會上重視人文的氛圍開始有別於以往只重視神為主的社會。由於知識的追求與科技的進步突飛猛進，歐洲的大學教育在此時逐漸萌芽，而早期歐洲大學所函授的學科與目的，也符合了在歐洲傳統教育中重視「通識」與「通才」教育的宗旨。

　　再者，近代歐洲社會的歷史發展，探討議題偏重在幾個關於歐洲近代歷史發展的重大指標。科學革命、啟蒙運動、工業革命等，直至十九世紀

末歐洲社會的變動。此一部分學生於內容理解上相對熟悉，一為資訊的完整度較高、資料齊全。多數學生在中學的課綱內容中已有接觸部分內容。二為眾多相片與圖畫的輔助運用，清楚的紀載使得史實呈現更為逼真與精彩。邁入二十世紀的歐洲雖歷經兩次大戰，迄今歐洲國家在世界舞臺中仍持續扮演重要角色與地位。二次大戰後，歐洲最重要的議題即是歐洲統合與歐洲聯盟（EU）的發展。這一個章節主要是針對國際政治與外交、歐洲聯盟以及歐洲時事等，並以全球化影響下的歐洲進行探討。這一章節在第四單元「歐洲統合與歐洲聯盟」的部分再詳加以說明。希望藉由此一課程規劃能讓學生循序漸進，逐步了解歐洲歷史與文明的發展及演變，也更為清楚歐洲歷史發展由過去到現在，整個清楚完整之脈絡。

（三）歷史人物、事件與重要發展

　　在了解整個大方向歷史的縱向發展之後，第二部分的教學框架，則是以「橫向」的歷史發展脈絡為基礎，來探討歐洲各階段歷史中許多重要歷程、事件、人物等，即所謂針對歷史主題的「廣化」與「深化」。重點在以各時期主要的政治、文化、藝術、科學的發展等為主題做介紹。這一部分除了引導學生在中學時即已熟知的歷史課綱內容外，再更進一步以個案的方式教導學生來探究不同的歷史面向。有別於中學歷史課程的制式化，大學的歷史課程部分相對多了許多討論的議題與空間，並深入思考何謂「歷史」。其目的亦在於引發學生對於歷史的興趣，也能讓學生了解許多歷史的本質，知道歷史的真相並不只有一個，就如二十世紀美國知名史學家卡爾·貝克（Carl L. Becker, 1873-1945）所言：「**人人都是自己的歷史學家**」（*Everyman his own historian*）。讓歷史的呈現，成為任何人都能夠理解、欣賞、思考與詮釋的大眾史學。也期待這樣的方法更能豐富與活

化歷史的教學內容。

三、歐洲上古時期歷史與文明發展

　　依照以上歷史概述之兩大部分，介紹歐洲歷史課程內容基本上為以下之內容概述。在一般「世界史」的內容架構中，會先以「兩河流域文明發展」、「古代埃及文明」以及「印度文明」等來剖析中國古文明外的其他世界三大古文明的發展。而這也是目前中學「世界史」課綱規範下的課程內容。不過既然主旨是歐洲歷史與文明，課程理當得從真正代表「西方」文明的源頭——「歐洲」文明開始談起。

　　上古希臘在希臘半島、小亞細亞與愛琴海地區所創造出的文明，無論是政治、社會、教育、科學與藝術文化，都成為西方文明發展的主要開端。英國歷史學家費雪（Herber A. L. Fisher, 1865-1940），在其著作《歐洲史》（*A History of Europe*, 3 Vols. 1935）開宗明義即闡述：「我們歐洲人是希臘的後裔」（*We European are the children of Hellas*）。英國詩人也曾以感性的詞句詮釋道：「我們都是希臘人，我們的法律、我們的文學、我們的宗教、我們的藝術都根植於希臘。」（*We are all Greeks, our laws, our literature, our religion, our arts have their roots in Greece.*）。因而在古希臘文化所呈現的許多特色當中，不論是從理性與科學，或者在文化表現上的「中庸」特質，即所謂「golden mean or nothing in excess」等，以及重視自由與民主等精神，都是在早期洪荒社會裡所少見的[1]。這段時期古

---

[1]　王曾才，《世界通史》，臺北：三民書局，1996年12月，頁85。

希臘文明的發展，夾著軍事與文化上的優勢，讓希臘文明在上古時期即締造了歐洲歷史上第一個橫跨歐、亞、非三洲，影響所及的大帝國。

（一）古希臘與羅馬——地中海文明的發展

在人類上古文明的發展中，除了以大河文明為代表的四大古文明（埃及、西亞兩河流域、中國與印度）外，「海洋文明」也是孕育世界文明發展的一個重要源頭。追本溯源，上古時期希臘與羅馬的文明在地中海地區與各民族間，就政治軍事與經濟貿易的發展上有著文化交流上的多重關係。人類為了生存與競爭自然衍生出了一個自行運作的經濟共同體，而「地中海」也就是孕育這些民族與文化最珍貴的文明之母。在本書的第一章「緒論」中，也談到了地中海與歐洲文化的重要關係。

希臘文明在上古時期的地中海歷史中占有無法取代的一席之地。這時期主要在歷史發展的縱向中分成兩個階段，第一部分為「希臘城邦時期」，第二部分則為「希臘化時期」。不論是「希臘城邦時期」或亞歷山大之後的「希臘化時期」，在上古歐洲史中都有其無可取代的重要地位，許多在科學上的成就也奠定了現代科學的基礎。希臘城邦的發展時期以地中海北部，希臘半島與小亞細亞之間的愛琴海文明為主，為典型的城邦政治時期。顧名思義，許多城邦國家在此一區域彼此競爭，也彼此合作。具代表性的成就方面有雅典的民主政治、斯巴達的軍國主義等。人文與藝術的發展更是此一時期特別的成就。藝術與文化的影響在第三章中有概略介紹，而此時歷史的記載則以「史詩傳頌」的方式為主要依據，著名的即是荷馬（Homer）史詩裡流傳至今仍膾炙人口的《伊里亞德》（*Iliad*）與《奧德賽》（*Odysse*）兩部史詩巨著。

目前對於上古時期希臘各城邦歷史的了解，主要是透過荷馬的《伊

里亞德》和《奧德賽》這兩部史詩當中的記載。早期希臘城邦時期，大小城邦總計有上百個之多，但比較重要的主要有五個，分別是：雅典（Athens）、斯巴達（Sparta）、底比斯（Thebes）、柯林斯（Corinth）與阿古斯（Argos）等。從這兩部史詩的記載中，呈現了當時古希臘的政治、社會狀況以及宗教信仰等。眾所皆知，改拍成許多戲劇與電影的《特洛伊》（Troy）裡的故事「木馬屠城記」，就是源自這兩部史詩當中的篇章。這兩部史詩以希臘人圍攻小亞細亞的特洛伊城的經過，和其他相關的人物及故事等爲主要撰述內容[2]。故事的主題與內容，至今仍膾炙人口、頗獲許多人喜愛。

（二）以「史詩」形式呈現的上古時期希臘史

如前段所述：一般我們熟知的荷馬史詩，主要就是《伊里亞德》（Iliad）與《奧德賽》（Odysse）這兩部巨著。荷馬爲一名盲詩人，在其著作中實際上是「特洛伊戰爭」（Trojan）以來數百年間希臘文學的結晶，而這兩部著作的內容都與特洛伊戰爭有關。在《伊里亞德》內容中有記述希臘最英勇的戰神阿基里斯（Achilles），但因當時的邁錫尼王阿迦門農（Agamemnon）將其女奴占爲己有，此舉讓阿基里斯（Achilles）拒絕爲其效命，希臘聯軍也因此接連失敗。最後因其最親密戰友[3]陣亡才投入戰場，而後擊斃特洛伊的主將海克托（Hector）。《奧德賽》則是介紹希臘軍隊中一位智勇雙全的英雄奧德修斯（Odysseus），於戰爭結束後回

---

[2]　王曾才，《世界通史》，臺北：三民書局，1996年12月，頁89。

[3]　2004年上映的電影《特落伊：木馬屠城》（Troy）裡由布萊德・彼特（William Bradley Pitt）所詮釋的阿基里斯角色，其故事內容爲特洛伊大王子海克托（Hector），在決鬥中不慎殺了其表弟，使其憤而向海克托挑戰，爲他報仇。

國漂泊了十年，歷經艱辛的故事[4]。這些在上古時期歷史記載尚未完整之際，藉由史詩與故事的流傳不僅可以讓後人拼湊出古希臘歷史的面貌，也從兩千多年來藉由文學、圖畫藝術與戲劇的創作更加了解這時期的歷史。而就「史詩」的特色及其所代表之意涵上，《荷馬史詩》是後世研究荷馬時代主要的文獻與資料來源，本身也是該時期希臘文化與民族精神的偉大結晶。而以「史詩」方式所呈現的「史實」，其最早為口頭文學的作品傳播，在特洛伊戰爭後流傳於邁錫尼宮廷與民間的藝術家之中。邁錫尼文明終結後以「史詩」形式的流傳方式，便成了真正民間的一種口頭傳誦文學[5]。

　　《荷馬史詩》裡所採用的特洛伊戰爭故事，內容中關於豪華的宮廷生活、宏偉的城池、壯闊的軍隊、精美的工藝作品等。這些與希臘時期邁錫尼文化有關的敘述，也多少呈現了邁錫尼文明的模糊記憶。由於史詩所記述的是邁錫尼文明滅亡與特洛伊戰爭後數百年間「口頭文學」的累積，也因此在表達上比傳統史料的呈現來得更加生動與符合生活事例。對於史詩博大精深又不脫民間規範的特色，加上數百年來各時代詩人的潤飾和修改，以及文學上特有的創作、想像與誇飾，就成了一本珠璣滿目的文學寶庫。正如在荷馬那個時代孕育日後的希臘民族一般，荷馬史詩也為古典希臘文學與文明發展奠定了重要基石[6]。史詩做為一種民間傳頌與歌頌英雄事蹟的呈現，對於真實與殘酷的歷史事件難免流於誇大與虛構的敘事。但如同戲劇演出一般，在歷史發展過程中所期待的平和與讚頌，藉由這種文學體裁的表達中是可以被美化的。而後來以電影所呈現的手法，又往往輔

[4] 吳于廑、齊世榮主編，毛昭晰、詹天祥、周啓迪、易寧、劉家和、朱龍華、楊巨平、王敦書、施治生等合著，《世界通史——上古篇》，臺北：五南圖書，2002年6月，頁179-180。
[5] 王尚德編著，《希臘文明》，臺北：佳赫文化，2010年6月初版一刷，頁58。
[6] 吳于廑、齊世榮主編，毛昭晰、詹天祥、周啓迪、易寧、劉家和、朱龍華、楊巨平、王敦書、施治生等合著，《世界通史——上古篇》，臺北：五南圖書，2002年6月，頁180-181。

以英雄人物與愛情故事等事蹟，也更加點綴了這史詩戲劇般的內容。歷史不也正是如此？往往在增添浪漫與美感的呈現中，更能令人回味。

（三）斯巴達（Sparta）與雅典（Athens）

　　本節希臘城邦時期介紹以斯巴達和雅典為代表。首先談到斯巴達，其最具特色的即為其「軍國主義」的表現。約莫在西元前八世紀左右，斯巴達征服其北端的邁錫尼（Messenia），在兼併其領土後，將邁錫尼人變成專門從事生產的「農奴」（Helots）。斯巴達成年男子不從事農產，其身分皆為專業軍人專職作戰。斯巴達自此保持軍事上的強大，也自然走向軍事獨裁的政體。斯巴達的軍國主義還有一項特點，就是每一公民階級的兒童在出生後即受到監理官的檢查，凡是不健全的嬰兒即遭棄養，任其自生自滅。健康孩童必須於七歲後離開原生家庭，接受國家軍事和體能等各項「嚴格」訓練。直至二十歲後便編入軍營為國家服役，基本上至三十歲才退役，因此斯巴達之男性公民通常於三十歲後成家。斯巴達女性也接受軍事訓練，但相較之下沒有男性嚴格。斯巴達婦女比雅典婦女享有更多的法律地位，她們也有繼承與管理財產等權力[7]。依照現代的觀點來看，斯巴達當時的婦女在社會上享有與男性幾乎平等的地位。這也是在上古時期的斯巴達社會一個男女平權的表現。而斯巴達視軍國主義為國家安全的基礎，更是一種在外交國防上的保障。

　　而提到雅典，最先令人想到的即是政治上所呈現的民主制度。雅典的民主制度最高度發展是在西元前五世紀伯里克里斯（Pericles, 500-429 B.C.）主政時期，此時的雅典公民已將公共精神與個人主義達到高度的調和。政府亦鼓勵人民參政，但參與政治的比例仍以城市居民占多數。「公

---

[7]　王曾才，《世界通史》，臺北：三民書局，1996年12月，頁91、93。

民大會」是當時雅典城邦最高的權力機構，一般公民只要年滿十八歲即可參與。但特別的是，雅典的民主政治與現代國家的民主制度，最大的不同點在於以「血緣」關係爲基礎來界定公民權力。也就是說，有公民參政權資格的公民，需父母親雙方都是「雅典人」，才有所謂的公民參政權，這是特別立法規定的。此外，對於外來移民者（metics）、婦女、奴隸等皆無參政權[8]。雖說雅典的民主制度在現代標準看來仍有差距，但對於後世最大的貢獻在於其人民「直接民主」的參與和表達。這是在近代西方專制王權興盛時，尚無法比擬的。雅典的民主成就在西方文明發展史上樹立典範，也奠下日後西方政治民主的基礎。

　　希臘城邦時期的文化成就上涵蓋宗教、藝術、文化、哲學與史學。眾所皆知著名的三大哲人爲蘇格拉底、柏拉圖與亞里斯多德。史學家希羅多德（Herodotus, 約484-420 B.C.），其重要代表著作《歷史》（*The Histories*），記述了波希戰爭等重要史實，當中也描述發生在西元前490年的「馬拉松戰役」（Machē tou Marathōnos）。「馬拉松戰役」的故事雖有經過改編，但爲紀念此一戰役傳令而犧牲的士兵，所衍生的馬拉松競賽（總長42.195公里），除了讓世人了解現代馬拉松競賽的源由和規則外，這項運動在現代社會也一直受世人喜愛與肯定，影響至今日。希羅多德對希臘歷史的貢獻猶如荷馬史詩的創作，貢獻甚大[9]。除了大家熟知的希臘哲人及其成就外，以下介紹一位對現代醫療觀念有極大貢獻的希波克拉底。

---

[8]　王曾才，《世界通史》，臺北：三民書局，1996年12月，頁101。
[9]　希羅多德被譽爲「西方史學之父」，曾言及：「埃及，爲尼羅河的贈禮」一詞。

醫學之父──希波克拉底（Hippocrates, 460-377 B.C.）介紹

上一段提到西方「史學之父」希羅多德，在此介紹另一位被譽為「醫學之父」的希波克拉底。在現代醫學上大家熟知的「希波克拉底誓詞」，為人類醫學史上建立了高度的醫生職業行為的標準。這些醫德和誓詞的內容來源自「希波克拉底思想體系」，是大量學派和不同時期的醫學論文總匯。希波克拉底的父親亦是一位醫生，也因此從他身上學到許多醫學知識，並四處行醫旅行。希波克拉底以他卓爾不群的才能贏得名聲，憑藉著關於人類疾病的學識，致力於讓醫生為病患服務。用他的話語來詮釋，其意思就是「醫生的崗位就在病人床邊」。他也向人們表明：巫術對於病痛的減輕起不了作用，根本方式必須求助於衛生健康和有效的治療，並拋棄神的作用以臨床的觀察研究取而代之。除了在醫學治療上給予特定的方向外，希波克拉底也將當時的所有醫學知識集結成一種在醫學上的理論。而許多理論經過兩千多年的檢驗，一直持續到近代仍為醫學界所用[10]。

希波克拉底對於人類醫療史上的貢獻在於將醫學引入一個嶄新的方向，就現在的眼光而言，兩千多年已將「科學」的觀念與知識導入醫療。對於疾病發生了解，不再是以「神鬼之說」來解釋。對於醫學觀念的導正與治療方法上對於西方的醫學理論有重大影響，也在歷史上具有重要性指標，堪稱為西方的「醫學之父」。

由這些記載，是否可以更加了解上古時期的希臘，已經進入當時人類

---

[10] 羅伯托‧瑪格塔（Roberto Margotta）著，李城譯，《醫學的歷史》，臺北：究竟出版社，2005年，頁30-31。

科學知識與人文，及政治民主的高度發展文明呢？

（四）亞歷山大與「希臘化時期」（Hellenistic Age）

馬其頓帝國崛起

　　希臘半島北部馬其頓王國的崛起，是亞歷山大帝國與希臘化時期最要的基礎。在馬其頓國王腓力普二世在位期間（Philip, 359-336 B.C.）即開始勵精圖治建立強大軍隊，這剛好也為日後亞歷山大奠下強大軍事基礎。腓力普二世利用當時希臘各城邦互相衝突的時機為自己創造了機會。西元前四世紀初，希臘城邦中的斯巴達、底比斯、柯林斯等各國已開始征戰不休。雅典方面也已經開始出現提防馬其頓王國南侵之野心，呼籲雅典與底比斯結盟以對抗馬其頓。但由於各城邦間相互矛盾而未能接受此一「合縱」之說，故未能形成有效同盟。西元前338年，腓力普二世率軍南下大敗雅典與底比斯（Thebes）聯軍於希臘東部之克洛尼亞（Chaeronea）。而正當其聲勢如日中天準備東征波斯時，不幸在西元前336年遇刺身亡。這個突如其來的意外也使得其子亞歷山大（Alexander the Great, 356-323 B.C.）以二十歲的年齡繼任國王[11]。亞歷山大時代的開啟，讓歐洲文化即將邁入融合西亞、北非埃及和地中海等地區的新時代。

　　亞歷山大即位後兩年，正如父親腓力普二世先前的願望，開始揮軍東征。首先就近征服了小亞細亞與西亞的敘利亞等地，並擊敗波斯帝國，大敗大流士三世（Darius III，在位期間336-330 B.C.）[12]。短短數年當中即

---

[11] 王曾才，《世界通史》，臺北：三民書局，1996年12月，頁114-115。

[12] 參看：本書第三章「藝術與文化」內容，引用一幅於龐貝城所發現的馬賽克拼貼壁畫，呈現亞歷山大與大流士三世對戰之場景，場面浩大逼真。

接連征服了埃及、西亞與中亞等地，成功掌控了地中海東半部地區。其東征路線曾遠到印度河西岸（現今印度西北部地區）。在回程途中於阿拉伯半島上的巴比倫（Bābil）病逝，享年僅33歲。亞歷山大一生幾乎於征戰中渡過，在其遠征之地更將希臘文化、語言等傳播到各地。並鼓勵希臘人與其他民族通婚，有如「同化」（Assimiliate）政策一般地進行所謂的希臘血緣與文化的融合。亞歷山大於各地所建立的希臘式城市與生活模式等措施，也將希臘文化特色完整地移植到其所征服之地。這些希臘化文化的形成更足以證明亞歷山大勵行文化融合與血緣同化上的政策和努力。亞歷山大英年早逝後，其所征服之帝國也順勢瓦解。主要依照三大洲各自區域劃分成三個王國：位於西亞與中亞等地的塞流卡斯王國（Seleucus）、北非的托勒密王國（Ptolemy）、希臘半島上的安提哥納王國（Antigonus）等。而自亞歷山大逝世至西元前一世紀羅馬帝國逐漸崛起之間，總計約三百年間的這段時期，即是一般統稱的「希臘化時期」（Hellenistic Age）。以下關於「希臘化時期」在文化的特色，我們以科學等方面的成就來認識希臘化時期的文明。

（五）「希臘化時期」的科學文明

「希臘化時期」是歐洲科學史上非常輝煌的年代，其成就之大僅次於被譽為「天才的世紀」的十七世紀。希臘化時期的科學成就也為歐洲上古文明奠下一定的知識水平。而希臘化時期在科學上的傑出成就，歸功其因主要有以下三點：1.亞歷山大本身資助科學的研究，有了國家的支持與提倡，科學研究成績自然斐然。2.因與西亞、北非、地中海地區之間的交通往來頻繁，使得西亞美索不達米亞地區（mesopotamia）與埃及等地之科學與知識藉彼此間的往來與傳播逐漸普及。帶動了希臘的科學發展，科學

知識更爲發揚光大。3.因應時代的需求，許多科學與知識上的研究是爲滿足或解決生活上所需。就在此項因素影響下造就了天文學、物理學、地理學、數學與醫學等方面的發展[13]。

　　在天文學、數學的成就上，希臘在天文學上的成就眾所皆知，西元前三世紀時，阿里斯塔克斯（Aristarchus of Samos, 310-230 B.C.）即已提出太陽爲宇宙中心說，但卻未被當時的知識界所接受。此一學說比十六世紀波蘭天文學家哥白尼（Nicolas Copernicus, 1473-1543）在其1543年出版的《天體運行論》中，所揭櫫的「日心說」早了將近兩千年。但最負盛名的天文學家仍是大家所熟悉的的托勒密（Ptolemy），他是西元二世紀的希臘科學家，其主要成就在於整理前人的學說並使其系統化，其代表著作《天文學》（*Almagest*）共有13卷。與阿里斯塔克斯不同的是，在天文學上他主張以地球爲中心的說法，這個說法直到十六世紀科學革命之前仍是歐洲天文學與宗教學說上主流的說法。數學方面，歐幾里德（Euclid）的《幾何原本》（*Elements of Geometry*），共有十三卷，該著作也爲現代數學立下基礎。明朝末年義大利耶穌會傳教士利瑪竇（Matteo Ricci, 1552-1610）曾與其學生徐光啓共同翻譯該著作之前半部[14]。其他諸如阿基米德（Archimedes, 287-212 B.C.）的浮力原理、槓桿原理等方面研究的成果，也代表著在物理學、力學等方面的重大成就。

馬其頓方陣兵（Pezetairoi）

　　電影《亞歷山大》裡的場景所出現亞歷山大率軍征戰時步兵的陣勢，可以看到這些地面部隊手握長槍緩慢整齊地前進。不僅軍容

---

[13] 王曾才，《世界通史》，臺北：三民書局，1996年12月，頁145。
[14] 王曾才，《世界通史》，臺北：三民書局，1996年12月，頁145。

壯盛，聲勢浩大，同時也兼具嚇阻敵人與穩住陣腳的作用。這是希臘馬其頓一種裝步兵的戰術。

　　馬其頓方陣兵所握的長槍至少有5.5公尺長的「方陣大槍」（Sarissa）（一般而言，3公尺以上的槍就算長槍），拿這種槍的士兵必須以身為部隊一體的思維方式來行動。馬其頓方陣兵所執的長槍頭為鐵製，造型尖銳用於刺穿鎧甲、頭盔和盾等，士兵所佩戴的頭盔一般為裝有護頰的色雷斯式頭盔。青銅所製造的圓盾直徑約為60至70公分，由於士兵是以雙手執長槍，因此圓盾的邊緣會被削去以減輕重量，這樣的設計也可以讓盾牌掛於腰間。這些方陣兵在戰場中可以整齊劃一，一絲不亂地前進擊潰敵軍。亞歷山大的父親腓力普二世即是憑藉這種重裝步兵、騎兵與弓兵的搭配，成功統一了希臘。[15]

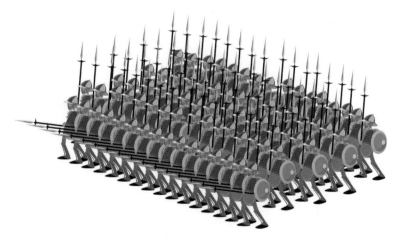

【圖2-2】　馬其頓方陣兵示意圖

---

[15] Truth In Fantasy著，趙佳譯，《武器屋》，臺北：奇幻基地出版，2016年1月8日四版16.5刷，頁131-132。

【圖2-3】 孕育希臘文明之愛琴海

資料來源：許佛山提供

（六）羅馬帝國的興衰

古羅馬時期基本上分三個時期。以「王政時期」、「共和時期」與「帝國時期」三部分來探討。自西元前八世紀開始，義大利半島居民開始在台伯河畔建立起羅馬城開啓古羅馬王政時期。直至共和末期出現軍事強權，凱撒（Gaius Julius Caesar, 100 B.C.-44 B.C.）與屋大維（Gaius Octavius Thurinus, 63 B.C.-14 B.C.）也爲後世羅馬帝國奠下基礎。羅馬帝國在五世紀分裂爲東、西兩個各具代表性的羅馬帝國。西羅馬帝國476年瓦解後開啓西歐日耳曼人的封建制度，呈現出中古時期數百年歐洲社會制度與文化的新面貌。一方面，東羅馬帝國（拜占庭帝國）的持續發展延續了近千年，在經濟上也逐漸促成東、西之間的交通貿易與文化交流的頻繁。另一方面，在宗教上羅馬帝國也伴隨著基督教的發展。基督教第一次分裂始於西元十一世紀，以君士坦丁爲中心的拜占庭「希臘正教」，又

稱「東正教」。強調其本身之「正統性」。有別於西歐爲主的「羅馬公教」，即爲後來所稱之「天主教」，強調其普世的價值。這情形也爲後來歐洲在宗教文化的信仰上奠下基礎。

1. 古羅馬時期——王政與共和

　　西元前八世紀至六世紀爲羅馬王政時期，實施君主專制。王政時期最後兩任國王因外族伊特拉斯坎人（Etruscans）入侵而取代，直至西元前509年，羅馬人驅逐了伊特拉斯坎人，建立共和政體（Republic），開始成爲歷史上羅馬共和時期。共和時期羅馬在治理上，政務交付元老院（Senate）議決，並選出兩名「執政官」（Consul）處理政事，名義上爲行政軍事最高首長，負責行政、軍務及國家重大事務處理。共和時期亦是羅馬向外擴張時期，共和末年其疆界逐漸向外擴張，最後建立橫跨歐、亞、非三洲之大帝國，也爲後來的帝國時期打下深厚基礎。

2. 羅馬帝國時期

　　共和末期的凱撒雖功勳彪炳，但終究因政爭而遭元老院成員刺殺。在政局紊亂、群雄政爭之時，屋大維結束羅馬紛亂局面，成爲新的統治者。西元前27年，屋大維獲元老院尊封爲「奧古斯都」（Auguste），奧古斯都之封號象徵高貴與神聖之意。自此屋大維實行獨裁統治，羅馬帝國也在西元後正式進入帝國時期。

　　羅馬對外重大的征戰，大多在「共和時期」完成，也爲後來羅馬帝國打下深厚的穩固基礎。羅馬建國至帝國初期七百年的漫長歲月中，傲世的戰功與輝煌勝利延續了羅馬的驕傲與光榮。帝國初期奧古斯都執政時才放棄併吞世界的征戰，以穩健作風爲其政策。此時在羅馬帝國內部也可感受國勢已處於顛峰狀態，雖無懼戰爭，但也無須將政治與外交事務全然訴諸於戰爭。在西元二世紀的羅馬帝國已統治當時歐洲地區最富饒之地，掌

握人類最進步發達的「西方文明」。軍事上也擁有歐陸最強大紀律嚴明的
戰士。內政上律法雖溫和，卻能發揮有效影響力[16]，代表著社會文明的高
度發展。此即所謂的「羅馬和平」時期，政局穩定社會秩序安定，受其統
治的地中海地區商業繁榮，享受著帝國所帶來的榮耀。羅馬留給世人印象
深刻的文明當中，還包括其城市建築及規劃。城市裡的大型公共建築，諸
如：神廟、劇場、公共浴場、競技場及引水道，尤其在有計畫的城市規劃
方面，寬敞整齊的街道和衛生排水設備等，都代表了古羅馬時期已有的傲
人文明象徵。

　　有道是：「條條大路通羅馬！」古羅馬時期所建的大道亦是古羅馬城
市的指標性建築。以羅馬城爲中心成放射狀向外擴展，即可達各城邦遍及
各行省。古羅馬所建的條條大道筆直寬敞，在崎嶇不平之山地或谷地並以
隧道或橋梁替代，已具有相當程度建築工程技術。在引水道方面以高架引
水道之模式將水源引進城市供民眾日常所需，此引水道在帝國時期頗爲盛
行，法國南部的「加爾水道橋」（Pont du Gard）即爲見證古羅馬時期之
著名景點與文化資產[17]。羅馬帝國爲其城市居民提供了某種程度的保護，
一種於當時不僅現代化，而且是「文明化」的生活方式。不論這樣的情形
對於當時居民是好或壞，在羅馬帝國統治下發展的城市文明，已足以讓其
國度的居民成爲西方世界裡堪稱偉大文明與進步的成員。不論是貴族或平
民，羅馬帝國爲其國度人民帶來了十足的榮耀，而這份榮耀也足以令人稱
羨[18]。從古羅馬時期這些相關遺跡的呈現，不難讓人想像當時的城市生活
已具備高度文明。羅馬帝國是一個在維持其國力強盛時，又能夠兼具其民

---

[16] 愛德華·吉朋（Edward Gibbon）著，席代岳譯，《羅馬帝國衰亡史（第一卷）》，臺北：聯經出版，
　　2004年10月，頁1。
[17] 楊欣倫主編，《圖說世界文明史》，新北市：人類智庫，2012年3月20日，頁45-46。
[18] 安東尼·派格登（Anthony Pagden）著，徐鵬博譯，《西方帝國簡史》，臺北：左岸文化，2004年8
　　月，頁49。

眾日常生活水平的時代。這些重要遺跡與設施，都是羅馬帝國時期的文明
最佳證明。

3. 宗教信仰——基督教的創立與發展

　　羅馬人的宗教信仰最初完全承襲希臘文化的多神信仰體系。而直至帝
國初期基督教才開始出現在羅馬地區。起先受到帝國的迫害但沒多久逐漸
受到重視也得到合法之地位。歷史上基督教信仰在羅馬帝國有極崇高無法
動搖的地位，也和羅馬帝國之命運緊緊相連繫。

　　基督教為猶太人耶穌（Jesus）所創，西元一世紀時耶穌在西亞地區
的巴勒斯坦宣揚「神愛世人」的理念。基督教沿襲了猶太教「一神信仰」
的精神，據傳耶穌為上帝的獨生子，到人間傳道。但因公開批評猶太教祭
司的貪婪，遭受誣告而被羅馬統治者釘死於十字架上，三天後復活升上天
堂。因此，基督教以「十字架」（Cross）作為其象徵。在基督教的經典
中，其完全繼承猶太教之「舊約」（Old Testament）聖經。但猶太教則否
認耶穌之救世主地位[19]。「新約」（New Testament）聖經則是記述耶穌
之教義、言行及其門徒之事蹟的經典。而「新約」與「舊約」合稱為「聖
經」（Holy Bible），為基督教代表性經典。基督教在羅馬帝國的流傳先
後也遭遇了不少迫害，尤以尼祿（Nero, 37-68）皇帝在位時最為激烈。諸
多殉道事蹟也讓當時的羅馬社會見識到這一股強大的宗教力量。因此，即
便在羅馬帝國之初的基督教飽受迫害，但其所強調之「神愛世人」的博愛
與寬容精神，仍普遍為世人接受與崇敬。

　　基督教在早期的發展中，基督徒遭遇迫害與殉道的事件層出不窮。
直到西元四世紀羅馬帝國皇帝君士坦丁（Constantine I，西元306-337年
在位）才頒布一項給予基督徒寬容的「米蘭詔令」（Edict of Milan），

---

[19]　楊欣倫主編，《圖說世界文明史》，新北市：人類智庫，2012年3月20日，頁49。

表明了基督教在帝國境內有信仰與傳教之自由。四世紀末狄奧多西一世（Theodosius I，西元379-395年在位）更進一步獨尊基督教，強化基督教為國家信仰。自此也奠定下了基督教歐洲歷史上中心信仰的基礎。影響歐洲宗教與歷史文化所及的基督教，經過兩千多年的流傳，至今仍為歐洲宗教信仰之主流。

4. 羅馬帝國於歷史上的意義

　　生活優渥、養尊處優的羅馬帝國，其內部也開始出現危機。無論是希臘亞歷山大帝國，亦或者是羅馬帝國，都曾經建立起橫跨歐、亞、非三洲的遼闊版圖。在西方上古文明中，哪個民族可以掌控地中海地區，就等於控制了歐、亞、非三洲區域的經濟命脈。對於帝國的發展有著密不可分的關係。

　　亞歷山大建立起歐洲上古以來第一個文明的大帝國，而這個帝國的承繼者，無論從任何角度來看，無疑都是羅馬帝國。羅馬帝國為後來所建立之歐洲的所有帝國，從近代海權的強國西班牙到十九世紀的大英帝國。不斷地提供靈感、形象、語彙等。歐陸地區的重要大城，像是柏林、維也納、羅馬等地，都充滿了羅馬帝國留下來的宏偉建築[20]。而這也是從遠古以來一直存留在歐洲人心中一個永恆「羅馬」的光榮意象。

（七）歐洲中古時期（中世紀）的文明發展

1. 日耳曼民族與西歐封建體系

　　羅馬帝國分裂後，歐洲大陸東半部的東羅馬（拜占庭帝國）在穩定

---

[20] 安東尼·派格登（Anthony Pagden）著，徐鵬博譯，《西方帝國簡史》，臺北：左岸文化，2004年8月，頁44。

中發展，大陸西半部地區自從西羅馬帝國在西元五世紀國勢日漸式微後，日耳曼各民族也在西歐各地建立若干封建王國。整合拉丁文化與日耳曼文化，並開啓西歐地區的中古時期，此時亦稱爲「中世紀時期」，期間長達千年之久。日耳曼民族在西歐建立的諸多國家當中，又以「法蘭克王國」（Regnum Francorum）最爲強大，查理曼大帝積極推廣拉丁文與基督教。到了西元962年，羅馬教廷爲東法蘭克王國國王鄂圖一世（Otto I, Otto der Große, 912-973）加冕爲「羅馬人的皇帝」，開啓了神聖羅馬帝國[21]。直至1806年拿破崙解散神聖羅馬帝國止，共長達八百餘年。

　　因匈奴人西移至歐洲大陸，造成了北歐地區日耳曼人往南遷移。西元375年日耳曼民族的大遷徙正式展開，並開始在歐洲各地建國。西元378年，西羅馬帝國抵擋日耳曼（西哥德）人南移失敗，被迫承認日耳曼人定居及自治的正當性，也因此其他日耳曼各族開始大量遷移[22]，這項歷史性的民族大遷徙活動亦直接導致了日後西羅馬帝國的滅亡。

　　西元五世紀初，西羅馬帝國即開始飽受日耳曼人的侵擾，西元410年8月爲一般史家認定之西羅馬帝國正式滅亡之時。當時的羅馬被西哥德的統治者亞拉里克一世（Alarich I，約370-410）攻陷，士兵連續洗劫了羅馬城三天。而之後的羅馬曾經短暫地復甦，直至西元476年，這西羅馬帝國命運存亡關鍵的一年，日耳曼將領奧多亞塞（Odoacer, 435-493）罷黜年僅兩歲的西羅馬帝國末代皇帝羅慕路斯（Romulus Augustulus），並將其皇冠直接贈與東羅馬帝國皇帝，奧多亞塞並以臣子身分在此建立起王國，西羅馬帝國自此消失[23]。在這些日耳曼民族所盤據的地區，當中有東哥德

---

[21] 神聖羅馬帝國若以德國史的觀點來看，962年是一個關鍵性指標。這一年一般譽爲神聖羅馬帝國建立，也俗稱所謂的德意志第一帝國。其基本上爲一鬆散的組織，直至1806年拿破崙解散神聖羅馬帝國，正式瓦解。

[22] 櫻井清彥監修，洪玉樹譯，《3天讀懂世界史》，臺北：大是文化，2010年6月15日初版4刷，頁119。

[23] 安東尼・派格登（Anthony Pagden）著，徐鵬博譯，《西方帝國簡史》，臺北：左岸文化，2004年8月，頁62。

人（Ostrogoths）據有義大利半島，西哥德人占有伊比例半島，法蘭克人（Franks）則是在高盧，盎格魯（Angles）與撒克遜民族（Saxons）在今天的英國不列顛地區。

2. 封建體系與莊園制度

　　西元五世紀西羅馬帝國滅亡之後，西歐即淪為日耳曼人統治的天下，也使得中古時期的西歐社會呈現出典型的「封建體系」（Feudalism）。這是當時西歐普遍存的現象，也是中古時期西歐主要的政治與軍事基礎，維持社會秩序穩定的架構。而封建制度的社會基本上是建立在「領主」與「附庸」的從屬關係上，各司其責地扮演其既定角色。領主分封土地給附庸及保護的義務，附庸則效忠領主並有戰時出征等義務。在這個封建體系下同屬於附庸階層的最低層即是「騎士」（Knight）階層，為各封建王國中主要的防衛武力，中古歐洲社會裡騎士所代表的忠誠、勇敢等特徵，而這樣的特質也常被定位成正義力量與英雄的代表。

　　中古時期的西歐地區經常飽受戰亂，導致各地許多交通建設遭到破壞。社會秩序紊亂的情形下，自然不利於商業貿易的蓬勃發展。在此環境下各地也逐成一種在政治上獨立，而經濟上自給自足的「莊園經濟」。這種小型的政經實體即是中古時期莊園經濟型態的發展。此種生活形態下呈現典型西歐封建制度的情形。莊園的領主擁有一定範圍的領地，並將農地交由其管轄內農民來集體耕種，農民為莊園經濟中主要的生產者。莊園經濟其實也就類似一個小王國一般，各莊園各有各自的產業型態。

　　值得一提的還有教會在封建制度下的作用。由於中古西歐不像東歐的拜占庭帝國在「政教合一」的體系下穩定發展，當時的拜占庭帝國工商業繁榮、貿易發達，君士坦丁堡更是當時歐亞交通重鎮，貿易地位重要。因此，當時西歐社會基督教即扮演一個安撫人心與穩定社會秩序的功用。教會也往往成為人們生活當中的信仰中心，人從出生到結婚，以至走完人

生，許多教會所提供的宗教禮儀也讓民眾的生活有所寄託。因此，教堂的建築也是中古西歐社會中重要的藝術成就之一。而教會中的修士更扮演了知識傳播的角色，在印刷術尚未發明之前，教會中的「抄寫室」是保存典籍與基督教經典非常重要的場所。另一方面，教會在相當程度上也扮演了中古時期西歐的教育機構，以神學為導向的教育是當時教育的一大特色。

　　教會的功能在西歐社會之影響力往往凌駕於許多封建君王之上，羅馬教會的基礎也越趨於穩固，因此，當時西歐封建社會底下之政教衝突情形就不難想像。現今西歐許多著名景點，在湖光山色之下，可以參觀古老的城堡、市街等，許多新興的城市也有所謂「老城」之稱。而教堂往往是城鎮當中最重要的景點與信仰中心。這也象徵在中古時期西歐的封建制度影響下，留下許多珍貴的文化資產供後人參觀欣賞。

一個充滿「城堡」的地方

　　許多童話故事裡都會出現這樣的劇情：王子與公主在城堡裡過著幸福快樂的日子。王子與公主在童話故事裡的結局多半美好，而現實生活裡的王子與公主，是不是並沒有童話故事裡的那般動人呢？歐洲開始大規模興建所謂的城堡，便要從476年西羅馬帝國衰亡開始說起。當時的西歐地區在四分五裂的情況下，自然有很多的封建領主。這些封建領主所建立的城堡，除了是地方區域領主的象徵外，也代表著一個小型的王國形式。

　　一旦領主或貴族們擁有了自己的土地後，也會擔心其他地方的封建領主搶奪土地而陷入征戰。基於安全防禦的基本概念，一座座城堡就這樣被興建起來。目前許多城堡除了是歐洲在歷史上珍貴的文化資產外，也往往成為遊客前往觀光體驗非常好的景點。不過，如果要到歐洲參觀城堡，最好準備些品質不錯、耐穿的鞋，因為許

多城堡都建於山頂，需花費一些時間方可到達（有高速直達電梯的除外），因此往往需要走一段路。這也是先前在建造城堡時候的考量，因這樣的地勢較易守難攻，也可以讓城堡裡的居民更容易進行防禦[24]。在現今的西歐各地，到處可以看到中世紀以來封建貴族所遺留下的城堡。

【圖2-4】　座落於紐倫堡

[24] 維吉爾・希利爾著（Virgill Mores Hillyer），王奕偉譯，《希利爾講世界歷史》，臺北：海鴿文化出版，2017年5月1日，頁207。

（八）歐洲中古時期之重要歷史事件

　　由於中古時期涵蓋範圍廣泛，在中古時期歐洲的歷史敘述以重要大事呈現。這些歷史重大事件包括：十字軍東征、教會發展、英法百年戰爭及宗教改革等，以下說明：

1. 十字軍東征的影響

　　十字軍東征，在名義上是以捍衛宗教主權之名的軍事行動，但實質上對於歷次十字軍東征的總結，不妨說其是在歐洲歷史上一個促成東西文化交流與商業往來中最直接的里程，這樣的解釋或許更具時代意義。而這場東征行動主要是十一世紀末塞爾柱土耳其人興起後，拜占庭帝國不堪其擾而向羅馬教宗求援所引發的軍事行動。號召基督徒所組成的「十字軍」（Crusades），以對抗穆斯林、收復聖城耶路撒冷（Yerusháláyim）為目標的軍事行動。

　　最初受理拜占庭請求的，為當時羅馬教宗烏爾班二世（Pope Urban II），在1095年以「基督徒遭東方的異教徒逼迫」為號召求援。當時造成歐洲地區各邦君王、領主，甚至騎士等皆群起憤慨，並表達「絕不容許伊斯蘭勢力占領基督教聖城耶路撒冷」。在這樣的宗教與民族的情感連結下，十字軍東征的行動很快便展開。但終究至少有八次之多的十字軍東征行動最後還是以失敗告終。而追本溯源其失敗原因，主要仍是十字軍在遠征動機上存在著各式各樣與錯綜複雜的利害關係，導致在行動上的意向無法統合。有人抱持著宗教的熱忱參與，而有人則是有其政治動機，也有的是為了獲取更多利益與土地等目的。各式各樣的意圖導致行動無法一致，使得歷經兩世紀，多次的東征行動終究無法達成既定目標[25]。

---

[25] 歷史之謎探究會原著，曾亞雯譯，《2小時讀懂世界歷史》，臺北：商周出版，2012年10月，頁69-70。

　　十字軍東征失敗的另一原因，歸咎於其部隊的組成分子龐大且複雜。共計有封建貴族、國王、騎士、商人、遊民、罪犯、婦女與小孩等。也可以說十字軍的組合中有許多烏合之眾，導致其無法有效作戰。再者，也有許多人受到商業利益的利誘，逐漸失去十字軍原本東征的宗教理想。而這些複雜的組成分子當然無法達成既定的軍事目標。反觀在商業成就上，這場歐洲中世紀的大事直接促成了歐洲與西亞地區、地中海地區商業往來的活絡，也造成西亞、中亞等伊斯蘭世界之先進器物及文明的西傳。從文明發展的角度來看，十字軍東征對於歐洲歷史發展與文明的提升是有其一定的貢獻，畢竟它間接促成了因商業貿易而帶來的城市興起，並爲後來的義大利文藝復興運動奠定下了後續發展的基礎。

　　這場十字軍東征行動，與其說是軍事上的征討，不如說是一場有計畫性的貿易交流與擴張行動。其初衷以宗教熱忱所喊出的「收復聖地」目的，但最終還是未能實現。除在第一次東征時士氣高昂，曾短暫占領耶路撒冷並建立拉丁國家外，其他皆無疾而終，與收復聖地之神聖目標差距甚遠。離譜的是在第四次東征行動的1202年，竟然攻擊同屬於「基督教」文化版圖的拜占庭帝國首都君士坦丁堡。甚至在1212年還有日耳曼地區（德國）與高盧地區（法國）的少年十字軍團被賣至埃及亞歷山大城，淪爲奴隸的荒唐事件。雖然這一場近兩百年間的東征行動中有許多誇張的事件，但對於往後西歐的政治、經濟與文化卻有著極大的影響。政治上，東征行動的失敗與荒謬行徑也伴隨著教皇權力的式微。但積極投入參與此項行動的西歐貴族、諸侯（領主）與騎士，其社會地位不但沒有因爲整體東征行動的失敗而沒落，反而因遠征行動而獲得大量財富，使其王權更加穩固，使得日後西歐中央集權國家的逐漸形成[26]。而爲了支援十字軍行動的

26 李康武著，陳安譯，《中學生必須認識的世界史》，臺北：聯經出版，2010年3月初版二刷，頁85-86。

費用，各國君主開始向教士徵稅，此舉也對於王權的提振與民族國家興起有著連帶關係。歐洲人對於伊斯蘭世界的了解與地理知識的增進，也藉由這場東征行動而有所提升[27]。不論如何，這場東征行動都別具時代意義，或許歐洲在歷經這場重大歷史行動後，讓人更加了解「東方」的世界為何吧。

2. 民族國家的出現——英法百年戰爭（1337年-1453年）後的歐洲情勢

英、法「百年戰爭」起因於十四世紀時，由法國國王的王位繼承問題而引發，這場戰爭持續百餘年。直到法國農家女孩貞德（Jeanne la Pucelle, 1412-1431）領兵對抗英軍，才將原本處於頹勢的法軍形勢逆轉，終究驅逐英軍，確保了法國國土主權的完整。這位勇敢的農家女孩貞德，直到二十世紀的1920年5月才被「封聖」（Canonization）[28]。貞德除了是天主教聖人外，也是法國歷史上的民族英雄，更是許多戲劇、音樂與電影的題材。

十字軍東征後位於歐洲西北部的兩個家——英國與法國，開始成立議會，並逐漸發展為中央集權的民族國家。早在十一世紀的時候，位於法國北邊的諾曼第公爵即征服了英格蘭，自此成為英格蘭國王，也就是法國公爵同時擁有英王的身分。十三世紀約翰王（John, 1166-1216）時代，法國幾乎奪回北部諾曼第地區。十四世紀法王腓力六世（Philippe VI, 1293-1350）即位，引起英王愛德華三世對於王位繼承的不滿，愛德華三世（Edward III, 1312-1377）主張自己也有法國王位繼承權遭拒，最後由

---

[27] 王曾才，《世界通史》，臺北：三民書局，1996年12月，頁303。

[28] 所謂的「封聖」（Canonization），為一種基督教之宗教儀式，即正式承認某個人物成為「聖人」的儀式。1979年諾貝爾和平獎得主德蕾莎修女（Mater Teresia, 1910-1997）於2016年9月封聖。同為虔誠天主教徒的副總統陳建仁先生，也曾經前往梵蒂岡出席德蕾莎修女之封聖儀式。

法國腓力六世繼承法王。此時新任國王腓力六世宣布接管英國在法國的土地，引起英國不滿而進兵法國。因此引發了英、法兩國歷史上長達百餘年的英、法「百年戰爭」。

　　而王位繼承或許只是一個藉口，實際上英國對於出產羊毛織品地區的法國領土法蘭德斯地區（現今比利時）覬覦已久，由於經濟因素再加上王位繼承等問題而爆發。在當時，一次大規模的戰爭往往勞民傷財，需要經過好幾年才能再補充軍力，況且戰爭的時機也會受到季節等自然因素上的限制。所以，看似打了一百多年的英、法「百年戰爭」，其實也不過是短期戰爭與長期休戰不斷重複上演[29]，從一開始到真正結束為止的時間罷了。

3. 黑死病（Black Death）的影響

　　英、法「百年戰爭」期間，黑死病的流行為當時的歐洲帶來了另一場重大的災難。在十四世紀中的短短幾年內幾乎已經完全蔓延至整個歐洲。這個由老鼠與跳蚤為媒介而傳染的疾病，又俗稱「鼠疫」（Plague）。黑死病患者會在皮膚上因皮下組織出血而出現黑色斑點，故名之。患者會有高燒及皮膚出血症狀，大多數感染者約兩天內即會死去，極少數人能存活。這場世紀大瘟疫的流行總共造成了當時歐洲至少減少了約三分之一的人口。而歐洲在歷經黑死病這場衝擊之後，由於人口遞減，生產力嚴重降低，理所當然地造成貿易與商業等經濟方面的嚴重影響。整體經濟力的衰退讓領主收入難以維持。而附庸及農奴的消失或離開也勢必造成封建莊園制度的崩解。

　　1338年中亞最早記載了黑死病的患者，之後傳播至俄羅斯。1347年君士坦丁堡慘遭黑死病肆虐。不幸的是，當時的人們根本不知道如何應對

---

29 小松田直著，黃秋鳳譯，《圖解世界史》，臺北：易博士文化，2012年5月22日，頁210。

這種可怕的傳染病，醫生想盡各種辦法，包括了：通便、催吐、放血、煙燻、燒灼淋巴腫塊等，但一切都是徒勞無功，疾病仍不斷蔓延[30]。再者，對宗教的影響方面，由於這場瘟疫讓民眾生活處於死亡與恐怖的陰影下，生活中所依存的宗教信仰此時也開始變得令人質疑。許多神職人員也染病而亡，教堂裡無法舉行各種祈禱與各種宗教禮儀。在這樣的時空環境下，因這股瘟疫普遍的肆虐也讓當時許多人確信神不存在的證明。當時許多學者與教徒更提出了對於神是否存在的懷疑，逐漸地，這場瘟疫對當時歐洲社會的影響甚大。而與黑死病最直接相關的文學創作，即以義大利文藝復興時期的作家薄伽丘（Giovanni Boccaccio, 1315-1375）的著名作品《十日談》（*Decameron*）為代表。

（九）近代歐洲的發展

1. 中古後期與文藝復興時期的發展

　　文藝復興時期的歐洲，伴隨中古時期後半部文明發展，出現了一些重要和影響所及的歷史性轉折。分別為：文學發展與藝術的演進、發現新航路和地理大發現、大航海時代與國際貿易的來臨等，內容首先由文藝復興（Renaissance）的歷史意義談起。這場歷史性的「再生」活動，在十四至十六世紀時源於義大利半島北部，之後開始盛行於歐洲各地的一場文化性復古運動。文藝復興帶來的象徵意義不僅只在於藝術成就（繪畫、建築、音樂），連帶也對文學、科學等方面產生具大影響。英法百年戰爭後君權的擴張與民族國家的建立，再到之後的海外殖民與發展。尤其歐洲在海外

---

[30] 維吉爾・希利爾（Virgill Mores Hillyer）著，王奕偉譯，《希利爾講世界歷史》，臺北：海鴿文化出版，2017年5月1日，頁277-278。

殖民及新航路的發現，更加速促進東西文化交流外，也開啓了十六、十七世紀歐洲帝國主義海外擴張時代的來臨。

　　此一時期所強調的重點是在文藝復興的時代精神上，「Renaissance」法文爲「再生」之意，指古希臘、羅馬文化的再生，並在此基礎上締造出新的文化意涵，進而突顯其時代意義。十字軍東征之後，歐洲與西亞之間的貿易往來更爲頻繁，東西商業與文化交流後促成十四、十五世紀義大利北部諸多城市的興起，如：佛羅倫斯（Firenze）、米蘭（Milano）、威尼斯（Venezia）、克里蒙娜（Cremona）、布雷西亞（Brescia）等。由於中產階級人數逐漸增多，城市富商的支持進而更加促進人文與藝術的發展。由於在此背景之下讓歐洲藝文的發展趨於多樣和進步，也帶領了當時在音樂、藝文、繪畫等方面的發展。由仰慕古典文明進而從宗教神學的思想觀，轉而更加正視現實社會。文藝復興時期帶來的影響之一，是讓當時人們的思維不再僅重視「神」，而更加重視「人」的價值，對於人文思想的概念大爲提升。

2. 東羅馬帝國式微──拜占庭的覆滅

　　拜占庭帝國在西元1453年被鄂圖曼土耳其攻陷之前，一直維持著「羅馬帝國」的封號。雖然其在西元五世紀創建時，境內就以通行「希臘文」爲主，也呈現有別於西歐的希臘與東歐文化。而在進入中古時期之初時，歐洲所謂的「羅馬人」，不僅使用兩種不同語言，宗教上也接受了兩種不同的「基督教」。希臘東正教與羅馬公教（即：後來的天主教）。由於地處於兩個龐大的區域，分隔數百年後雙方差異隨著時間也越來越大，最終並完全各自獨立成不同的文化區塊，而這也是歐洲宗教史上「第一次分裂」的潛在因素。東、西方兩邊的君主也逐漸喪失了對話管道，東方的

拜占庭帝國比西羅馬帝國維持得更久[31]。西羅馬帝國告終之後，東羅馬帝國拜占庭持續在東方穩定發展。但由於地處歐洲東部廣大地區，又此一地區長期以來為歐亞交界及兵家必爭之地。自十一世紀塞爾柱土耳其帝國崛起後，信奉伊斯蘭教的土耳其也開始對拜占庭帝國造成一股壓力。當時塞爾柱土耳其已領有亞美尼亞地區與拜占庭帝國比鄰。1204年至1261年，十字軍第四次東征時，首都君士坦丁堡亦曾落入十字軍[32]之手。自十三世紀起，鄂圖曼土耳其即開始持續往西邊移動，屢向拜占庭帝國叩關。1453年拜占庭帝國首都君士坦丁堡終於被穆罕默德二世（Mehmet II, 1432-1481）軍隊攻陷，拜占庭（東羅馬帝國）正式走入歷史[33]。之後君士坦丁堡改為「伊斯坦堡」（Istanbul），直至今日仍為土耳其位於「歐洲」地區之重要都城。

3. 基督教第二次分裂——馬丁路德與宗教改革

　　十六世紀歐洲的宗教改革又被稱為是歐洲歷史上的基督教第二次分裂。這次的宗教改革是由日耳曼地區的神學士馬丁·路德（Martin Luther, 1483-1546）所發起。而此次的宗教改革也是對於傳統羅馬教廷的反動。十六世紀初期，羅馬教廷為了擴建聖彼得大教堂而大肆販賣「贖罪券」（Indulgence）。並宣稱贖罪券的功能在於讓人可以抵銷罪過。這樣的行徑在路德眼裡看似荒謬，他所認定的基督教應該是不分貴賤，無論年齡、身分、地位，只要信仰上帝，任何人都可以是上帝的子民。就如同新約羅馬書所講的：「義人必因信得生[34]」一般，就馬丁路德的立場，其根

---

[31]　安東尼·派格登（Anthony Pagden）著，徐鵬博譯，《西方帝國簡史》，臺北：左岸文化，2004年8月，頁62。

[32]　參看：本章「十字軍東征」，頁31。

[33]　安東尼·派格登（Anthony Pagden）著，徐鵬博譯，《西方帝國簡史》，臺北：左岸文化，2004年8月，頁62-63。

[34]　參閱：《新約聖經》羅馬書第一章第16至17節〈福音是神的大能〉：我不以福音為恥，這福音本是神

本否定贖罪券的功能，也不承認教宗的權威。他在1517年10月於威騰堡（Wittenberg）大學貼出了「九十五條論綱」（Ninety-Five Theses），開啓了近代歐洲宗教改革第一步，也掀起了日後中歐地區宗教改革的風潮。

　　「贖罪券」是讓信徒爲了赦免自身所犯的罪過而付錢購買的。馬丁・路德爲了讓人注意到這種不符合教規並濫用教權的現象，因而有宗教改革的動作。1517年的「九十五條論綱」裡面就表明了根本否定贖罪券的功效。路德更認爲，人們居然可以靠著買賣神恩以求赦免罪刑的行爲實屬誇張，也是一種褻瀆上帝的事。他覺得只有一樣東西可以使罪人免受上帝的懲罰，就是上帝無盡的恩典。而這份恩典是無法用錢買到的，只有深信上帝赦免罪人恩典的信仰才能拯救世人。也就是說，上帝的恩典只有透過個人堅定的信仰與依靠才能得到救贖[35]。這樣的理念，獲得當時中歐地區的普遍認同，也成爲宗教改革成功的主要基礎。

4. 近代歐洲宗教改革過程中偉大的殉道者——揚・胡斯（Jan Hus, 1371-1415）

　　其實，馬丁・路德並非提出這種想法的第一人，早在其宗教改革的一百年前，布拉格就有一名叫揚・胡斯（Jan Hus, 1371-1415）的神職人員提出過如此的理念，他也反對販賣贖罪券，否定教皇的權威，認爲一切當以聖經爲依歸。但他並未如馬丁・路德幸運。他被傳喚至日耳曼地區南部的康士坦茲（Konstanz）會議中進行審判，最終於1415年因異端的罪名被處以火刑，其衆多理念相同的追隨者亦被無情迫害[36]。而現今我們提到

　　的大能。要救一切相信的，先是猶太人，後是希臘人。因爲神的義正在這福音上顯明出來，這義是本於信，以至於信。如經上所記：義人必因信得生。

[35] 宮布利希著，張榮昌譯，《寫給年輕人的簡明世界史》，臺北：城邦文化，2008年8月19日初版52刷，頁236-237。

[36] 宮布利希著，張榮昌譯，《寫給年輕人的簡明世界史》，臺北：城邦文化，2008年8月19日初版52刷，頁237。

「宗教改革」時，大家第一個印象一定會想到馬丁‧路德的成就，但鮮少人知道揚‧胡斯這位勇敢的先行傳道者。由於時代不同，境遇也不同，馬丁‧路德在宗教改革上雖然占有崇高地位，德國史記載了馬丁‧路德在歷史上的地位，但這一波改革中是靠多少先驅者殉道者的努力及犧牲，才能換來最終成功的果實。

　　在歐洲中古時期，生活上仍受到宗教文化影響頗深的時代，提出如此的改革難免也會受到不小的衝擊，不論是對於個人或教會本身。路德的改革照理講也會受到教會的迫害，下場理應和胡斯如出一轍。但百年後的歐洲，其科技的發明與知識傳播的普及也間接造就了這一波改革的成功。胡斯殉道時歐洲的活字印刷術尚未普及，一般仍是以徒手抄寫居多，而路德出生時活字印刷術早已非常普遍。因此，時代不同，境遇也跟著不同，以印刷方式所印行的「九十五條論綱」，迅速將路德的改革理念以及教會長期的問題完整地傳達。所以說，印刷術的發明讓知識與理念的傳播普及化了，也順勢開啓了這一波在日耳曼地區的宗教改革。回顧這歷史上象徵意義重大的宗教改革運動，除了印刷術這種科技的發明改變時事之外，從另一個抽象層面來看：如果沒有胡斯首先提出教會內部存在的問題，主張以《聖經》為依歸的理念，亦或者沒有胡斯殉道事件之後所發生的一連串宗教戰爭，以及千萬信徒為宗教改革理想而犧牲的奉獻。相信可能沒有十六世紀馬丁‧路德發起改革之路的順遂。馬丁‧路德宗教改革的成功，或許也是另一個時勢造英雄的結果吧。

5. 印刷術的普及與知識傳播

　　印刷術帶來了歐洲知識傳播的普及化，這是毋庸質疑的。而歐洲中古時期最早的印刷術到底在何時出現？多數人都同意在1450至1455年之間，在神聖羅馬帝國的美茵茲（Mainz）一帶有許多印刷工坊，並已出現大規模的印刷行業。這些印刷的種類與書籍包括了：拉丁文法入門書、方言編寫的日曆，甚至還有贖罪券等。除此之外當然還有其他重要印刷版本，像是在傳統上被公認為是第一套印刷書，古騰堡（Johannes Gensfleisch zur Laden zum Gutenberg, 1398-1468）的

【圖2-5】　十五世紀即提出宗教改革理念的揚‧胡斯

四十二行本《聖經》三卷，亦稱《古騰堡聖經》（*Gutenberg Bible*）。此外，尚有其他重要的印本，像1461年之前印成的《三十六行聖經》三卷、《美茵茲聖詠》等。從這些引刷書的出版至少可以斷言，在歐洲中古時期即已出現商業印刷的第一個階段，印刷方式日益進步也讓生產技術的效能日益增進。之後這批擁有印刷知識與技術人員的的弟子逐漸遍及歐洲，並在各地傳授技藝。也讓二十世紀前最具效率的知識傳播方式由此逐漸蔓延開來[37]。

---

[37] 費夫賀、馬爾坦（Lucien Febvre and Henri-Jean Martin）著，李鴻志譯，《印刷書的誕生》，臺北：貓頭鷹出版社，2005年11月，頁76。

（十）近代歐洲社會的演變

　　近代歐洲社會的轉型——歷經宗教改革、科學革命、工業革命、啓蒙思想等。歐洲社會的發展看似歷經一場文明的洗禮一般，逐漸朝進步與現代化邁進，科技與文明開始在世界舞臺中獨領風騷。

1. 近代歐洲科學革命（Scientific Revolution）與啓蒙思想

　　歐洲歷經了文藝復興與宗教改革的洗禮後，逐步開啓了近代的序幕。而從中世紀封建時代的社會進入近代社會的歐洲，在歐洲史的演進中是一個重要的關鍵時刻。十六、十七世紀歐洲進入「科學革命」（Scientific Revolution）的時代，當時的科學家藉由實驗證明，顛覆了自從上古希臘時期以來維持千年之久的學說理論。人們也不再僅是奉行以教會為主的學說系統，隨著時代的演進徹底改變了人類的宇宙觀。在科學研究的態度上也提出了懷疑與求證的態度，不盲從先前以學術權威為導向的學說理論，也逐步邁向以理性所主導的科學革命時代。另一方面，中古時期的歐洲雖然在知識上已有一定的程度，但在當時針對天文學、數學、物理學等學科尚未能明確劃分的時代，也唯有透過新的研究方法，結合理論來詮釋科學新論點。十七世紀在歐洲史上是一個人才輩出的科學時代，因此也被譽為所謂的「天才世紀」。以國家主導的研究機構也紛紛成立，英國、法國與普魯士分別成立了「英國皇家社會學院」（Royal Society, 1660）、「法國科學學院」（Academy of Sciences, 1666）、「普魯士柏林科學院」（Prussian Berlin Academy of Sciences, 1700）等研究機構。在科學革命與啓蒙思想兩波時代潮流的推波助瀾之下，大大帶動了近代歐洲文明的發展。

2. 天文學的革命

　　文藝復興後歐洲在學說思想、藝術、科學與醫學等，因為客觀的規律加上直接的觀察與研究方法而興盛起來。歐洲人在中世紀之前所侷限的傳統世界觀，也因哥倫布（Cristoforo Colombo, 1450-1506）、麥哲倫（Fernão de Magalhães, 1480-1521）與達伽馬（Vasco da Gama, 1460-1524）等人的航海壯舉而逐漸消失了。天文學上，哥白尼（Nicolaus Copernicus, 1473-1543）[38]提出關於太陽是宇宙中心的「日心說」，推翻了古希臘天文學家托勒密（Claudius Ptolemaeus）提出的「地心說」觀點。在其1543年整理出版的《天體運行論》（*On the Revolution of the Heavenly Spheres*）也說明了此一觀點。此書一出版，在當時便直接挑戰了教會的學術權威，但也為科學革命奠下了一個深厚的基礎。

　　哥白尼在歐洲天文學有著承先啟後的地位，丹麥著名的天文學暨占星術專家第谷·布拉赫（Tycho Brahe, 1546-1601），曾奉國王之命花了約20年的時間觀察太陽、月亮、恆星、行星等上千個宇宙星體，而後發現：哥白尼在其《天體運行論》所提出的觀點「可能」極為正確。但布拉赫知道這樣的學說驗證後，必定會讓他面臨宗教的審判，況且其又是貴族身分。因此，在他向國王做成果報告時，講述地球依然是宇宙的中心的地心說，並表示有五個行星繞著太陽旋轉[39]，而太陽與這些行星又繞著地球旋轉。布拉赫的這項成果報告並未獲得國王認同，因而逐漸被冷落，之後布拉赫到了布拉格，在那認識了一位擁有優秀數學能力的日耳曼學生——克

---

[38] 哥白尼是十六世紀波蘭最著名之科學家，對人類天文學的貢獻功不可沒。提到波蘭，在歷史上幾位著名的人物還包括：鋼琴家蕭邦（Fryderyk Franciszek Chopin, 1810-1849）、科學家居禮夫人（Maria Skłodowska-Curie, 1867-1934）、前教宗若望保祿二世（Sanctus Ioannes Paulus PP. II Magnus, 1920-2005）、工運著名人物波蘭團結工聯領袖華勒沙（Lech Wałęsa, 1943-）等人。

[39] 此說法已經與現在的太陽系「八大行星」運轉理論差距不遠了，可見當時的天文觀測技術已經相當進步。

卜勒（Johann Kepler, 1571-1630）**[40]**。

　　克卜勒根據他的老師布拉赫二十年來研究宇宙星體的數據與經驗進行數學分析，提出行星乃是沿著橢圓形軌道環繞太陽運行的假設，並發現在這個假設中所得到的行星運行軌跡與實驗觀測所得到的數據是一樣的。也就是，在太陽系的運行中是有一定遵循的規律。在這樣的基礎下，克卜勒便於十七世紀初期的1609年開始發表他的研究成果**[41]**。基本上，克卜勒利用其數據分析與實證數據進行研究，從客觀的實驗觀察中，將哥白尼與布拉赫的發現歸納整理而成所謂的行星運動三大定律，也間接證實了這些前人的研究成果。這雖然是天文學史上的一大步，但由於提出的實證資料稍嫌薄弱，因而在當時的社會尚無法完全接受這樣的學說理論。

3. 伽利略（Galileo Galilei, 1564-1642）的科學實驗

　　伽利略出生於義大利的比薩（Pisa），比薩位於義大利中北部，亦是個深受文藝復興影響的城市，十七世紀的比薩在義大利是個學術重鎮。雖然實證科學已在此萌芽，但仍有許多學者堅守著亞里斯多德的學說基礎**[42]**。當時也是處於一個新舊學說對立與銜接的混淆時代。伽利略雖然在其父親的期望下進入了比薩大學研讀醫學，但其主要興趣仍在於數學與力學。而伽利略在發現亞里斯多德理論的錯誤時，即不斷反覆以實驗證明其論點。在進行自由落體實驗時也發現了自然加速度的公式，以公式為基礎來導入力學的現象。伽利略亦是史上第一位以數學公式來詮釋自然運動定律的人**[43]**。

---

[40] 橋本浩著，顏誠廷譯，《圖解科學史》，臺北：易博士文化，2012年8月，頁136。
[41] 橋本浩著，顏誠廷譯，《圖解科學史》，臺北：易博士文化，2012年8月，頁136。
[42] 當時許多的學說理論，只要冠上根據「亞里斯多德」所提出的說法，就像聖旨一般變成了無法撼動的權威理論，伽利略進行的許多試驗，用意也是在打破這樣的現象。
[43] 橋本浩著，顏誠廷譯，《圖解科學史》，臺北：易博士文化，2012年8月，頁138。

　　隨後在大學任教數學的同時，伽利略一方面也在研究哥白尼的宇宙體系，於1609年時以自制的改良天文望遠鏡觀測星象。從金星與月亮盈虧週期的差異，發現了哥白尼的地球繞日說與克卜勒的定律在相當的部分是相互成立的。於是在1611年獲選為羅馬科學院院士時，公開支持了這項理論。一如預期，公開支持哥白尼的學說當然和教會的學說立場相互抵觸，但伽利略仍繼續其研究[44]。1823年伽利略發表了《兩種世界體系的對話》（*Dialogue Concerning the Two Chief World Systems*），再一次公開支持了哥白尼的天文學說，羅馬教廷以其違反聖經的觀點而斥為異端，並開除其教籍。即便如此，伽利略仍不改其志，終其一生持續主張其學說：「地球一直在轉動，永遠在轉動！」這樣不受強大宗教力干涉，堅持實證科學的精神，使伽利略堪稱近代歐洲最偉大之科學家之一。1980年，教宗若望保祿二世承認當時的宗教判決為一錯誤判決，雖然伽利略的罪名一直到二十世紀才獲得平反，但也無法改變其影響世人的偉大貢獻，更證明了伽利略身為科學家，讓世人見證到其所秉持的勇敢與堅持。

　　中世紀時，比薩位在靠近義大利中北部阿諾河（Arno R.）河口處的一個小城，是當時文藝復興發源地佛羅倫斯進入地中海的門戶。從地緣關係來看，比薩位於義大利拓展北非和地中海地區貿

【圖2-6】　比薩斜塔——據傳伽利略曾在此做過「自由落體」實驗

資料來源：梁恩綺提供

[44] 橋本浩著，顏誠廷譯，《圖解科學史》，臺北：易博士文化，2012年8月，頁138-139。

易的重要港口，因此在交通與文化及貿易往來頻繁的情況下，比薩相較於當時其他的歐洲城市，其藝術造詣與商業繁榮的景象是優於許多地方的[45]。因此，也造就了其成爲科學與學術的重鎮。

（十一）十六世紀開啓的歐洲地理大發現

　　十五世紀葡萄牙在最初的大航海時代裡，其航線主要是從歐洲往東的海上航程。在這條東方的新航路中，也適時掌握了地理探勘與貿易。此時歐洲的火藥技術經蒙古人西傳後，兩百多年來已有相當的技術。由於地緣上的關係，讓伊比利半島上兩個統一的民族國家有了向海外擴張的條件。葡萄牙船艦利用加農砲成功壓制了阿拉伯於印度洋的海上艦隊，並建立了一系列軍事要塞和商務基地。而這些據點從中東地區一直延伸至印度西海岸、錫蘭、麻六甲海峽，並抵達中國東南沿海地區。葡萄牙靠著船堅砲利的優勢，在十五、十六世紀的大航海時代初期即已壟斷與東方的貿易，於世界舞臺占有一席之地。近年來專研此一時期的史學權威所言：「來往亞洲的船隻，必須領有葡萄牙港口主管簽發的證明，才不會被騷擾。」[46]由此也可見得葡萄牙海上勢力之強大，幾乎獨攬當時歐洲至印度洋、亞洲的貿易航線。

　　葡萄牙的崛起縱橫了歐洲至東方的海上貿易，但同樣位於伊比利半島上的西班牙王國，十五世紀末統一後急起直追。在十六世紀大航海時代興盛時期，領先各國的反而是西班牙。不論是在海外開疆闢土或建立殖民領地，當時首屈一指的就是西班牙了。兩國相較之下，葡萄牙所建立的航海

[45] 姚忠達，《建築的人文與藝術》，臺北：中興工程科技研究發展基金會，2007年3月，頁12-3。
[46] David Fromkin著，王瓊淑譯，《世界之道——從文明的曙光到21世紀》，臺北：究竟出版社，2000年5月，頁179。

帝國僅是軍事設施、貿易據點和補給站；但西班牙卻是興兵海外，強占統治，建立起海外龐大的殖民帝國[47]。大航海時代歐洲國家的海外擴張由伊比利半島上的這兩國揭開序幕，讓歐洲與世界連結在一起。葡萄牙的海外以「半個地球」維持了其海上貿易路線，而西班牙的海外擴張卻是以「全球」的角度進行，跨足了十七世紀的海上世界。

1. 西方世界的主宰

　　十六世紀開始的1500年，要比眾多歷史上劃時代的大事還要適合做為區分世界史上的「近代」與「前近代」。對歐洲歷史影響尤其甚大，因地理大發現與大航海時代的來臨，以及接踵而來的宗教改革與歐洲的變動等，彷彿是給予中世紀歐洲的一項衝擊。而此一時期也是世界史重要的轉捩點，歐洲人讓海洋成為通往世界的康莊大道，並將歐洲文化擴展至全世界每個適合人居的海岸。此時歐洲以外的民族卻也逐漸發現，面對歐洲人無止境的侵擾，必須採取對歐洲入侵者的應對。但無庸置疑的，西方世界的崛起逐漸成為主宰全球的這段歷史，也是近代世界史當中重要的一個課題[48]。

　　這段時期歷史上著名的代表性人物幾乎皆為航海者，也就是其人生是以「海洋」打天下。葡萄牙探險家達伽馬（Vasco da Gama）首先藉由海上航線到達東方的印度，開拓了葡萄牙前往東方貿易之據點。義大利熱那亞人哥倫布（Christopher Columbus），在十五世紀末西班牙統一建國後，得到伊莎貝拉女王的資助，開啟歐洲史上向西之首航。麥哲倫（Ferdinand Magellan），為首先嘗試向西航行全球一周之行動，無奈其壯舉無法達成，但其船艦「維多利亞號」最後仍返回西班牙，完成史上第

---

[47] David Fromkin著，王瓊淑譯，《世界之道——從文明的曙光到21世紀》，臺北：究竟出版社，2000年5月，頁179。

[48] 威廉・麥客尼爾（William H. Mcneill）著，黃藝文譯，《世界史》，臺北：商周出版，2014年2月17日，初版4.5刷，頁314。

一次人類繞行地球一周之壯舉。大航海時代故名在地球上的人類，在十六世紀開始其頻繁往來的接觸與交通，皆是靠著「海洋」而連結彼此。割裂與彼此陌生的世界，自此已逐漸連結起來了。

2. 香料對歐洲人的影響

　　生長在熱帶地區的「香料」，是歐洲在大航海時代進口輸入產品之最大宗。因為胡椒與各種辛香料在當時的歐洲都是很珍貴的東西，甚至是奇貨可居，足以和金、銀等相提並論。而香料這種植物到底有何魔力，讓歐洲人願意冒著生命危險渡海來尋求？在此簡單說明：香料與油、鹽、糖、醬、醋等「調味料」不同的是，香料特別指的是其為固態的「植物」類，並且本身有一定程度的香味（味道）。此即為香料簡單的基本定義。

　　在自然的植物中，有些植物的根、莖、葉、幹、枝、皮、葉、花、果實與種子等具有自然的特殊味道，而這些味道足以影響食物烹調的味覺。這些不同與多元的香味深受人們喜愛，更是烹調時非常好的調味。這些植物大多生長在熱帶地區的南亞與東南亞，又以印度與印尼地區的香料為代表。香料並非本身名為「香料」，而是許多種植物的集合名稱。包括一般我們熟悉的胡椒、荳蔻、丁香以及薑和肉桂等。著名的摩鹿加群島（Moluccas）為印尼境內眾多島嶼之一，面積七萬四千五百平方公里，約為臺灣的兩倍大。該地位於赤道附近，又稱「香料群島」（Spice Island），因這裡是全世界唯一的丁香產地。但由於丁香價格在香料市場過於昂貴，因而仍以胡椒等較為歐洲人所接受。香料可以將其用於烹調食物中，主要功用有：（1）**增添美味**，（2）**去除腥味**，（3）**增進食欲**等。又有說法為香料有其「殺菌」與「防腐」等功能，甚至也有將其當成藥用的功能[49]。因此，大航海時代裡由於海上交通路線的發達，歐洲到亞

---

[49]　呂理州，《學校沒有教的西洋史》，臺北：時報文化出版，2004年9月20日，頁138。

洲之行的目的，找尋香料是一個主要的動機。其實香料的最大功能在於讓
食物美味與增加其食用價值，許多人覺得在冰箱還沒發明之前，香料是古
代用以保存食物的一種最佳方法。但保存食物的方法不外乎醃製、乾燥、
密封、脫水等，再者最直接的就是冷凍與冷藏了。因此香料對人類的功
用，或許在某個程面上也是滿足人類口欲的最佳途徑。二十世紀美國心理
學家馬斯洛（Maslow, 1908-1970）所提出的「需求層次理論」中，最基
本的需求即是人類最直接的生理溫飽需求，如同民以食為天的道理一般。

因此，食物烹調美味與否，在人類生活中就變得
相形重要。從這歷史背景來看，香料在歐洲人的
飲食史當中也占有相當重要的地位。

　　胡安・塞巴斯提安・艾爾卡諾（Juan
Sebastián Elcano, 1475-1526），如【圖2-7】，
十六世紀初大航海時代西班牙偉大的航海家。許
多人的印象中都認為麥哲倫是史上第一位繞行地
球一周的人，但實際上艾爾卡諾才是真正人類歷
史上第一位繞行世界一周的英雄，雖然最後和他
一起回到西班牙的船員只有約17人。麥哲倫1519
年時所率艦出航的五艘船艦當中，則是只有一艘
回到西班牙。艾爾卡諾完成的這個艱鉅任務，在
人類航海史上具有重大意義。

【圖2-7】　繞行世界第
一人——並
非麥哲倫，
而是艾爾卡
諾！

（十二）十八世紀啓蒙運動時期所產生的各種思想

　　所謂的啓蒙，其意義及代表性又是如何呢？歐洲在十八世紀被稱為
啓蒙的時代。所謂的「啓蒙」這個字的含意，英文為「Enlightement」，

德文為「Aufklärung」，而法文單字為「Lumiére」。不論英文、法文與德文，對於「啟蒙」這個字都有其特定的解釋詞彙，由此可見啟蒙思想對於歐洲近代歷史的影響深遠。依據啟蒙時代著名德國哲學家康德（Immanuel Kant, 1724-1804）的說法，即人類必須從自己負責的未成年狀態中脫離。若加以詮釋其意義，啟蒙的意思就是要打開這道自然之光，並將自由的思想、科學知識、理性的態度精神加以普及[50]。在其1784年著作《回答這個問題：什麼是啟蒙？》（*Beantwortung der Frage: Was istAufklärung?*）中曾詮釋到：「所謂的啟蒙就是人類走出自我強加的不成熟狀態，所謂的不成熟狀態，指的就是沒有他人指導就無法運用自己的才智。而所謂自我加強的不成熟狀態，是指非缺乏才智（或理性），而無他人指導就沒有決心勇氣進行思考，大膽求知！這就是啟蒙運動的口號。」[51]而「啟蒙」的意思就是以科學的態度啟發人內在的理性，讓人們能從愚昧當中甦醒過來，啟迪蒙昧，邁向更光明的前景。

　　康德解釋啟蒙的意義，以人從未成熟的狀態脫離而成為成熟的境界。在康德的用語中，即比喻啟蒙的時代性就像是從黑暗的中世紀世界甦醒，轉變為近代的光明世界。如同在文藝復興時期裡，一般所提及的「人文主義」（humanism），而這種人文主義在當時也是從以基督為基礎的神學中心思想，轉化為以人為中心的世界觀[52]。啟蒙運動是科學革命的後續發展，啟蒙時期的科學家相信理性。「理性」是啟蒙時期另一個重要的特徵，艾薩克‧牛頓（Isaac Newton, 1643-1727）發現的萬有引力，讓人們慢慢了解到自然界同樣有其存在的自然法則。這個時候的人們對於自然界所存在的現象，可以不用處處仰賴神學的觀點來解釋。能直接用科學知

[50] 張正修，《西洋哲學史-近代哲學》，臺北：財團法人國家展望文教基金會，2006年4月，頁1-2。
[51] 芮爾夫（Philip Lee Ralph）、Robert E.Lerner、Standish Meacham、Edward Mcnall Burns等合著，薛克強譯，《世界文明史-近代早期的世界》，臺北：五南圖書，2004年9月，頁413。
[52] 張正修，《西洋哲學史-近代哲學》，臺北：財團法人國家展望文教基金會，2006年4月，頁2。

識或實驗的方法來解釋，是對於理性文明最好的註解。有別於科學革命時代，啓蒙時期的這一些推動者提到了許多重要的理論與學說，不論在政治領域、經濟領域與哲學思想上都有其影響所及。

政治學說上，一般人熟知的有德國的康德（Kant）、英國的洛克（John Locke, 1632-1704）、法國的孟德斯鳩（Baron de Montesquieu, 1689-1755）、盧梭（Rousseau, 1712-1778）、伏爾泰（François-Marie Arouet "Voltaire", 1694-1778）與狄德羅（Denis Diderot, 1713-1784）等人為代表。政治學上，洛克主張「天賦人權」，而盧梭則是「主權在民」。前者詮釋了上天賦予人類應有的基本人權，後者講述了國家主權應為全體國民之理念。這樣的學說理論在開啓了十八世紀關於基本人權的學說，奠定了日後的民主基礎。孟德斯鳩譽為西方法學理論奠基者，其著名代表著作《論法的精神》（*De l'esprit des lois, Spirit of the Laws*），又譯做《法意》，認為權力應該有其制衡原則，因權力容易使人腐化。因而主張在政治制度上應有行政、立法與司法等三權相互制衡為宜。這些學說也間接促成了法國大革命與美國獨立運動，成為其重要的學說思想與法源依據。

再者，法國的啓蒙思想家中的巨擘伏爾泰，其原名為弗朗索瓦‧瑪利‧阿魯埃（François-Marie Arouet），自稱為「伏爾泰」（Voltaire），後人習慣以「伏爾泰」稱之。在許多方面的表現，伏爾泰實際上就是啓蒙運動者的化身，他在笛卡兒主義大行其道的法國倡導英國式的經驗主義。伏爾泰在英國期間也完成其第一本哲學著作《論英國哲學的書信集》（*Philosophical Letters on the English*, 1773），在此他宣揚了包括牛頓與洛克的思想。這不僅意味著他鼓吹法國的思想家們接受牛頓實證經驗的科學體系，也表示伏爾泰的用意是鼓勵他們在知識上可以少一些抽象與理論性的東西，而更加注意在日常生活當中的問題解決上。的確，在十八世紀法國整體的哲學思想，依然要比英國的科學知識更具理性，但伏爾泰依然致力於鼓吹經驗主義，其中實際的思想理論也對當時法國的思想界產生重

大影響[53]。

　　不僅如此，伏爾泰致力於評論時事，亦是公民熱情的代言人。「摧毀醜行」（Écrasez l'infame）就成為其著名的一句口號，他認為：「一個人因別人與他意見不同而加以迫害的行徑與禽獸無異。」基於此，他曾致函給一位與他意見相左的人說：「雖然我不同意你的觀點，但我誓死捍衛你有表達意見的權利。」此段話也成為日後公民自由的第一項原則，主張以寬容和理性的態度面對事物。伏爾泰同時亦針對教會的迷信與腐化表達反對立場，並痛恨宗教盲從。其認為這些是建立在荒謬的宗教基礎上，因為：「迷信越少、狂熱越少，痛苦也會越少」。政治制度上，伏爾泰認為英國的國會制度比起法國的專制制度更佳，若國家的政策導致無意義的戰爭，此即是國家在犯罪。他並堅稱：「殺人為法律所不容，所有殺人犯都要受罰，除非他們是在軍隊號角中大規模進行戰鬥。[54]」從現在世界上民主社會的主流思想，是否也看到了伏爾泰學說思想的影子？

（十三）「工業革命」（Industrial Revolution）──人類產業型態的轉捩點

　　提到「工業革命」大家應該不陌生，這是一個改變近代人類生活的重要歷史轉捩點。一般來說是十八世紀中期以後在英國開啓的工業變革，由於新技術的革新以及機械化的生產，在生產力方面變得突飛猛進。對傳統的產業是一項重大的突破，時空環境的改變之下也帶動了近代資本主義

---

[53] 芮爾夫（Philip Lee Ralph）、Robert E.Lerner、Standish Meacham、Edward Mcnall Burns等合著，薛克強譯，《世界文明史-近代早期的世界》，臺北：五南圖書，2004年9月，頁428。
[54] 芮爾夫（Philip Lee Ralph）、Robert E.Lerner、Standish Meacham、Edward Mcnall Burns等合著，薛克強譯，《世界文明史-近代早期的世界》，臺北：五南圖書，2004年9月，頁429。

的興起。工業革命前英國的棉紡織產業與農業資本主義即相當盛行，以此
產業為基礎的工廠林立，因此也累積了許多技術革新上所必要的資本[55]。
工業革命最大的特徵即是在生產上的「機械化」與「動力化」，改良式蒸
汽機的發明解決了生產中替代人力的動力問題，動力問題的解決後，再來
就是機械化的生產問題了。「機械化」讓產品在生產上能夠大量地進行。
英國於西歐國家中首先解決了這個問題，因此其工業化產業革新的情形也
就如同「勢如破竹」般無法抵擋。歐洲產業型態的改變在英國工業革命之
後，產業技術的革新也迅速傳到歐洲各地，對於人類生活的提升與工業的
進步有著密不可分的關係。從傳統的手工業有限量的產品生產，到機械化
大量生產。如此產業型態的轉變下，對於工業產品的製造、銷售與規模自
然變大，市場也逐漸由英國國內走入歐洲大陸、航向世界。英國工業革命
的成功當然也為其奠下政治穩定、擴展海外的深厚基礎。

　　英國何以能在近代歐洲史上執工業革命之牛耳？也跟當時英國擁有
發展工業與技術進步的優渥條件有關。當時的英國擁有幾個重要的發展條
件，包括：充足的資本、豐富的資源、進步的技術、廣大的市場、大量的
勞動力等，當時英國在這些方面條件都優於其他歐洲國家[56]。1588年英國
擊敗西班牙海上「無敵艦隊」（Armada Invencible）後，伊莉莎白一世女
王（Elizabeth I, 1533-1603）即大力擴展海外，讓英國逐漸發展成為海上
新強權。夾著海外殖民擴張與貿易的優勢，讓英國累積大量的資產。而大
量的資產與英格蘭銀行（Bank of Englang, 1694）的資金流通及運作，讓
英國有了發展工業革命的資本。

　　在本身的礦產物資上，傳統上英國盛產煤、鐵等礦產，建設工廠需
要有鋼鐵，在煉鋼技術方面要熔解鐵礦也需要能源。英國煤礦的開採量從

---

[55] 李康武著，陳安譯，《中學生必須認識的世界史》，臺北：聯經出版，2010年3月初版二刷，頁163。
[56] 小松田直著，黃秋鳳譯，《圖解世界史》，臺北：易博士文化，2012年5月22日，頁292。

十八世紀初1700年的三百萬噸，到了1800年時已達到一千萬噸，在1850年時已達六千萬噸。為了要解決礦坑裡的抽水問題，以蒸汽機帶動的抽水機就因應而生[57]。也因此在瓦特還沒改良蒸汽機之前，英國在十八世紀初就已經出現了蒸汽機，可見其動力工業的領先與進步。其次，英國在北美洲殖民地盛產棉花，這些是在工業革命前就已具備的主要原料。英國針對這些豐富的鐵礦與煤礦等資源，進一步發展了開採技術，並將這些資源加以整合利用。也由於此時英國與法國及荷蘭在海外殖民的擴展中占了優勢，獲得不少海外殖民地，諸如種種的天時地利因素更加確保了英國廣大的「海外市場」[58]。勞動力方面，英國更是不虞匱乏。英國人口在十八世紀時幾乎增加了一倍，十九世紀前半又以倍數成長。十八世紀由於工業的發展又從歐陸移入了一些勞工，加上許多愛爾蘭人於十九世紀移出。這些條件加上十七世紀末期開始的「圈地運動」，使英國增加了大量可以從事生產的勞動力[59]。大量的勞動力也造成社會形態的改變，工廠林立、人口集中、城市以及工人階級的形成等現象，讓英國累積了工業發展中最重要的人力資源。

　　英國工業革命的基礎也有賴「圈地運動」的推動。所謂的「圈地運動」（enclosure movement），開始於十五世紀中期的1450至1550年間，英國中西部的地主因應羊毛市場的大量需求，將可耕地與公有地圍籬成為放牧綿羊的牧場，此即為英國史上第一次的「圈地運動」。而第二次「圈地運動」則是在十八世紀中至十九世紀中的一百年間。此次是西部與南部的農民將該區廣大的農地圍籬成農場，一來大量栽培農作物，再者也經營畜牧業，大幅提高了肉類、乳製品與羊毛的產量。在工業革命如火如荼

---

[57] 橋本浩著，顏誠廷譯，《圖解科學史》，臺北：易博士文化，2012年8月，頁216。
[58] 小松田直著，黃秋鳳譯，《圖解世界史》，臺北：易博士文化，2012年5月22日，頁292。
[59] 王曾才，《西洋近代史》，臺北：正中書局，2000年5月臺三版，頁41。

進行之際，英國早已發展出有效率的大型農場制度。農業的高度成長與資本累積，讓英國有條件成爲工業革命之領先國，順理成章執工業革命之牛耳。實際上是有相當的物質基礎爲後盾，這樣的後盾與工業的發展得以相輔相成[60]。

　　工業革命也促成了十八至十九世紀後歐洲產業結構的變化，這個結構性的變化使得十九世紀中期以後開始影響全世界。農業社會很快變成了工業社會，分散的手工工廠變成了大規模集中的機械化工廠。中產階級與工人階級在社會中逐步形成一股新興階級，大量的擁有人口、財富、知識與生產力的新興城市如雨後春筍般相繼出現。科學技術受到前所未有的重視。使得最先實現這些的英國擁有了強大的武力及物美價廉的商品。藉由船堅砲利和資本主義商業的洪流開始衝擊著整個世界，時代潮流驅使整個世界逐步邁向工業化的道路[61]。也由於英國的工業革命，讓近代歐洲及世界的局勢產生了不同以往的變革。

　　十八世紀英國帶動了歐洲的工業革命。法國緊跟在後，並在十九世紀中期後也逐漸發展成爲工業強國。德國雖然在萊茵區也有豐富的煤、鐵等礦產資源，但整體大規模發展要等到1871年德意志帝國成立後，才讓德國迅速邁向工業化國家。後起之秀的德國在第一次世界大戰前的二十世紀初期，其鋼鐵生產量已經超越英國，在化學工業的發展更是居於全球之冠。當歐洲國家正迅速成工業化邁進時，大西洋彼岸的美國也急起直追，更迅速超越。直至二十世紀初工業與技術的發展成爲了各國主要的競賽之一，而國家的富強與經濟實力往往取決於工業技術的領先和發展[62]。工業所帶動的軍事發展，也成爲了二十世紀第一次大戰前，歐美日等帝國主義軍備

[60] 林立樹、蔡英文、陳炯彰編著，《近代西方文明史》，臺北：五南圖書，2002年5月，頁42。
[61] 張海，《歐洲發展史新釋——從古代到工業革命》，廣州：廣東人民出版社，2002年9月，頁209。
[62] 林立樹、蔡英文、陳炯彰編著，《近代西方文明史》，臺北：五南圖書，2002年5月，頁44。

競賽的必然性現象。

（十四）法國大革命（French Revolution）後的歐洲社會

　　「工業革命」與「法國大革命」大致同樣發生於十八世紀中、後期的歐洲，儘管方式不同、影響層面各有差異，但就整體近代歐洲發展史而言，此時期它們也一同見證了歐洲專制制度的推翻、封建莊園制度的式微。同時也一併引發了「經濟個人主義」（economic individualism）和「政治自由主義」（political liberalism）的理論與實踐。也一同確保了歐洲在階級意識上的發展，導致十九世紀後賦予歐洲歷史新活力的資產階級、城市階級與工人階級間互動與對立的一個新局面。不過，法國大革命促成了民族主義與「極權主義」（autuoritarianism）的後續發展，工業革命也生成了一些新興城市的社會階級。從近代歷史發展的角度來看，此時期是一場影響十九世紀至二十世紀歷史發展的前動力[63]，也是一場震撼歐洲歷史的轉捩點。

1. 大革命的發生

　　「法國大革命」的時間點雖然在1789年的7月14日，攻陷巴黎市區的巴士底監獄為法國大革命開啓的一個指標，但實際上自1789年之後的法國政局已是紛擾不斷的局面。路易十四（Louis XIV, 1638-1715）在位時期花費大筆資金在對外戰爭與殖民地的爭奪、興建豪華的凡爾賽宮等。長時間的奢靡生活與對外戰爭（共計打了三十多年）的消耗，使得路易十四時的波旁王朝成為法蘭西帝國由盛轉衰的關鍵。財政赤字的增加終於到了

---

[63] 芮爾夫（Philip Lee Ralph）、Robert E.Lerner、Standish Meacham、Edward Mcnall Burns等合著，林姿君譯，《世界文明史——法國大革命、工業革命及其後果》，臺北：五南圖書，2003年11月，頁1。

要檢討改革的時候，這個重擔在歷史的因果下落在路易十六這位個性溫和的國王身上。1789年5月，路易十六（Louis XVI, 1754-1793）被迫召開了中斷175年的「三級會議」。這個由貴族、教士、平民三個階層組成的會議，明顯突顯當時社會普遍存在的不公。此時的三級會議已經無法有效解決既存問題，大革命的發生在所難免。

　　法國大革命的導火線是當時波旁王朝面臨財政問題與經濟破產，當時法國的財政危機代表了大革命前「舊秩序」（Ancient Regime, Old Regime）所傳達政治與社會的不合理現象。「舊秩序」所存在的問題在十八世紀開始即表露無遺，因此亟需改革也是個不爭的事實。從社會現象面來看，一個占國家組成分子大多數的平民階級負擔了國家幾乎全部的賦稅。而貴族與教士人口數不到百分之二，但卻不用繳稅。法國為十八世紀歐洲啟蒙思想運動的中心，在先進的思想推波助瀾下讓大革命發生在法國成為一個歷史的必然性。大革命後，國民會議也於1791年通過了新憲法，明訂了法國為「君主立憲」體制的國家。中央政府採「三權分立」原則，明確劃分了「行政、立法、司法」的雛形。這不僅是法國由君主專制政體邁向立憲的共和制，這場革命也代表了中產階級的勝利[64]。法國大革命後建立的立憲政體，削弱了封建國王的權力。發表「人權宣言」（Déclaration des Droits de l'Homme et du Citoyen），又稱「人權與公民權宣言」，取消貴族與教會之特權。

　　這些看似理想的改革，其結果並未如預期般完美。大革命之後成立的「國民公會」（National Convention），在1792年以叛國罪審訊路易十六，並於1793年1月將路易十六與瑪麗‧安多妮特皇后（Marie Antoinette）送上巴黎市中心協和廣場的斷頭臺處以極刑[65]。這是自英國

---

[64] 王曾才，《國際史概論》，臺北：三民書局，2008年1月，頁98。
[65] 1793年1月21日上午，路易十六引頸受刑，而一位國王如同普通民眾般地被處決，所謂的「君權」也

清教徒革命後，國王查理一世（Charles I, 1600-1649）在1649年被處死之後，第二個歐洲皇室國王面臨極刑的命運。國民公會於1792年9月遂將大革命後的「君主立憲」政體改制為「共和」，並以1792年9月22日為共和國元年的元旦，也是後來於歷史上所慣稱的「法蘭西第一共和」。法國大革命之後一連串的行徑看似失序，除了出現弒君與推翻君主立憲的悲劇外，又厲行其「恐怖政治」（Reign of Terror, 1792/08-1794/07）[66]。這些行動與思想逐漸向外擴散，歐洲各國害怕革命行動蔓延至其他國家，也開始組成「反法同盟」阻止其革命行動與思想的蔓延。

2. 羅伯斯比爾的恐怖統治

　　路易十六被處死後，羅伯斯比爾（Maximilien Robspierre, 1758-1794）取得了大革命後的政治領導權。法官出身的羅伯斯比爾，早年做過律師，是平民階層中的知識分子。社會地位高以外，收入也比一般人來得豐厚。原本可以過著富足享樂、與世無爭的日子。但因同情第三階層平民的處境，在1789年5月路易十六召開的三級會議中，成為平民的代表，會中為平民權益據理力爭。大革命後著名的「雅各賓黨」（Jacobins）即是羅伯斯比爾與一群志同道合之士於巴黎籌組。該政黨之立場較為激進，主張共和及廢除王政。大革命四年後的1793年開始羅伯斯比爾個人獨裁的時代，其廢除了封建諸侯的權力，要建立理想中之「完美共和國」（Republic of Virture）。[67]但由於其理想過於高遠，對於和其理念不和者

就喪失了「神授」的特質了。這個震撼也讓歐洲各國新掀起波瀾，更讓多數法國人震驚。其實審判國王只是大革命後「妥協派」與「不妥協派」之間的一場鬥爭。前者為了實現和平，多少有意識準備與「不妥協派」妥協。而後者則是採行激進的方式切斷任何後路，讓民族存亡與成敗連結在一起。〔喬治‧勒費弗爾（Georges Lefebvre）著，沈昭明總編輯，《法國大革命——從革命前夕到拿破崙崛起》，臺北：廣場出版，2016年7月，頁304-305。〕

[66] 王曾才，《國際史概論》，臺北：三民書局，2008年1月，頁98。

[67] 羅伯斯比爾的理想目標包括：給予所有男性公民選舉權、勞動權和生存權的認定，以及資助病弱者等

也以極刑處置，連雅各賓黨人也無法倖免。羅伯斯比爾以恐怖統治方式剷除異己，逐漸悖離當初革命之理想[68]。基於此，也讓國民公會議員人人自危，對於恐怖政治反感的聲浪逐漸形成。終於在1794年，國民公會中保守派議員聯合發動「熱月政變」（Thermidorian Reaction），將羅伯斯比爾也送上了斷頭臺，下場同路易十六如出一轍，時間僅隔一年。1795年8月，法蘭西新憲法又再度制訂，新憲法對於民主有了新的修訂。廢止了成年男子的普選權，規定只有納稅義務人才有選舉權，該憲法傾向資產階級共和體制。同年10月進行選舉新政府，成立兩院制（上下兩院）的立法機構，並選出五名總理指導下的總理行政院（督政府）[69]。自此法國進入了「督政府」時期，大革命後的動盪政局即將進入尾聲。

3. 法國大革命後的歐洲

　　法國革命造成歐洲歷史上一個大變動，革命之後在國際上新舊秩序交替的過程中，有兩人在此階段扮演了重要角色。一為拿破崙（Napoléon Bonaparte, 1769-1821），一為梅特涅（Klemensm Wenzel von Metternich, 1773-1859）。從十八世紀邁入十九世紀的轉型過程中，拿破崙在短期內順勢將大革命後元氣大傷的法國國勢迅速重整起來，此時的法國也在拿破崙領導下帶來了民族的榮耀與自信。雖然拿破崙在政治上的顛峰狀態並不久，風光歲月不過十年光景，但卻締造了歐洲另一個有如羅馬帝國一般的盛世。歐洲近代史若少了拿破崙這號歷史人物是很難承接下去的。拿破崙之後歐洲另一股保守與穩定的封建勢力又開始掌權，開啓了拿破崙後十九

福利。（李康武著，陳安譯，《中學生必須認識的世界史》，臺北：聯經出版，2010年3月初版二刷，頁189。）

[68] 曹若梅編著，《歷史第八堂課：世界人物誌》，臺北：教育測驗出版社，頁79-80。

[69] 李康武著，陳安譯，《中學生必須認識的世界史》，臺北：聯經出版，2010年3月初版二刷，頁190-191。

世紀初期歐洲保守勢力的抬頭。

（十五）十九世紀的歐洲

　　在十九世紀歐洲史的內容中，主要是以十九世紀至二十世紀初為主題，並探討多元化歐洲社會的形成與世界局勢演變。自1815年至第一次世界大戰爆發前的1914年，在這一百年的時間當中。從維也納會議、1830年革命、1848年革命為重要關鍵點，探討歐洲社會的變化。此時民族主義的精神與民主政治的架構慢慢確立，而工業革命的持續發展也在此一時期逐步臻於成熟。此一背景之下工商業的發展與貿易的興盛、海外擴張與殖民。發展成歐洲「新帝國主義」（New Imperialism）的一股向外擴張力量。新的國際秩序與外交關係的演變，讓歐洲大國崛起之路逐步影響世界舞臺。

1. 維也納會議後的歐洲新秩序

　　1815年後的歐洲保守主義再度興起。法國大革命引起的動亂、歷經恐怖統治以及拿破崙戰爭的影響，諸多事件在歐洲帶來的紛擾顯示出理性主義的失敗。當時的社會氛圍也對法國大革命與啟蒙運動有著相當的反感，而參與維也納會議的歐洲各國領袖大多為保守主義的擁護者。他們深受拿破崙戰爭之苦，所以認為民族主義與人權運動為動亂的源由，因此在歷經近四分之一世紀的動亂之後，努力地想回到法國大革命（1789年以前）的歐洲舊秩序。因而在維也納會議的基礎上，不難理解其立場為重建歐洲保守勢力與穩定新政局。當中的核心人物即是時任奧國首相梅特涅，為十九世紀初期保守主義典型代表人物。保守主義的立場對於民族主義和自由主義是大相逕庭的，因為保守主義者認為這些是引起革命與導致戰爭

的最大因素[70]。

　　1814年至1815年間在奧國首都維也納召開的「維也納會議」（Le congrès de Vienne, 1815），目的主要在處理拿破崙後歐洲的政治與外交上的問題。這場會議也代表著當時歐洲各國維繫「均勢」的國際體系。當奧國、普魯士、俄國與英國等大國在維也納集會之際，歐洲小國也派代表與會，其立場皆一致同意設法阻止法國再度向外侵略。會中有共識的兩大重點為「正統主義」與「補償辦法」，並對拿破崙後的法國採取軟硬兼施的方式，維持歐洲各國的均勢狀態及利益平等原則。奧國、英國與法國三國立場均同意外交上的「均勢」是維持國際政治與軍事力量的平衡，可以維持各國主權獨立與完整，並阻止任何國家或聯盟挑起爭端。而「均勢」的原則下須達到：法國不再統治歐洲及各國，必須維持一個國際關係的平衡與發展，意即避免法國之後任何國家強權再度宰制歐洲。而所謂的「補償辦法」，即滿足戰勝國的要求，同意以某部分之土地作為賠償。例如，英國即可順利保有長期與法國在海外爭奪的殖民據點，並由荷蘭手中取得好望角（Good Hope）和南亞印度洋上的錫蘭及地中海的馬爾他島等。奧國讓出比利時及德國南部地區，但也以獲得義大利北部的威尼西亞（Venetia）和倫巴底（Lombardy）作為補償。俄國沙皇亞歷山大一世取得芬蘭地區等[71]。而這些亦是大國在談判桌上所「喬」出來的結果，此舉也表示拿破崙之後歐洲的疆界版圖，勢必淪為大國再次分贓之局面。

2. 科學與人文藝術時代的蓬勃發展

　　十七世紀歐洲開啓了科學革命的時代，而十八世紀是理性與啓蒙運動蓬勃發展的時期，十九世紀的歐洲則是結合前面兩者的知識成果下不斷發

[70]　王曾才編著，《西洋近代史》，臺北：正中書局，2009年8月四版五刷，頁9、10。
[71]　林立樹，《世界文明史（下）》，臺北：五南圖書，2004年2月，初版，頁132-133。

展的結果。除了各學說百家爭鳴之外，也是近代城市文明與中產階級穩定
形成的一個世紀。由於自然科學、人文科學及藝術的發達，使得各種知識
革新再起。十九世紀的各項科學知識發展中，在物理學、化學、生物學及
醫學等各項發展，對於人類社會都有著極大的貢獻[72]。除了這些自然科學
的發展成果傲人外，在社會科學與藝術人文的發展更提升了十九世紀歐洲
生活與文化。十九世紀初期即是浪漫主義的發展時期，在音樂藝術的發展
中承襲了上個世紀古典主義的基礎，使十九世紀初期開始，歐洲的藝術文
化即達到一個多元輝煌的時期，許多代表性音樂家與作品至今仍令人耳熟
能詳。

3. 浪漫主義（Romantisme）

　　在十九世紀整個歐洲的重要思潮當中，「浪漫主義」別具代表性。
浪漫主義興起於十八世紀末，其學說影響一直持續到十九世紀中。所謂
的浪漫主義並非屬於政治上的學說理論。基本上是以文學與藝術理論
為基礎，但實際上它代表的意義泛指整個十九世紀初期的「時代精神」
（Zeitgeist）。浪漫主義一詞所代表的意義極為廣泛，若不加以分析便無
以下定論。或許它代表著一股對於十八世紀啟蒙與理性運動的反動。十八
世紀的時代精神所依據的是科學與理性講求實證，相對的浪漫主義則是信
奉情感。浪漫主義者相信「感官經驗」（sense experience）的重要性，強
調天生的敏感性構成個人自身獨特的性格，是自然生存於個人心智之中。
浪漫主義也特別強調「個人主義」（individualism）和「個人創造力」
（individual creativity），同時也強化觀念的承繼以及稱讚過去，這種對
過去的肯定也往往容易將其與民族主義連結，對於民族主義的興起有著

---

[72] 李康武著，陳安譯，《中學生必須認識的世界史》，臺北：聯經出版，2010年3月初版二刷，頁215。

一定程度的影響[73]。其中最具代表性的作家即爲普魯士（德國）的赫爾德（Johann Gottfried Herder, 1744-1803），鼓吹文化的民族主義並頌揚民族精神（Volksgeist），也掀起德意志民族文學的一波熱潮[74]。

　　「浪漫主義」其實是一個「觀念的集簇」（cluster of ideas），它涵蓋了許多自十八世紀以來的思想層面，也常被藝術家、文學家與音樂家等用來表達一種藝術理論。如前段所述的浪漫主義基本上是對於理性主義的反動，因爲它認爲理性主義並無法解決人類社會中所有問題而臻於至善。因此浪漫主義在於強調人的本能、情感、想像以及潛意識。在藝術領域中它也對於古典主義和形式主義有所批判，認爲應著重自然主張，應該欣賞自然與神學上的「美」。並認爲在自然界當中的人、事、物當中也都存在著「美」[75]。以下所提及浪漫主義的這一些創作家們，相信大家也一定不陌生。

　　文學上首推德國大文豪哥德（Johann Wolfgang von Goethe, 1749-1832），哥德兩部流傳於世的作品爲《少年維特的煩惱》（Die Leiden des jungen Werther）及《浮士德》（Faust）。《少年維特的煩惱》是一部讓哥德幾乎一夕成名的小說，而《浮士德》在形式上是很冗長的詩句，是以浮士德爲主角的悲劇，共分爲兩部。其內容實際上是對於歐洲思想與社會的評論，內容描寫了人性的犯罪、掙扎等，也探討了心理學與政治學的社會現象。而浪漫主義也是「詩」的時代，著名的有英國詩人拜倫（George Gordon Byron, 1788-1882），以諷刺詩歌型態創作的《唐璜》（Don Juan）爲其著名代表作品。與其齊名的英國詩人還有雪萊（Percy

---

[73] 芮爾夫（Philip Lee Ralph）、Robert E. Lerner、Standish Meacham、Edward Mcnall Burns等合著，林姿君譯，《世界文明史——法國大革命、工業革命及其後果》，臺北：五南圖書，2003年11月，頁209。

[74] 陳正茂、林寶琮，《世界文化史》，臺北：新文京，2001年12月，頁366。

[75] 陳正茂、林寶琮，《世界文化史》，臺北：新文京，2001年12月，頁366。

Bysshe Shelley, 1792-1822）、濟慈（John Keats, 1795-1821）等。[76]法國浪漫主義的文學創作，有大家耳熟能詳的雨果（Victor Marie Hugo, 1802-1885），其著名代表作爲《巴黎聖母院》（*Notre-Dame de Paris*），又譯作《鐘樓怪人》。而《悲慘世界》早期在翻譯上大多翻譯爲《孤星淚》（*Les Misérables*）。雨果的這部劇作曾改編成電影，並多次在臺灣上映。代表作家還有大仲馬（Alexandre Dumas, 1802-1870），其作品以《基督山恩仇記》（*Le Comte de Monte-Cristo*）、《三劍客》（*Les Trois Mousquetaires*）等較膾炙人口，其中《三劍客》更是許多電影及動畫裡的主題，國人對此相對不陌生。此外大仲馬之子小仲馬（Alexandre Dumas fils, 1824-1895）則是以《茶花女》（*La dame aux camélias*）爲其代表著作。而浪漫時期的這些作家與作品，直至今日是否還仍然在文學藝文或傳播媒體當中出現呢？由此可見這一時期的文學作品讓人接受程度之一般。

4. 革命的年代——法國1830年「七月革命」與1848年「二月革命」

　　其實，歐洲的整體風氣從1815年對拿破崙戰爭勝利，一直到1848年的革命這段期間，仍然可以感受出存在著封建勢力的影子。也因此在大革命之後有所謂短暫的「復辟時期」（Restaurationszeit）。此時，浪漫主義與民主的運動在年輕的世代間相互交替著。由於封建和保守勢力的抬頭，因此許多民主運動都被無情地壓制下來，更讓許多中產階級開始對政治感到冷漠[77]。拿破崙政權瓦解後，法國波旁王朝復辟，再度使得專制王權一度威脅著法國自由主義的革命及拿破崙時代的遺產。法國上層的中產階級，對於各大國於1815年維也納會議所達成的法國事務處理方法普遍尚能

---

[76] 陳正茂、林寶琮，《世界文化史》，臺北：新文京，2001年12月，頁366。

[77] Dr. Klaus Gottheiner, Prof. Dr. Ying-Yen Chung: *"Deutsche Literaturgeschichte von den Anfängen bis 1945"*, (Taipei: Kaun Tang International Publication Ltd. 1994) p.65.

接受。繼任的路易十八（Louis XVIII），亦是一位聰明、識實務的人，剛
上任後隨即頒布了一部「合乎憲法章程」（constitutional charter），採取
了中間路線的政策，即便他在法理上拒絕否認自己擁有絕對權力，但事實
上路易十八也傾向支持法國中產階級自由主義者所期待的一些原則[78]。

　　1824年路易十八駕崩後，由其弟查理十世（Charles X, 1757-1836）即
位，查理十世的政治立場顯然與其兄路易十八大相徑庭。基本上其奉行君
權神授，此舉顯然與大革命後法國的主流思想相左，這使得他與法國的共
和思想者、自由主義者及立憲派為敵。在他主導之下，國會更於1825年通
過了「賠償法」（Law of Indemnity），以投票通過法案，贊成籌措鉅款
來賠償那些在大革命期間，土地資產等被國家沒收且流亡國外的貴族之權
益。此舉引起自由主義者等工商界的不滿，更引發中產階級者開始策劃反
對查理十世的力量。1830年3月法國眾議院（Chamber of Deputies）通過
了一項對查理的不信任案，逼得查理十世因此解散國會並重新改選。同年
7月選舉出來的新國會仍反對查理政權，而這時查理十世以「國王」的名
義頒布「七月詔令」（July Ordinance），再次宣布解散國會，並重新制
訂新選舉法以限制選舉權且主張9月再次改選國會[79]。這些現象可以看出
查理十世面對當時的反動聲音，也只是一味地要壓制，並沒有誠意想要站
在主流民意的立場。

　　而背離民意得到的反撲，即是再次面臨革命的處境。1830年7月在共
和派領導下，工人、學生與作家等主要分子的領導下，巴黎市民再次走
上街頭響應革命。在三天內[80]即占據市政府，升起了象徵此次革命的紅、

---

[78] 芮爾夫（Philip Lee Ralph）、Robert E.Lerner、Standish Meacham、Edward Mcnall Burns等合著，林姿君
　　譯，《世界文明史——法國大革命、工業革命及其後果》，臺北：五南圖書，2003年11月，頁172。

[79] 芮爾夫（Philip Lee Ralph）、Robert E.Lerner、Standish Meacham、Edward Mcnall Burns等合著，林姿
　　君譯，《世界文明史——法國大革命、工業革命及其後果》，臺北：五南圖書，2003年11月，頁173-
　　174。

[80] 1830年7月27至29日，被譽為「光榮的三日」。

白、藍三色旗，並完成掌控巴黎的行動。眼見大勢已去，查理十世察覺進一步抵抗已是困獸之鬥，隨即宣布退位，並逃亡英國，此即1830年7月的「七月革命」。這個革命對於法國民主過程的影響爲：使得法國擁有選舉權的男性公民從十萬增加到二十萬，但公民選舉權的基本依據仍是以財產權的擁有爲基礎，也讓中產階級成爲主要受益者。再者，法國以外的歐洲國際局勢變化，則是七月革命後比利時於1831年正式脫離荷蘭獨立[81]。七月革命之後則是由路易・腓力（Louis Philippe, 1773-1850）繼任爲法國國王。

　　英國方面，也在1832年的時候發生了革命，但是相對於法國，英國的革命卻相反地平和許多，亦沒有太多的騷動和謠言漫天，並在1832的國會當中通過了一些重大的改革性法案。一般習慣稱此次事件爲中產階級對傳統貴族的勝利。英國持續在政治上改革，並更加確立民主，也讓大部分的成年男子擁有所謂的投票權和參與政治的運作。而政治的民主因而也影響了英國於往後社會的進步，以及工業發達的重要因素之一[82]。

5. 「二月革命」與歐洲局勢的改變

　　路易・腓力於1830年七月即位，史稱「七月王朝」，爲一議會君主政體，政府向議會負責。政治上採行溫和中庸路線，經濟上則是自由放任政策，外交上主張和平並支持海外之自由運動。雖然七月王朝有著議會政治的模式，但實際上仍爲傾向資本家立場的政權。如前段所述，在財產的限制下當時擁有投票權的法國成年男子選舉人數僅20萬人。這些擁有選舉

---

[81] 芮爾夫（Philip Lee Ralph）、Robert E.Lerner、Standish Meacham、Edward Mcnall Burns等合著，林姿君譯，《世界文明史——法國大革命、工業革命及其後果》，臺北：五南圖書，2003年11月，頁174-175。

[82] 參看：Roland N.Stromberg, *"European Intellectual History since 1789 (sixth edition)"*, New Jersey (USA)：Prentice-Hall, Inc. 1994, pp.45-46.

權者多半爲地主與工商業等資產階級，當時想要擁有投票權最直接的辦法
就是「想辦法讓自己富有起來」（Enrichissezvous!）。1840年後，路易・
腓力逐漸違反當初的革命信仰，表面上雖是以主權在民稱之，但實際上卻
已經與資本家靠攏。路易・腓力渴望恢復君主專制的舊體制，以賄賂方式
維持保皇派在議會中多數，並檢查出版、限制集會自由等行爲，讓法國國
內反對聲浪逐漸高漲。1847年後各派開始反對路易・腓力政權。終於在
1848年2月22日，巴黎群眾、自由主義者、學生與工人等集結於「協和廣
場」（Place de la Concorde）並高呼改革。2月24日後局勢已無法挽回，
此時群眾高呼：「共和萬歲」（Vive la Republique）。路易・腓力被迫退
位，之後巴黎宣布成立臨時政府，是爲「二月革命」[83]。路易・腓力退位
之後逃往英國過著流亡的生活，此情此景如同查理十世之遭遇重演，這幾
任法王之境遇猶如「魔咒」一般，令人不勝感嘆唏噓。隨著二月革命路易
王朝的結束，讓法國君主立憲政體也再一次宣告失敗。

　　就象徵意義的「革命」，在1848年已經開始在歐洲大陸各地紛紛展
開。革命的區域幾乎涵蓋了中、東歐的大部分地區（除了英國與俄羅斯
較不受到革命直接影響與波及外）。此一時期的革命，主要的領導階層要
歸咎於所謂的新興中產階級，這些人除了傳統的工商業者之外，還有一些
新的知識階層，包括：律師、記者、大學教授以及學生[84]等；這時候中產
階級要求並擴張自我並藉以取得在公民和政治上的權利。從國家的角度來

---

[83] 王曾才編著，《西洋近代史》，臺北：正中書局，2009年8月四版五刷，頁94、95。

[84] 在這一波浪潮的活動當中，有一個新的團體出現，即是所謂的學生團體（學運團體）（Buschenschaft）。
而這組織在維也納會議後便積極活動。在1848年這一年的春天來得特別早，三月的夜晚就如同五月
一般地暖和。在柏林的學生夜宿在街頭的帳棚裡，白天則輪番上陣地進行演說與鼓吹改革。在演講的
場合裡亦聚集了各行各業以及各階層的人，這些年輕的學生在啤酒、香腸，以及白蘭地的伴隨當中，
將自己對國家人民的理念和抱負訴諸於世，也因此，革命的新聞和理想藉由一些公開的論壇（public
forum）逐漸傳播開來。這也是在1848年的革命浪潮當中，學生團體所展現出來的一個特色，（Priscilla
Robertson, *"Revolutions of 1848"* New Jersey: Princeton University Press, 1952, p.116.）。

看，在這次革命之後，國家統一與獨立的意識被激起，在德國與義大利的統一運動上，1848年革命也是一個重大轉折。[85]

從「悲慘世界」看雨果筆下的小市民文化

2013年在臺灣上映的一部熱門音樂劇電影《悲慘世界》，改編自法國著名作家維克多・雨果（Victor-Marie Hugo, 1802-1885）的原著"*Les Misérables*"。（即本文所翻譯之：《悲慘世界》，另有中譯名稱：《孤星淚》，該片曾於民國71年在臺灣上映，為當時院線片）。雨果為十九世紀法國浪漫主義代表作家，其畢生的許多代表作品（諸如：詩歌、小說與劇本等），也反映了十九世紀歐洲歷史的發展，尤其對於社會的現實以及中、下階層民眾生活的描述更是逼真犀利。透過雨果的作品，讓我們更容易理解十九世紀歐洲社會的生活面向。

除了《悲慘世界》外，一般對於雨果的作品較為熟知的還有《鐘樓怪人》（*Notre-Dame de Paris*），相信國內民眾對於這兩部作品應該都不陌生。這兩部作品也曾經多次被改編成電影、電視劇和音樂劇等。

在《悲慘世界》裡，劇中主角尚・萬強（Jean Valjean），由一個為了不忍姪子挨餓而偷麵包被判刑的人，之後越獄數次後成為逃犯，流落街頭時受到神父的感化而立志革新，幾經努力之後成為了蒙特勒伊（Montreuil）的市長以及工廠主（資產階級）。之後營救工廠女工傅安婷（Fantine）的女兒珂賽特（Cosette），並收為義

---

[85] Gordon A.Graig, "*Europe since 1815*", USA: The Dryden Press, 1974, p.84.

女。終其一生曲折離奇與峰迴路轉的心路歷程，充滿十足的故事性與戲劇性。小說的創作模式與詮釋手法難免跳脫世俗正軌，但內容當中所呈現的不外乎當時法國中下階層市民生活，以及時代的熱血青年對於政治的狂熱和參與。可以見得的是，當時的歐洲社會仍普遍存在貴族勢力的影子。而以小市民立場所撰述的故事情節，猶如書名所表達的「悲慘的人民呀」（Les Misérables）一般，對於小市民面對社會階層的種種不公而持續積極努力地奮戰。

　　小說的另一個面向，也探討著官兵與強盜的追逐。改邪歸正的尚‧萬強，藉由宗教的重生與感化之後，經由長年的努力，已在社會立下一個正向的典範。但是，他仍然擺脫不了探長的追逐，也象徵著人性的柔善與刻板司法的面向相互對立，道出了感性與理性面向的相互投射。值得一提的是，雨果筆下的十九世紀歐洲社會，經歷了革命與戰爭，突顯了資本家、貴族以及保守皇權的影子。而中下階層小市民生活的無奈，也成為對應這時代社會中最典型的寫照。小說的閱讀，在細細品味下得以體嘗其個中滋味。小說不僅只是小說，其呈現出來的深刻描述，也透析了大環境中最貼切的歷史書寫。因著「悲慘世界」故事背景裡的陳述，除了讓人清楚看到其象徵性的時代精神外，更代表著十九世紀小市民文化中所推崇的社會進步與價值。

原文摘自：方子毓，《從「悲慘世界」看雨果筆下的小市民文化》，〈山中傳奇〉，私立中山中商學訊，2013年7月25日。

6. 1848年革命及其對歐洲國家的影響

　　1848年在歐洲歷史上為一典型的「革命的一年」，1月12日首先於義大利兩西西里巴勒摩（Palemo），緊接著2月底的革命浪潮導致了路易‧

腓力的下臺。3月15日起，柏林地區的反動也揭開了普魯士「三月革命」
（Märzrevolution）的序幕。1848年歐洲大陸各地的「革命」如火如荼展
開，之後普魯士「三月革命」時，中產階級的訴求大多也著墨在公民和
政治上的權力。從國家民族的角度來看，三月革命對於普魯士的影響喚起
了國家意識與統一獨立的信念，成爲邁向1871年德意志帝國建立一個重
大基礎。參與並領導這個具有時代性意義的革命運動者，大多爲工商界
人士、教授、記者、大學學生、律師等知識分子[86]。普魯士三月革命後開
啓了德國史上的「法蘭克福會議」（Die Frankfurter Nationalversammlung,
1848/49），這個會議對於普魯士領導德國統一運動具有時代意義。普
魯士最終決定以不跟奧國結盟的「小德意志」（Kleindeutschen）路線爲
主，逐步邁向統一建國之路。

　　1848年歐洲發生了法國「二月革命」與德國「三月革命」，在十九
世紀革命的年代裡，這些區域性的反動都各有其代表性，而巴黎和法蘭克
福這兩大城市也是這兩場革命的象徵性代表。德國在三月革命之後，其目
標在於團結日耳曼各邦國，以爲日後國家統一做基礎。而德意志地區當時
尚處於眾多邦國林立的地區，因而整體尚未能受到同法國革命浪潮的熱情
所影響。這樣的情況相對也反映在義大利地區與波蘭等地對於自由解放運
動的冷漠[87]。

　　1848年「二月革命」知識分子與中產階級在巴黎街頭的行動中推
翻了路易・腓力的七月王朝，建立起法蘭西「第二共和」（La Seconde
République）。但第二共和爲時甚短，1852年拿破崙・波拿巴之姪路易・
拿破崙（Louis Napoléon Bonaparte, 1808-1873），頂著拿破崙光環發動政
變後，又建立法蘭西「第二帝國」（Le Seconde Empire），並稱「拿破崙

---

[86] Gordon A. Graig, *"Europe since 1815"*, Hinsdale, Illinois (USA): The Dryden Press, 1974, p.84.
[87] James Chastain, *"The Liberation of sovereign peoples"*, Ohio University Press (USA), 1988, p.133.

三世」（Napoléon III）。雖說拿破崙三世統治法國期間也歷經一段輝煌時期，但於1870年9月「德法戰爭」中的色當一役兵敗被擄，也讓法蘭西第二帝國如同拿破崙‧波拿巴一般，國祚不及二十年即宣告結束[88]。

7. 克里米亞戰爭（1853–1856）

克里米亞戰爭是1815年以來歐洲所發生的第一次大規模戰爭。而這個戰爭在十九世紀中期的歐洲史，具有其重要性影響地位。這場戰役由俄羅斯與英、法、土、薩丁尼亞等國交戰。在這場戰役中，許多新式的科技不同以往的戰爭型態，也被運用在戰場上。像是海軍蒸汽鐵甲船的使用、戰地記者的報導及攝影、電報的傳訊等，都首先出現在這場戰爭中。

位於黑海的克里米亞半島在二次戰後的1960年代，由當時的蘇聯領導人赫魯雪夫（1894-1971）割讓給當時同為蘇聯加盟共和國（U. S. S. R）的烏克蘭。由於其戰略地位重要，在十八、十九世紀中就在此發生了一場影響歐洲國際性的戰爭。首先，從歷史背景來分析，俄羅斯帝國在十七世紀歷經彼得大帝的勵精圖治之後，在十八世紀初期打敗瑞典而逐漸稱霸波羅的海。國勢日強之後更在十八世紀末與普魯士和奧國共同三度[89]瓜分波蘭。進而再南下將勢力滲入巴爾幹地區，覬覦當時已經日落西下的鄂圖曼土耳其帝國。十八世紀時俄羅斯曾經四次侵擾鄂圖曼土耳其帝國。到了十九世紀，在俄、土之間衝突持續的情況下，鄂圖曼土耳其也在英、法兩國的力挺下於1853年10月正式向俄羅斯宣戰。隨即英、法兩國也於1854年3月間一同向俄羅斯宣戰，終於爆發了克里米亞戰爭[90]。

戰爭持續三年後的1856年，在巴黎召開和會簽訂合約，會中決定繼

---

[88] 吳圳義，《法國史》，臺北：三民書局，2013年11月增訂二版，頁273。

[89] 波蘭史上三度被瓜分，分別於十八世紀末的1792年、1793年與1795年，直至二十世紀第一次世界大戰後的巴黎和會，威爾遜提出的十四點原則，在民族自決的原則下讓波蘭獨立建國。

[90] 王北固，《歐洲版圖與伊斯蘭》，臺北：文苑出版社，2001年8月初版一刷，頁49-50。

續維持鄂圖曼土耳其帝國的主權完整，使其進入歐洲的協調範圍內。而黑海地區維持中立，俄國不得在此從事海軍建設，水面及港口開放。在十九世紀中期後歐洲國際間的互動中，這個戰爭後造成了俄國與奧國之間關係的疏離。這兩個十九世紀初以來歐洲的大帝國曾是保守主義的擁護者，並一同穩住1848年至1849年德意志境內與義大利的革命。但這場戰爭中奧國並未援助俄國，反而在多瑙河一帶加強戒備。奧國與當時英、法等國合作，觀望局勢，徘徊於參戰邊緣，此舉令俄國大為不滿。或許，這也造就了日後德國與義大利民族國家得以排除奧國勢力而成功建國的結果[91]。

　　此外，戰爭所造成的犧牲與面臨受傷醫療的病痛，也使得在這場戰爭中照護傷患的英國護士南丁格爾（Florence Nightingale, 1820-1910）創立看護事業，並導致日後國際紅十字會（1864）的成立[92]。

（十六）民族統一運動–德國與義大利的建國

　　十九世紀的革命運動、自由主義運動、民族主義、社會主義運動等蓬勃發展，歐洲整體社會進行了一場洗禮。而這些發展過程中，在十九世紀的中後期隨著局勢的影響，造就了日後兩個影響世界所及的強大國家——德意志與義大利。

1. 義大利王國統一（1870年）

　　1848年義大利革命雖然不像法國那般成功，但卻將薩丁尼亞推向帶領義大利統一的舞臺。1848年薩丁尼亞國王維克多・伊曼紐二世（Victor Emmanuel II, 1820-1878）即位。這位國王無懼奧國強權壓力，拒絕撤廢

---

[91]　王曾才編著，《西洋近代史》，臺北：正中書局，2009年8月四版五刷，頁115-116。
[92]　王曾才編著，《西洋近代史》，臺北：正中書局，2009年8月四版五刷，頁116。

其父親所頒布的憲法（Statuto），因而也迅速凝結民族愛國心。1852年伊曼紐二世任命加富爾（Camillo Cavour, 1810-1861）爲首相兼任外相。何以薩丁尼亞王國在義大利統一歷史中會如此重要？因薩丁尼亞的薩伏伊王室（House of Savoy）被譽爲義大利本土王室的代表。加富爾擔當重任後，有鑑於1848年革命的失敗，認爲必須要有「外援」才能達成國家統一大任。於是，其開始進行務實外交，與英、法保持在外交上的友好關係。也因此，1855年他派兵參加了一場與薩丁尼亞毫無瓜葛的戰役——克里米亞戰爭，薩丁尼亞參與克里米亞戰爭有其外交和政治上的盤算。果然，在1856年的巴黎議和當中，加富爾如願以戰勝國的代表出席，並在會議中痛陳奧國在義大利境內的高壓統治與人民痛苦。此舉乃順利贏得拿破崙三世（又稱路易拿破崙，Charles Louis Napoléon Bonaparte, 1808-1873）與英國外相克拉倫登伯爵（The Earl of Clarendon, 1800-1870）的同情[93]。薩丁尼亞的策略也讓義大利的統一運動露出一絲曙光。

　　加富爾於是順勢拉攏法國，1858年7月與拿破崙三世密會於今比利時境內的普羅米埃（Plombiéres）。會談結果法國允諾，若薩丁尼亞與奧國爆發戰爭，法國會支持薩丁尼亞。薩丁尼亞的目的在於達成北義大利地區在維克多・伊曼紐二世所統治的義大利王國之下，而整個義大利境內成立聯邦並由教皇擔任主席。至於在法國的酬庸方面，則是由薩丁尼亞割讓薩伏伊（Savoy）與地中海法義邊境的尼斯（Nice）給法國。此舉也埋下了薩奧戰爭的種子，1859年4月奧軍進攻薩丁尼亞，法國派軍二十萬馳援，6月24日索爾費里諾（Solferino）一役奧軍大敗，薩丁尼亞順勢收回其管轄下的倫巴底（Lombardy）。而拿破崙三世雖然幫助薩國作戰，但卻也不願見到薩國強大而造成威脅。又法國本土天主教勢力也反對拿破崙三世

---

[93] 王曾才編著，《西洋近代史》，臺北：正中書局，2009年8月四版五刷，頁120-121。

的外交政策，認為法國對義大利的政策將會影響教廷在義大利境內的勢力。基於這些因素，使得法國停止支援薩國作戰。1860年薩奧戰爭後，薩丁尼亞僅統一北義大利的王國，南邊的兩西西里和中部的教皇國皆不在其控制範圍內[94]。

　　至於南邊的征服要歸功於義大利歷史上的傳奇人物加里波底（Giuseppe Garibaldi, 1807-1882），其最膾炙人口的事蹟為1860年5月5日率領一千多人的遠征軍（紅衫軍），在加富爾的暗中支持下自熱那亞出發登陸西西里島，兩西西里國王法蘭西斯二世（Francis II）逃至加厄大（Gaëta）。加里波底趁勝追擊，並於九月攻下義大利本島的那不勒斯。1861年2月攻陷加厄大，此時義大利僅剩東北部的威尼西亞以及中部的羅馬尚不在其控制範圍外，義大利的統一版圖大抵完成。緊接著1866年普奧戰爭爆發，義大利與普魯士結盟，並經由布拉格條約（Treaty of Prague），順利收回了威尼西亞[95]。統一之路的最後一步則是在1870年的德法戰爭完成，德法戰爭時駐守在教廷的法軍回國參戰，因而義大利趁勢占領羅馬後，經公民投票併入義大利王國並定都於此。義大利統一建國運動，歷經二十餘年終歸完成。接下來與義大利統一過程相仿的，即是另一個興起的民族國家德意志帝國了。

2. 德意志帝國建立（1871年）

　　「德國」（Deutschland），這個現今世界的政治經濟強國，居歐盟火車頭領導地位的國家，而中東、歐的日耳曼地區，在一百多年前的十九世紀還是一個邦國林立的地方。1871年1月於巴黎凡爾賽宮「鏡廳」宣布成立的「德意志帝國」（Deutsches Kaiserreich），也有史家將其界定為

---

[94] 王曾才編著，《西洋近代史》，泰北：正中書局，2009年8月四版五刷，頁122-123。
[95] 王曾才編著，《西洋近代史》，泰北：正中書局，2009年8月四版五刷，頁124。

「德意志第二帝國」。在歷史上有別於西元962年的「神聖羅馬帝國」以「德意志第一帝國」稱之。在1648年三十年戰爭後至法國大革命前，日耳曼地區就有約三百多個大小不等的邦國，維也納會議後歐洲版圖再次被劃分，也使得日耳曼地區的邦國數目變爲三十多個。日耳曼民族的統一理想勢必會遭遇到鄰國的反彈，法國與奧國皆認爲一個統一強大的德國也會對其構成威脅。

德意志帝國可以於十九世紀建國，一方面也可歸功於民族意識的凝結。在民族意識的鼓吹上，即便在十九世紀的歐洲情勢對於德國的統一有著許多障礙，但德國境內的愛國詩人、思想家、作家與哲學家等，均對於日耳曼民族的統一大業懷有崇高期待。歷史學家特雷契克（Heinich von Treischke, 1834-1896）即曾言及：「總有一天日耳曼人終將會有一個祖國」。而大文豪哥德與席勒（Johan Friedrich von Schiller, 1759-1805），也在他們的諸多作品中，宣揚日耳曼人共有的歷史與文化，應該要凝聚日耳曼民族的力量，形成一個強大的民族國家[96]。1807年，哲學家費希特在當時仍被法國占領的柏林演講，發表了著名的《告德意志同胞書》（*Reden an die deutsche Nation*），強調所謂的「民族精神」爲國家民族生存的基本。此外哲學家赫德（Johann Gottfried Herder, 1744-1803）主張文化民族主義，強調自我文化應包括民族精神。因此，德意志邁向建國之路前，已經過許多學者在民族意識上的鼓吹，而這一股力量讓日耳曼民族邁向統一之路。

德意志帝國的統一由普魯士開啓，十九世紀下半葉正是普魯士王國領導德國統一與邁向世界強權一個非常重要的關鍵。此時普魯士經濟的發展已成爲一種具有統一目標的強制力量。不僅資產階級與傳統地主傾向德意

[96] 陳正茂、林寶琮，《世界文化史》，臺北：新文京，2001年12月，頁399

志的民族統一，其他邦國也認為勢必要趕上這一波統一的時勢，在此大環境的驅使下，也讓帝國的建立更處於有利地位[97]。1850年，普魯士根據國王腓特烈威廉四世（Frederick William IV, 1795-1861）所頒布的憲法成立國會。1861年腓特烈威廉四世辭世後，由其弟威廉一世（Wilhelm I, 1797-1888）繼任普魯士國王。早在威廉一世尚未繼位時，即提出普魯士的軍事改革方案。威廉一世將軍隊視作統一德國該好好鑄煉的一把劍[98]。1862年俾斯麥（Otto von Bismarck, 1815-1898）被威廉一世任命為首相並組閣，這位被後人喻為「鐵血首相」（Eiserner Kanzler）的政治家對國會表明：「德意志仰賴普魯士的，不是自由主義而是實力。決定時代創造歷史的並非靠演講和多數決，希望我們別重蹈1848-1849年所犯的錯」，更強調現今德意志所仰賴的即是「鐵和血」。國會並未為其所動，仍拒絕軍事預算，因此俾斯麥乃斷然逕行其事，增稅擴軍完成軍事改革。重要的是，俾斯麥認為自由主義分子在國會中占多數，但常空言其理論而不能行，雖是「國會」多數，但並非「全國」民意之多數。這些知識分子並不會使用暴力，普魯士在傳統上尚無成功之革命，但一般民眾對於國王仍是支持效忠。況且其政策合乎國家民族主義，得到普魯士愛國分子支持和國王之完全信任[99]。有了這樣的背景做依靠，俾斯麥就可以騰出手來全力執行其國家統一與富強的「鐵血政策」，並以普魯士為主要領導各邦統一的核心，擴充軍事力量朝著建國的目標邁進。

　　德意志帝國的統一運動中，1860年代是一個關鍵。在此共歷經了三場戰役，為十九世紀六○年代的統一運動之三部曲。分別為1864年丹麥戰爭、1866年普奧戰爭，以及最終1870年的德法戰爭。丹麥戰爭起因於

[97] 丁建弘、李霞著，《普魯士的精神和文化》，臺北：淑馨出版社，1996年8月，頁301。
[98] 孫炳輝、鄭寅達著，《德國史綱》，臺北：昭明出版社，2001年3月，頁144。
[99] 王曾才編著，《西洋近代史》，臺北：正中書局，2009年8月四版五刷，頁128。

1863年德國北部的丹麥逕自合併了日德蘭半島（Jutland Peninsula）地區
的好斯敦（Holstein）與什列斯威（Schleswig），這兩個邦國長期以來一
直存在著普、丹之間主權上的問題。好斯敦境內幾乎為德意志民族，什
列斯威德意志民族僅占部分人口。1863年新國王克里斯欽九世（Christian
IX）即位，受丹麥民族主義之鼓吹，決定將這兩地區併入丹麥，此舉逐
引起境內德意志民族不滿。1864年普、奧兩國聯手進兵擊敗丹麥，同年
十月於維也納簽約，丹麥將此二地區交出[100]。普、奧兩國雖聯手戰勝丹
麥，但終因對於該兩地的處理問題產生歧見，也引發另一場日後普、奧兩
國反目成仇的戰役。

　　1866年普奧戰爭開打，這兩國才剛在兩年前一起聯手擊敗丹麥。
1866年6月戰爭爆發，普魯士夾著現代化軍備與武器應戰，當時普魯士的
武器已經明顯比奧國提升許多。槍砲也已改成後膛裝填形式，奧國仍多
為傳統前膛槍。毛奇元帥率領的普軍大敗奧軍，逐於1866年8月23日簽訂
《布拉格條約》（*Treaty of Prague*）。戰爭結束並解散日耳曼邦聯，德意
志新的聯盟奧國不得加入，而威尼西亞併入義大利。此時普魯士國內幾乎
已無反對俾斯麥之鐵血政策聲浪，1867年俾斯麥成功籌組了「北日耳曼邦
聯」（North German Confederation），初步完成了德意志北部的統一[101]。
這時離整個德國的統一只差最後一步路了。俾斯麥認為要完成整個德意志
建國大業，必須要排除法國的障礙，而在外交上，法國也認為分裂的德國
對於法國的威脅較小，自然不願見到德國統一而強大。於是俾斯麥乃靜候
時機，伺機而動。

　　1868年西班牙革命爆發，無疑給了俾斯麥一個絕佳機會。革命造成
西班牙女王伊莉莎白二世（Isabella II）流亡法國。西班牙在皇位懸缺下

[100] 王曾才編著，《西洋近代史》，臺北：正中書局，2009年8月四版五刷，頁129。
[101] 王曾才編著，《西洋近代史》，臺北：正中書局，2009年8月四版五刷，頁130-131。

準備讓給普魯士皇室親族，如此一來普魯士就有可能掌控西班牙。法國當然極力反對，終究因此一西班牙皇位繼承問題而引發了1870年著名的「德法戰爭[102]」。德法戰爭的勝利順勢將德意志推向建國之路。1871年1月18日，當巴黎市仍處於砲聲隆隆之際，普王威廉一世於凡爾賽宮宣布德意志帝國成立。這歷史性的一刻也象徵日後德國邁向世界強權舞臺的起點。

關於德意志帝國的成立，有一幅著名的《宣布成立德意志帝國》（*Die Proklamation des Deutschen Kaiserreiches*）。背景是1871年，但畫作時間是1885年威廉一世送給俾斯麥的生日禮物。在畫的正中央著白色軍裝的即爲俾斯麥，威廉一世則是站在左方臺上右邊第二位。當時德皇威廉一世要求畫家維納（Anton von Verner, 1843-1915）刻意將俾斯麥的服裝以「淡色」呈現，突顯在這場建國大業中其功勳彪炳的歷史地位。該畫作現藏於弗里德里希宮（Schloß Friedrichsruhe），若有機會欣賞此幅畫，可注意：畫中的俾斯麥像不像是舞臺當中被鎂光燈照射，呈現明顯光彩的主角呢？

1971年1月18日，德意志第二帝國於巴黎的「凡爾賽宮」（Versailles）宣布成立之時，並無太豪華的加冕儀式以及貴重的皇冠。這位來自普魯士的國王威廉一世（Wilhelm I），對其境內各邦之領主皆以同等與尊重的態度相待。普魯士同時也向各邦宣稱：德皇威廉一世爲「德意志皇帝」，亦即爲德國人的共主。[103]首相俾斯麥是帝國建立初期時，影響最爲深遠的重要人物之一。爲了讓德意志帝國走向現代化與強盛，推行了一連串的

---

[102] 「德法戰爭」即是「普法戰爭」，早期國內多翻譯爲普法戰爭，也較爲世人熟知。但德文文獻記載該戰役爲「Deutsch-Französischen Krieg (1870/71)」，因而本書將其翻譯爲「德法戰爭」。

[103] 在執政者方面，德意志第二帝國自成立到終結，總共出現過三個皇帝，依序分別是：威廉一世（Wilhelm I）、弗烈德里許三世（Friedrich III）以及著名的威廉二世（Wilhelm II）。當中威廉二世在位最久，從1888年至1918年，在位共三十年。（Klaus-Jürgen Matz, *"Regententabellen zur Weltgeschichte"*, München: Verlag C.H. Beck, 1980, p.282）

建設。相較於日本的明治維新，德意志帝國在建立時，也有諸多方面是需要向外國仿效學習的。尤其在工業技術與科學方面，更需要有積極與顯著的進展。這些成就在當時無疑是德國近百年來最大的豐碩成果。俾斯麥的理念除了要將德國建立成一個有制度化與工業化的國家型態之外，並強力灌輸與建立其所謂普魯士模式與意識。也因此使得整個強大的德意志（普魯士）帝國儼然成形[104]。畢竟這個帝國的建立與穩固，也需要靠強大的國家認同來凝聚向心力。日耳曼各邦聯能夠迅速完成統一，也和其宗教文化和語言習慣有著密不可分的關係。

（十七）十九世紀後半的歐洲

1. 帝國主義的發展與社會達爾文主義

　　十九世紀新帝國主義的崛起與社會達爾文主義（Social Darwinism）的間接影響。十八世紀挑戰傳統的科學家當中，達爾文（Charles Darwin, 1809-1882）為重要代表人物之一。自十八世紀理性與科學開始成為知識的主流外，十九世紀更是這些科學與理論萌芽和發展的時代。1859年11月，達爾文巨著《物種原始》（*On the Origin of Species*）[105]的發表也對生物科學方面造成極大影響。「演化論」（Theory of Evolution）的觀點又是對教會另一次重大的衝擊，因為他的論點大大挑戰了神學上萬物皆為上帝所創造之觀點。這一個所謂「適者生存」的理論也被用在同一個國家

---

[104] Joseph Rovan, "*Geschichte der Deutschen—Von ihren Ursprüngen bis heute*", München: Deutscher Taschenbuch Verlag GmbH & Co.KG, 2001, p. 491.

[105] 達爾文的《物種原始》於1859年11月24日出版，第一版印了1,250份，僅在一天內就搶購一空。這本書三年內共印了五版，當時被翻譯成三種語文，暢銷世界各地。也讓達爾文的理念由此推廣。（李鳳玲，孫秀英編著，《著名發明家和他的發明》，臺北：德格出版社，2001年3月，頁136。）

但卻是不同階級的人身上，相當程度亦表現出上層階級對於下層階級的歧視。而當時亟欲發展帝國主義的歐洲列強國家，也在社會達爾文主義的催化之下，更強調自己民族、文化等各方面都是優於一切，強化了自我認定歐洲白人種族優越的觀念。認為白人有責任統治其他區域之次等民族，終成為其向外擴張之一合理藉口。

　　社會達爾文主義與十九世紀帝國主義的相互關係，說穿了也不過是歐洲白人自以為是的使命。尤其隨著工業與科學的影響，將自身文明普及於世界各地之後，歐洲人逐漸也將自己的行為合理化，當成一種對世界的崇高使命。否認自己的行徑為野蠻侵略，又在此種優勝劣敗、適者生存的觀念催化下，十九世紀末葉後國家與民族也被視為生物界的一個「種」，以強者征服弱者的行為被合理化[106]。

　　同樣是英國生物學家的赫胥黎（Thomas Henry Huxley, 1825-1895），當時為倫敦礦物學院地質系教授。其對於達爾文之演化論卻抱持著支持的態度，並撰文證明：「沒有任何證據證明上帝的存在」，宣揚一種「不可知論」。1860年他與牛津主教針對達爾文之演化論展開一場有趣的辯論，主教提出：「沒有人願意把自己的祖先歸類到猿猴上去。」赫胥黎則表明：「羞恥的並不是有猿猴一樣的祖先，而是像你一樣以傲慢的態度去面對自己的祖先。」赫胥黎在其大作《人類在自然界中的新位置》（*Man's Place in Nature and Other Essay*）對於達爾文的演化論有了新的詮釋。赫胥黎因捍衛達爾文演化論的立場，而有「達爾文之鬥犬」（*Darwin's Bulldog*）之稱號[107]。

---

[106] 宮崎正勝著，黃秋鳳譯，《圖解世界近現代史》，臺北：易博士文化，2012年7月26日，頁108。
[107] 楊欣倫主編，《圖說世界文明史》，新北市：人類智庫，2012年3月20日，頁117。

2. 黃禍論（The Yellow Peril）

　　十九世紀末歐洲人開始積極向全球蔓延、擴張的過程中，總是打著「傳播福音」、「完成白人的使命」與「開化野蠻人與半野蠻人」等口號，以證明自己的合理性，並大張旗鼓，逐行其帝國主義侵略行為。但這些詞彙並不能掩飾其追求自我利益的事實，真相是他們不僅要維護自己國家的既得利益，還必須不斷地擴張，保有這些符合國家利益的需求。但西方人在十九世紀的擴張行動中，在東方的世界裡卻遇到了兩個意外的阻礙。十九世紀歐洲帝國主義在非洲、中南美洲與澳洲等地基本尚未曾遇到太大阻礙，但是亞洲的日本與中國卻讓他們踢到了鐵板。首先日本明治維新後，整個國家體制迅速健全起來。逐漸在軍事國防上足以與西方國家匹敵，實有足夠的實力擺脫西方人的箝制。再來則是中國，即便鴉片戰爭以來中國受西方不平等條約之束縛，但自強運動三十餘年，畢竟也讓工業與軍事現代化有了些起步。[108]。

3. 日不落國──大英帝國

　　十九世紀末至二十世紀初是歐洲「新帝國主義」（New Imperialism）興起最顯著的一段時期，在1870年至1914年間可謂是「帝國主義的年代」。十九世紀末期歐洲各國列強極力發展海軍，擴張海外殖民與強權。自1870年至1900年間，英國、法國、德國、比利時、義大利等國皆大勢向海外進行殖民擴張，其中以英國所獲得的海外領地最多。短短的三十年間，歐洲在海外殖民地的面積已經超過一千萬平方英里，並統治著約一億五千萬的人口。總計控制了將近全球五分之一的土地及面積十分之一的人口數[109]，範圍更是遍及世界各大洲。此時國際間強權對於亞、

---

[108] 羅福惠著，《黃禍論》，臺北：立緒文化，2007年6月初版，頁32。
[109] 王曾才編著，《西洋近代史》，臺北：正中書局，2009年8月四版五刷，頁203。

非地區展開一波占領與瓜分行動，這些國家行爲本身大多是出自於各國元首所下達的政策與指令。換言之，這些帝國主義的擴張行爲是國家直接授權行使的[110]。這樣的侵略擴張概念，是否跟先前提及的十六世紀、十七世紀縱橫海上的「舊帝國主義」國家，在海外擴張的行徑有著相似之處？只是這次夾著更強大的武力、更強的經濟爲後盾，或者更高的科技與文明向外散播。

　　十八世紀開始，英國即憑著其海上優勢武力，在與荷蘭的戰役以及「七年戰爭」中分別取得優勢，順勢奪取了大量海外殖民領地而確立其海上新霸權地位。夾著工業革命的力量，英國也正式步入強盛時期並引領世界潮流。工業革命之後，英國成爲世界上第一個邁進現代化社會的國家，促使當時英國躍升爲世界經濟強國。十九世紀維多利亞女王（Queen Victoria, 1819-1901）時代，英國居於海上強權之地位無庸置疑。此時大英帝國步入顛峰時期，其海外領地面積占了世界面積的五分之一左右。爲了拓展自由貿易，英國也以武力打開了一些原本閉關鎖國的國家大門，迫使其開放通商。短短的時間內，即迅速擴張成爲了名符其實的「日不落國」[111]。

　　英國本土面積相較於法國與德國等國家並不算大。但在十九世紀末海外擁有的殖民地面積卻是全世界之最，沒有任何國家可以比擬。也因如此讓大英帝國與「日不落國」畫上等號。

---

[110] 方子毓，〈第一次世界大戰前德國外交政策與英德關係-1888-1984〉，《成大歷史學報第38卷》，臺南：國立成功大學歷史學系，2010年5月，頁217。

[111] 趙麗編著，《一本書讀完英國歷史》，臺北：驛站文化，2012年1月，頁179。

事項	（舊）帝國主義	（新）帝國主義
時間	十六至十八世紀	十九至二十世紀
時代背景	新航路、地理大發現	十九世紀第二次工業革命
具體行動	1.葡萄牙—租借澳門，殖民南美州 2.西班牙—殖民中南美洲、菲律賓 3.荷蘭—殖民印尼、臺灣	歐洲列強國家分別瓜分非洲（僅伊索比亞、賴比瑞亞未被瓜分），占領亞洲地區（英、法、德、美）
影響	近代歐洲民族國家崛起，改變世界局勢	軍備競賽的發展 間接導致第一次世界大戰
代表國家	西班牙、葡萄牙、荷蘭、英國	英國、法國、德國、美國、日本

【圖2-8】　新、舊帝國主義對照圖

資料來源：自行整理

4. 德國的東亞行動

　　而在德國方面，執行海外殖民政策需要國內強大經濟力支持，這是必然的需求。強大的經濟力可以因應殖民地的經營與開發等各種開銷。因此，德國國內的各種產業在整體經濟發展上勢必要達到一定的標準方可成行。1880年代開始，統一不過十年的德意志帝國，其國內經濟狀況就呈現出明顯的進步與成長。城市的中產階級（Bourgeois）們認為在現代化氛圍所影響下的自由主性資本主義會帶動國家的經濟成長，不僅在國內，就連海外的殖民領地也直接受到影響[112]。甫上臺的年輕德皇威廉二世（Wilhelm II, 1859-1941），在性格上可以說是一位相當熱情的軍人。本身對於海洋亦充滿了嚮往與熱愛，如此也讓他對於此番志業擁有極高的企圖心。德國史上首次強大海軍實力「海權」（Seemacht）的發展，自此

---

[112] Volker R. Berghahn, "*Imperial Germany, Economy, Society, Culture and Politics*", New York: Berghahn Book, 1994, p.271.

已開始逐漸培養壯大，[113]逐漸邁向世界舞臺。

　　隨著帝國主義的發展態勢越來越明顯，十九世紀末德國也積極搭上這股帝國主義海外擴張的風潮，成功完成海外殖民地占領的目標。1897年11月利用教案的藉口，德國強占了中國山東南部的膠州灣地區，並在此建立起殖民勢力範圍[114]。而當1895年甲午戰後，清朝與日本在馬關條約中的遼東半島議題上出面干預。由此可看出當時德國與俄、法雖屬不同陣營，但仍適時把握機會毅然加入兩國干涉遼東半島之行動。以一個新興的德國要發展其「世界政策」（Weltpolitik）的目標，自會有其一定的難度。德國不像英國、法國在海外經營時間已久，相形之下也更是急起直追。

　　德國在拓展遠東的海外政策上，亟需要一個大型的海軍基地與加煤站。當時德國著名的「中國通」，地質學家李希霍芬（Ferdinand von Richthofen, 1833-1905）經過長期的探勘與研究，認爲德國可以將膠州灣當成德國在海外一個理想的碇泊地。除了膠州灣之外，德國也選定了許多中國東南沿海地區，像是：舟山群島、廈門、威海衛等都曾在其目標之內。根據當時的德國外交檔案（Die Große Politik der Europäischen Kabinette）的記載，1894年的電文中提到當時德皇威廉二世有意要將臺灣占領的意圖，檔案中很明確地強調當時德國的海外政策必須要有一個固定的占領地。這可以保有德國總計每年約達四億馬克的貿易總額，因而在此份電文中提到威廉二世建議可以將福爾摩沙（Formosa）占領作爲商業貿易的據點。[115]由此可見，德國在謀奪中國沿海地區當作貿易基地早有

---

[113] Beat Hemmi, "*Kaiser Wilhelm II und die Reichsregierung im Urteil schweizerischer diplomatischer Berichte*", Zürich: Fretz & Wasmuth Verlag AG, 1964, pp.25-26.

[114] John E. Sohrecker, "*Imperialism and Chinese Nationalism: Germany in Shantung*", Cambridge, Mass Harvard University Press, 1971, pp.41-42.

[115] "*Die Große Politik der Europäischen Kabinette, 1871-1914, Band.9*". Berlin: Deutsche Verlagsgesellschaft für Politik und Geschichte M.B.H.W8, 1923, pp.245-246.

【圖2-9】　青島Tsingtau（Kiatuschou）

計畫[116]。臺灣剛好位於東亞海運貿易交通繁忙的重要地位，因此也引來十九世紀這些帝國主義國家的覬覦。而這些在十九世紀帝國主義的海外擴張行動中，有占領臺灣意圖的國家，還包括了美國、法國、日本等。

　　在美國耶魯大學著名歷史學者保羅·甘迺迪（Pual Kennedy）的名著作《霸權興衰史》（*The Rise and Fall of the Great Powers*）當中有一段話如此詮釋德國：「引用一個學者的話來說，德國是先天被包圍的國家。」這是從歐陸的地緣政治角度來分析德國戰略地位的情形。但如果德國的海外擴張不侵入其他強權地盤去爭取外交空間，他又能往何處發展呢[117]？處於歐洲心臟地帶的德國亦是在這樣的環境限制下發展，成為強權也其來有自，並不意外。

---

[116] 吳滄海，《山東懸案解決之經緯》，臺北：臺灣商務印書館，1987年，頁2。

[117] 保羅·甘迺迪（Pual Kennedy）著，張春柏、陸乃聖主譯，《霸權興衰史——1500至2000年的經濟變遷與軍事衝突》，臺北：五南圖書，2008年10月，頁269。

5. 二十世紀第一次世界性大戰

　　歐洲在1914年至1918年間的第一次世界大戰，與1939-1945年間的第二次世界大戰，中間僅隔約二十年的短暫和平時期。而這兩場戰爭加速了歐洲與西方社會的改變，二次戰後也引導歐洲走向全新的道路。第一次大戰戰場幾乎僅在歐洲地區，可謂名符其實的歐洲戰爭。相形之下，第二次世界大戰的區域範圍就是實際上的「世界大戰」了。第一次大戰發生，就得追溯十九世紀末，在夾著工業發展、軍事科技以及海外殖民擴張等因素中，儼然形成了國際間的角力與競逐。而這樣的情況使得邁入二十世紀後，帝國主義的發展導致各國在海外爭奪的利益衝突加劇，使國際秩序逐漸動盪。所以說，如此背景之下，第一次世界大戰的發生也是一個歷史的必然性現象。而第一次世界大戰卻在一次偶發性事件中爆發了。

　　此次於十九世紀末期，帝國主義在軍備競賽中高度發展下的衝突。兩次大戰之後，歐洲國際秩序勢必重組，如同十九世紀初期維也納會議後歷史場景的再度上演。面對二十世紀的兩次世界大戰，歐洲如何從戰爭的陰影中再次走出，邁向光明。這是在第四章「歐洲統合與歐洲聯盟」的部分所要再次探討的問題。

〈是什麼？就說什麼！〉

　　到歐洲旅遊，想必有人參觀過二次大戰期間納粹集中營，包括位於德國慕尼黑附近的達浩（Dachau），以及位於波蘭克拉克附近的奧斯維茲（Auschwitz）等。這些集中營裡完整地保留並記錄了當年納粹在此所造成的傷痕與犯下的錯誤。戰後德國選擇毫不隱瞞，讓事實完整呈現的態度，也讓世人能記取教訓並引以為戒，更表現出其勇於認錯和對歷史負責的精神。

　　有「現代史學之父」之稱的十九世紀德國史家蘭克（Leopold von Ranke, 1795-1886），針對歷史學的詮釋，提出了「如實實書」（Wie es eigentlich gewesen）一詞，簡而言之就是：「是什麼？就說什麼！」即對於適時狀況的陳述。

　　倘若對於歷史的解釋存在過多的意識形態與特殊傾向，那就不是客觀的歷史陳述了。畢竟，歷史的經驗不但需要被記取，更重要的是其詮釋的方式也應該客觀與超然。

原文摘自：方子毓，〈是什麼？就說什麼！〉，聯合報，2007年2月12日，A15。

【圖2-10】　波蘭克拉克近郊的奧斯維茲（Auschwitz）集中營之一景

資料來源：作者提供

（十八）輔以視聽教材與教學

　　在「歐洲概論」課程的歐洲歷史與文明部分，就影片欣賞的部分主要是以《大國崛起》（1-10集）[118]為主，大多頗獲學生好評。影片的製播是以敘述性的方式介紹近五百年歐洲各國在世界舞臺中的崛起。《大國崛起》主要涵蓋三個部分：1.以影片教學的專業知識內容，引領對於歐洲個別國家文化及其對世界的影響作一概略性分析，並加深學生對歐洲國家的認識。2.了解歐洲國家在近代世界舞臺所扮演的角色及地位。3.加強學生對於歐洲近代史的理解。從不同國家的歷史呈現及其發展，也更能讓學生了解歐洲各國的相異點與相同點。在涵蓋如此大面積的歐陸地區，多元的文化語言與宗教，或許才是我們要了解它的實質意義。《大國崛起》於課堂中以視聽教學播放與講解的方式呈現，歷年來亦讓師生之間皆對於歐洲近代史與文明發展的演進有更進一步的認識與討論。

　　在視聽教材選播方面，常使用播放的有以下影片：

　　《大國崛起》DVD系列影集，主要為「世界史」介紹，在歐洲國家部分有英國、法國、德國、俄羅斯、西班牙、葡萄牙、荷蘭等國，也是一套關於近五百年來歐洲國家的發展及其對世界的影響，藉此來做教學導論，以西方文明對世界影響為主題依序做介紹。內容大致涵蓋的重點包括：法國大革命、英國工業革命、地理大發現與發現新航路、第一次世界大戰與第二次世界大戰後之歐洲。從近代一直到當代歐洲歷史的變化為主要縱軸來認識歐洲。《大國崛起》的DVD系列為諸多專家學者推薦，因此做為「歐洲文化史」課程教學用時，頗獲學生喜愛，為課程中介紹歐洲各國歷史與文明最佳首選影片。

---

[118] 該系列影集分別有九個國家：西班牙、葡萄牙、英國、法國、德國、荷蘭、俄羅斯、日本與美國等。與歐洲概論有關的課程中，幾乎均有選擇性播映過。

【表2-1】　《大國崛起》DVD系列各國播放比例

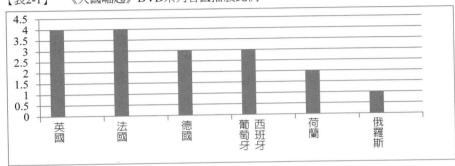

資料來源：作者自行整理

（十九）以影片輔助歷史教學的用意——讓「影視史學」（Historiophoty）運用呈現

　　「影視史學」是當代史學大家族中的新生兒，誕生於上個世紀的1980年代末期，是一個全新的史學新學門。而教學上影片的使用，在某個層面上絕對可以引起學生對主題內容觀賞的興趣，進而更深入了解教師所要傳達的課程內容。在此就電影與歷史關係，以及從電影了解歷史的縱向發展與橫向內容作一分析：

　　現代社會的文化產業中，電影與電視的發展給當代社會在精神層面上帶來不少的影響。「影視」與「史學」的關係也對傳統歷史學產生一種衝擊。以美國為例，根據相關調查顯示：許多美國人所接收到的歷史知識，是從以歷史題材為主的影視而來的。對此，格爾達·勒納（Gerda Lerner）曾在美國歷史學家組織1982年的年會上演講時說道：「電影與電視深刻地影響了人們與歷史的關係，這一點在近幾十年裡最明顯。」[119]不僅美國民眾如此，我們對於美國歷史的了解，也在於許多的影片與電視

---

[119] 張廣智，《影視史學》，臺北：揚智文化，1998年10月，頁2。

劇。好萊塢電影中以美國歷史爲主題的影片眾多，許多獲獎電影更是令人印象深刻。影視的傳播不僅可以娛樂觀眾，藉此也可以將所謂的「美國文化與歷史」傳達於世界。這些大家至今耳熟能詳的電影，諸如描繪戰爭的歷史類電影：1998年《搶救雷恩大兵》（*Saving the private Ryan*）──描述二次大戰、1994年《阿甘正傳》（*Forrest Gump*）──描述越戰、2003年《冷山》（*Cold Mountain*）──描述南北戰爭（內戰），以及1985年曾在臺灣風行一時的電視劇《北與南》（*North and South*）等，也是南北戰爭深刻描繪的影集。不僅有戰爭日期、戰役，亦有當時分裂的美國南北兩地不同的生活形態與思想觀念等。這些都深刻讓人了解美國歷史，也著實上了一課。

　　歐洲方面，以英國爲例：二十世紀著名的英國大導演──大衛‧連（David Lean, 1908-1991），在其一生當中執導過多部不朽的經典名作。從早先1942年的《效忠祖國》（*In Which We Serve*），1957年的《桂河大橋》（*The Bridge on the River Kwai*），1962年《阿拉伯的勞倫斯》（*Lawrence of Arabia*），到後來1970年的《雷恩的女兒》（*Ryan's Daughter*）以及1984年的《印度之旅》（*A Passage to India*）等，相信許多影迷應該都不陌生。這位偉大的英國導演也在1990年獲得威尼斯影展所頒發的威尼斯榮譽金獅獎，以及1991年3月美國電影學院所頒發的終身成就獎。而《桂河大橋》、《阿拉伯的勞倫斯》、《印度之旅》等經典名作裡，更不難看出代表所謂「英國精神與意識」的特質，以及其輝煌的歷史紀錄和其對世界的貢獻與影響[120]。因此，在課程當中介紹歐洲文明與歷史發展，以影片來輔助教學，也是讓學生普遍獲得專業知識、完整學習的有效方法之一。

---

[120] 原文刊載於：方子毓，〈電影不只是電影〉，自由時報，2011年9月24日，A15。

第三章　歐洲藝術與文化介紹

一、課程單元設計

藝術與文化課程的設計理念

　　作者自大學與研究所期間所學習之關於歐洲藝術與文化課程裡的專業知識，妥善運用於歐洲概論裡相關的藝術文化介紹。在課程的設計上主要分為五個方面來思考：（一）培養學生對於歐洲藝術與美學的欣賞能力；（二）讓學生了解歐洲藝術與文化的知識和概念；（三）提升學生對於歐洲藝術與人文的關懷與重視；（四）建構學生對於欣賞歐洲藝術與文化獨到的價值觀；（五）啟發學生對於歐洲藝術及文化的興趣。

　　在《藝術領域的課程設計與實踐》一書中提及：在通識藝術與文化（General Education on Art and Culture）教學目標中，通識藝術課程主要在於培養學生能夠認識藝術，並了解藝術在人類文化中所扮演的角色與地位。規劃課程除了重視學生的學習態度外，亦培養學生主動探索、思考、解決問題和創造力與批判能力，以及終身學習藝術的興趣。期待學生對於藝術的學習，可以拓展藝術文化的宏觀視野，進而達到通識藝術與文化課程的理想教學目標[1]。

　　本課程重點規劃以輕鬆的方式帶領同學來認識歐洲藝術與文化。進而引起對歐洲傳統藝術、美學、建築、雕刻等傳統文化方面的興趣，以及當代歐洲多元的生活與藝術方面的探討。因此，在本單元之藝術與文化課程裡，主要分為「**靜態**」的傳統藝術文化以及「**動態**」的當代藝術與生活方面來呈現。靜態的藝術當然以歐洲傳統藝術為主，諸如：繪畫、建築、雕刻等，這些藝術與文化的內容介紹占了藝術與文化課程之大部分。而動態

---

[1]　徐秀菊主編，《藝術領域的課程設計與實踐》，花蓮：國立花蓮師範學院印行，2004年7月，頁60。

的藝術介紹範圍較為廣泛，本章僅介紹在歐洲日常生活中較為常見的「街頭藝人」文化及其表演藝術。

二、歐洲傳統藝術文化之發展──建築、繪畫、雕刻等傳統美學

自古以來歐洲文明的發展過程中藝術與文化部分即扮演重要角色。傳統以宗教為主題之藝術作品與美學結合的呈現，點綴了歐洲上古至中古時期的藝術風格。文藝復興之後更將美學與藝術帶入一個新境界。近代以至十八世紀後開啟的工業革命，因著社會型態的改變對傳統社會產生衝擊下，對於藝術也產生直接影響，亦讓歐洲的藝術與文化呈現出更加多元的創作風格。

十九世紀後因著工商業社會型態的發展與物質消費的改變，讓藝術文化在生活中呈現更多元的面向。藝術與美學往往容易反應當代的現實面。而繪畫與圖像的呈現亦能深刻表達當代歷史的紀錄與時代現象。在歐洲的傳統藝術中，不論是文學、藝術、繪畫與音樂等，對於歐洲近代文明的發展皆別具意義。這也代表了其在這個文明的發展過程當中一段豐富的藝術發展史。

（一）歐洲藝術與文化發展之背景

歐洲在世界文化的遺產中扮演著重要角色，就載入聯合國教科文組織《世界遺產導覽》的大約四百個重要建築中，歐洲便占了半數以上。回顧

歐洲文明的演進，歐洲之所以保有如此多珍貴的文化資產，當中有幾個重要性因素。第一個是基督教的發展與傳播。在中世紀後期開始，宗教與神學方面的創作代表著當時藝術家們創作靈感的泉源，聖經故事的記載也呈現在許多的藝術作品中。教會勢力的影響下所提供的支持，也培育出偉大藝術家的作品和不同時期藝術風格的發展。中世紀以來形形色色著名大教堂所表現的哥德式建築，就是在宗教神學的影響下，歐洲城市結構和歷史建築的一個文明發展特色。宗教文化影響著整個歐洲，就像是一根針線一樣，將挪威最北的奧爾內斯木板教堂（Urnes stavkyrkje），到地中海賽普勒斯的特魯多斯地區（Troodos）的彩繪教堂連結在一起[2]，而這些建築上的文化遺產也是歐洲宗教美學中最具代表性的呈現。

　　再者，歐洲傳統國家的政治組織，也是影響藝術發展的一個重要因素。歷史上不論是像佛羅倫斯麥第奇（Medici）那樣的小公國，或哈布斯堡王朝（Habsburg）那樣的大帝國；也不管是像民族國家中的英國、法國或俄國那樣的歷史悠久王國，其對於歐洲文化與藝術都產生相當大的影響。在歐洲文明的發展中，藝術的發展歷史往往也是夾著激烈的政治衝突與爭奪，以及伴隨持續的文化交流而發展出來的。政治與宗教的相互主導下，無疑地表現在藝術上。時代環境的主流意識下造就了巴黎的凡爾賽宮（Château de Versailles）、德國波茨坦的無憂宮（Schloss Sanssouci）、義大利聖彼得大教堂（Saint Peter's Basilica）、義大利卡塞塔皇宮（Reggia di Caserta）、法國的教皇宮（Palais des Papes）等傑出建築藝術。在歐洲歷史發展中，除了說到政治與宗教因素之外，經濟因素也是影響藝術發展一個重要主因。許多藝術發展的重鎮，或多或少在歷史上都是商業貿易繁榮的中心，如義大利威尼斯曾經稱霸地中海數個世紀之久，歐陸北方日

---

[2]　Marco Cattaneo, JasminaTrifoni著，鄭群、王琳、黃昆、劉浩等譯，陳秀琴主編，《100藝術的殿堂The Treasures of Art》，臺北：閣林國際圖書，2004年10月，頁15。

耳曼地區的盧貝克（Lübeck）爲中世紀以來「漢莎同盟」（Hansa[3]）的重鎮。比利時布魯日（Bruges）也是著名通商口岸，即便十八世紀後開啓的工業革命，對於文化史的發展也占有一定的地位[4]。這些商業重鎮在經濟繁榮與貿易發達條件的催使之下，也更加確立了藝術與文化發展的基礎。

（二）歐洲藝術文化概論

用藝術書寫的歷史增添了許多浪漫、寫實與情感融入的場景，讓社會生活中的紀錄更加生動。藝術文化的發展更是歐洲近代文明發展中一重要的支柱與文化。也在人類世界歷史文明的發展中扮演相當重要的角色與地位。本章在藝術文化方面的介紹，主要分爲幾個階段進行重點式介紹：1.希臘羅馬時代之雕刻、繪畫與建築。2.中古時代（中世紀）之繪畫與建築藝術、壁畫、鑲嵌畫等。3.文藝復興時期，藝術與文學多元發展。4.矯飾主義時期繪畫風格探討。5.古典主義時期的藝術特質。6.浪漫主義時期的繪畫。7.寫實主義時期之繪畫。8.印象派及後印象派，繪畫與畫家風格介紹。9.二十世紀立體派及特色。

---

[3] 漢莎同盟（Hansa），爲十三世紀起活躍於歐陸北方、北歐斯堪地那維亞半島南部及波羅的海地區的商業貿易地區。

[4] Marco Cattaneo, JasminaTrifoni著，鄭群、王琳、黃昆、劉浩等譯，陳秀琴主編，《100藝術的殿堂The Treasures of Art》，臺北：閣林國際圖書，2004年10月，頁15。

三、歐洲上古時期建築與藝術——希臘與羅馬列舉

（一）古希臘建築

【圖3-1】　和諧與對稱之希臘雅典「帕德嫩神殿」（Parthenon）

資料來源：許佛山提供

1. 帕德嫩神殿（Parthenon）

　　帕德嫩神殿在西元前五世紀於雅典衛城所建造，為希臘城邦時期一祭祀雅典娜女神之神廟建築。其石柱採「多立克柱式」（Doric）建築樣式。帕德嫩神殿也是現今希臘保存最完整的古希臘時期的建築作品之一，其所在地雅典衛城也是聯合國認定之世界重要文化遺產。

　　古希臘時期的藝術創作在此一時期空前興盛，其中包括了雅典衛城的建立，用以紀念這座城市名稱出處以及「雅典娜」（Athena）女神的

守護。該神廟建築於西元前447年，並於西元前432年完工。現今不論從何角度來看，帕德嫩神殿都是人類歷史上最壯觀的室外建築之一。當時由希臘最著名的建築師與雕刻家菲狄亞斯（Phidias），以及建築師卡利克拉特（Callicrates）和伊克蒂諾斯（Ictinus）所共同設計。檐壁的圖案由九十二個柱間浮雕和垂直凹槽的三豎線花紋裝飾穿插構成，多立克圓柱上的雕刻山花描繪了希臘城邦的奧林匹亞族（Olympians）戰勝泰坦族（Titans）的故事，象徵著文明戰勝野蠻。在帕德嫩神廟的東西面牆，也構成了比例上的黃金矩形[5]。

2. 〈米羅的維納斯〉（Venus de Milo）

　　〈米羅的維納斯〉雕像為一座半裸的女神雕像。約創作於西元前150年至200年之間的希臘化時期。希臘化時期裡有大量雕刻作品被創造出來，但被後人論及的僅有少數具代表性的例子。而在此一時期藝術創作上最普遍的題材多以人物為主，作品主題多元，包括：男性、女性的裸體雕像，希臘人或外邦人，以及初生嬰兒與年老的長者等都有。藝術家們將其身體富有表情的姿勢以戲劇性的方式

【圖3-2】　羅浮宮鎮宮之寶之一〈米羅的維納斯〉（Venus de Milo）雕像

資料來源：作者提供

---

[5]　布倫・阿特列著，牛小婧、鄒瑩譯，《數學與蒙娜麗莎》，臺北：時報文化出版，2007年8月20日，頁75。

　　傳達出來。這些藝術家、雕刻家們在希臘化時期都曾有過遠地的旅行，也往往爲其贊助者所創作。而這些創作又遠比神殿等政治性或公共性建築更多，民間贊助者的情趣與偏好也日益影響著這些藝術家們的創作風格[6]。

　　〈米羅的維納斯〉雕像是於西元1820年在希臘愛琴海上的米羅島（Melos）的山洞中被一位農夫無意間發現，當時法國領事館以七百多法郎的廉價金額將其買下。後來法國男爵李維埃（Riviere）將其獻給當時的國王路易十八。1821年5月，路易十八將其擺放至羅浮宮，迄今仍一直陳列著。〈米羅的維納斯〉雕像現今仍是羅浮宮中最熱門的展覽藝術品之一。據學者推估，〈米羅的維納斯〉應爲希臘畫時期的藝術家亞歷山德羅斯（Alexandros）所創作[7]。維納斯象徵著愛情和女性之美，亦是一位高雅與豐饒的女神，自古以來即成爲重要的藝術題材之一。〈米羅的維納斯〉雕像充分展現了古希臘人追求調和、均衡等人類完善的美，這樣的構思成爲西方美術追求女性肉體身材美的一個重要標準。從藝術史的發展上可以看出，尤其自文藝復興以來，這種歌頌肉體與美的精神在藝術創作的展現上更加活躍[8]。兩百年來許多人探討著女神斷臂的部分原來應該是什麼樣子，然而至今卻沒有一個標準答案。若以現今的修復技術而言，要還原雕像的雙手絕非難事，但還原之後就不再是這個具有代表性的維納斯女神了。或許，殘缺的雙臂所呈現出來的雕像，更可以讓人清楚看到其幾近「九頭身」[9]的完美身材比例。

　　在這座雕像被發現後，近兩百年來一直被公認爲是古希臘時期女性雕像中最美與最具代表性的一尊。雖然雕像有雙臂缺失的遺憾，但並無損其

---

[6]　伍德福特（Susan Woodfort）著，羅通秀譯，《劍橋藝術史（2）希臘與羅馬》，臺北：桂冠圖書，2000年4月，頁72-73。

[7]　蘇俊吉，《西洋美術史》，臺北：正文書局，2005年9月1日，頁26。

[8]　謝其淼編撰，《維納斯藝術的故事》，臺北：藝術家出版社，2009年8月，頁14。

[9]　頭頂至下巴比例爲1，下巴至肚臍比例爲3，肚臍腳底比例爲5。

展現維納斯的整體之美。這雕像就如同一座紀念碑一樣見證著古希臘時期地中海文明的光輝。肅穆典雅、莊嚴又帶著親切，也給人一種神聖之感。而外形所呈現的曼妙腰身、圓肩豐胸與線條完美的頸部，皆展現出一種女性特有的柔美。從她身上可以看出結合了古希臘時期雕塑藝術中的完美與崇高兩種風格，也突顯了兩千多年前古希臘人的審美觀，追求外在美與內在柔和的一致[10]。古希臘時期的藝術家們將作品以神聖比例運用在花瓶、餐具、繪畫及雕像中，他們認爲神聖比例是人體最理想的比例。從手指與手的長度之比、手與前臂的長度之比等。在眾多人體比例中，尤其注重在身高與肚臍高度的比例[11]。如果細看，是否可以觀察出〈米羅的維納斯〉整體雕像的比例，從頭頂至下巴、下巴至肚臍、肚臍至雙腳，其比例是以1：3：5的形式出現呢？

（二）羅馬建築特色

　　在Roger Hanoune和John Schied的著作《羅馬人》一書中有提到：城市與公共空間不僅是羅馬帝國時期財富的象徵，也是也代表著羅馬政治典範的本質。大型公共建築反映了羅馬時期的歷史文化及制度，羅馬城市中心的規劃絕對不是單純的點綴和裝飾，而是反映出統治權力的最佳寫照[12]。

---

[10] 王尙德編著，《希臘文明》，臺北：佳赫文化，2010年6月初版一刷，頁166-167。
[11] 布倫・阿特列著，牛小婧、鄒瑩譯，《數學與蒙娜麗莎》，臺北：時報文化出版，2007年8月20日，頁77。
[12] Roger Hanoune, John Schied原著，黃雪霞譯，《羅馬人》，臺北：時報文化出版，1999年5月10日，初版一刷，頁98、102。

【圖3-3】　古羅馬競技場（一）

資料來源：梁恩綺提供

1. 羅馬競技場（Colosseo）

　　位於羅馬市中心的羅馬帝國時期競技場一般也稱爲「弗萊文圓形劇場」（Anfiteatro Flavio），又名「羅馬大競技場」。在西元70年左右由維斯帕先（Titus Flavius Vespasianus, 9-79）皇帝開始建造。當初建造目的在於作爲獻給羅馬城的獻禮。10年後在其子提圖斯（Titus Flavius Vespasianus, 41-81）任內時舉行揭幕儀式。維斯帕先在羅馬城裡建築了這座特別的劇場建築，無疑給羅馬人提供了一個觀賞格鬥表演的場所。大競技場的基座原是一座人工湖，而地下的黏土剛好構成了一理想的地基。觀眾席中最底下三層富人與貴族座位所用的是大理石，最上層一般平民的座位席則是以木製爲主。羅馬帝國分裂後，自西元六世紀起，大競技場內再也沒有舉辦格鬥競技了。中世紀時，大競技場增建了防禦工事而變成一座

城堡。直至十八世紀，這個地方又變成了祭祀基督殉難的場所**13**。

　　在古羅馬的城鎮中，大多擁有競技場與劇場等大型公共建築。競技場的設計以圓形為主，這種形式在帝國時期最多。最早有格鬥士（神鬼戰士**14**）（Gladiator）記載始於西元前264年**15**。羅馬競技場是目前義大利保留兩千年前非常完整的古蹟，其高度約有50公尺，可容納約五萬名觀眾。場內的看臺座位共分四個區塊，共計有60排左右，而這些觀眾席也依照古羅馬公民身分的不同而有所區分。第一層（最下層）為祭司或貴賓席，第二層為貴族席，第三層是富人座，而最上層則是一般的普通公民老百姓座位。「圓形大競技場」是目前許多遊客到義大利羅馬旅遊必經的景點之一。從圖中更可以看出，其由下而上三層拱門前的石柱，各以不同形式呈現。由下到上分別可以看出其類型樣式為：多立克式（Doric Order）、愛奧尼亞式（Ionic Order）以及柯林斯式（Corinthian Order）。這建築與設計也充分展現西洋建築藝術的工藝成就。想想哪天在義大利羅馬旅遊時，看著這個等同中國歷史上「東漢」時期的建築時，不禁佩服其至今仍完整地矗立在眼前。或許會有一種對義大利保留國家文化資產所做的努力之肯定。

格鬥士（神鬼戰士）（Gladiator）

　　所謂的「格鬥士」，並非一般正規軍人或戰士，他們的身分大多為奴隸。因此往往只能被逼上擂臺，被動地成為職業鬥士而別無選擇。在競技場中以血腥搏鬥娛樂觀眾外，更不知生命何時終結，

---

13 艾蜜莉‧柯爾主編，陳鎬等譯，《世界建築經典圖鑑》，臺北：城邦文化，2012年2月，頁134-135。
14 2000年由羅素‧克洛（Russel Ira Crowe）主演的史詩電影《神鬼戰士》（Gladiator）裡的格鬥場景，即為古羅馬時期之典型娛樂與競技之現象。
15 楊欣倫主編，《圖說世界文明史》，新北市：人類智庫，2012年3月20日，頁44。

這就是格鬥士乖舛的命運。

　　古羅馬時期，在所有圓形競技場中進行決鬥比賽與表演的戰士們通稱為格鬥士（又有翻譯作角鬥士或神鬼戰士）。無奈地被逼上場的格鬥士不得不戰鬥，直到敵人或自己其中一方先倒下為止。這種競技模式最早源自於義大利中部的古城邦國伊特魯利亞（Etruria）。當時向神供奉的活體祭祀需要進行決鬥，經過幾世紀之後，宗教意義逐漸淡化。到了羅馬帝國時期，成了由皇帝或當權者所舉辦的一種殘忍血腥的殺人表演。決鬥形式分為人對人及人對野獸等（為了增加動物的兇猛程度，有時會讓動物在面對格鬥士前餓上好幾天）。屢戰屢勝而存活者會被當成「英雄」看待，就如同電影《神鬼戰士》裡的劇情一般。而這樣的倖存者也有可能使其身分從「奴隸」變成「自由人」，但這種機率甚少。或許這就是古羅馬時期格鬥士的悲歌[16]。

　　由【圖3-4】古羅馬競技場（二）中，可以約略看出中間圓拱門兩旁為柯林斯式圓柱，下方圓拱門兩旁為愛奧尼亞式圓柱形式。

2. 羅馬帝國的文化資產——以龐貝城（Pompeii）為例

　　義大利維蘇威火山（Vesuvius Mount），其位置在東南方大城那不勒斯（Napoli）之東南邊。其西邊山麓有一座稱為雷吉納（Reggina）的小城鎮。1709年一群掘井工人正在為雷吉納教堂挖井時，無意間挖出了一塊大理石。於是，西元79年8月24日中午時分，被維蘇威火山噴發所掩埋的赫庫蘭尼姆城（Herculaneum），在被掩埋了一千六百多年後終於被發現。赫庫蘭尼姆城意即希臘神話故事裡英雄赫拉克勒斯（Heracles）之

---

[16] Truth In Fantasy著，趙佳譯，《武器屋》，臺北：奇幻基地出版，2016年1月8日四版16.5刷，頁90-91。

【圖3-4】　古羅馬競技場（二）

資料來源：梁恩綺提供

都。而這塊最初被發掘出來的大理石，在1738年被鑑定確認是赫庫蘭尼姆城劇場座椅的一部分。赫庫蘭尼姆城和龐貝城分別位於維蘇威火山之西側與南側，據考證，在火山爆發時赫庫蘭尼姆城是被熔岩及泥流所掩埋，而龐貝城則是被火山灰所覆蓋。兩個城市幾乎是在同一時間被埋覆起來的。由於時間來得突然，因此許多日常生活狀況是原封不動封存於火山灰與熔岩之中。據推測，當時龐貝城的人口數約在2萬至5萬人之間，那時候的龐貝城為一休閒中心，因此確切人口較難以掌握。不過從後來挖掘出來的證據推估，當時因火山爆發而不幸罹難的人數大約為兩千人左右[17]。

　　從龐貝城挖掘出來的許多物品，顯示當時羅馬帝國初期的生活概況。其中居然還可以看到，麵包店所販賣的麵包至今形狀仍完好如初。只是變成了黑黑硬硬的麵包化石。

---

[17] 高源清（中文版發行人），《牛頓雜誌第9期》，臺北：牛頓雜誌社發行，1984年1月15日出版，頁51、54。

　　兩千年前的羅馬人生活已有自來水，城市文明與生活水平，甚至衛生健康方面，相較於現代社會也都相當文明。城市裡已有「鉛製」的自來水管線，住家已有乾淨水源可使用，足見其衛生設備的完善。

　　值得一提的是，從龐貝城的建築格式可以看出在其城內的道路都鋪上石塊，並且還有區分馬車道與人行道。在城內的十字路口都有公共自來水的抽水站，而城內居民的家中可能都有自來水，因為挖掘出來的各個家庭中好像都有類似輸送自來水用的鉛管。龐貝城裡還有一個可容納約一萬人的大圓形競技場。龐貝城的居民也喜歡欣賞競技場裡格鬥士的演出，這亦是當時羅馬帝國時期人們日常中的嗜好之一。由競技場牆壁的塗鴉中可以依稀看出，在當時龐貝城裡的競技場上，每當一位享有名氣的格鬥士戰死時，還會引起許多女粉絲的憐惜與不捨[18]。此情此景多少也象徵著在那個時代裡英雄命運多舛的現實。

　　有一幅在許多藝術與繪畫史書籍中常被引用的圖，是在龐貝城裡被發現的。【圖3-5】是此幅畫的局部圖，其原畫作的創作方式是以眾多「小鑲嵌磚」鋪貼而成。要完成一幅大型馬賽克鑲嵌畫，需數十萬至百萬片小鑲嵌磚方可完成。這幅畫作呈現西元前333年左右發生於小亞細亞的波希戰爭「伊索斯戰役」（Battle of Issus）的情形。原畫作因義大利龐貝城於十八世紀被發掘出來，才讓世人得以更加了解羅馬帝國時期重要的歷史紀錄與精彩的藝術作品。

　　這個作品高度頌揚了關於戰爭所傳達的史詩情節，並戲劇性地展現了畫中馬其頓亞歷山大與波斯皇帝大流士三世（Darius III）的作戰場面。雖然畫中有些部分已經損毀，但鑲嵌畫得以保持兩千多年亦實屬完整。圖中還是可以讓人看到一場激烈的戰爭與幾乎真實的呈現。而畫中兩位主角人物與當時作戰時使用的工具，也栩栩如生地被呈現出來。畫中的亞歷山大

---

[18] 高源清（中文版發行人），《牛頓雜誌第9期》，臺北：牛頓雜誌社發行，1984年1月15日出版，頁55。

【圖3-5】 龐貝城裡的波斯王大流士三世壁畫（馬賽克拼貼圖）

當時未戴頭盔，頭髮於風中搖曳飄盪。銳利的眼神與身體動作突顯戰鬥力
旺盛，騎著馬手執長茅刺向敵軍。而大流士三世卻是在馬車上無奈地望著
後方戰況，戰車上的士兵猛烈抽打馬背以加快速度[19]。大流士三世望著後
方的戰況並伸出一隻手來，這個舉動帶有看似想要救援卻又無力回天的感
覺。畫中表達的勝負兩方已經明顯，或許作者的意思在於述說「伊索斯戰
役」（Battle of Issus）中，亞歷山大所領導的希臘軍團戰功顯赫的表徵。
　　從上古時期的鑲嵌技巧中，完美地呈現這般微妙的立體感和令人讚嘆

---

19 伍德福特（Susan Woodfort）著，羅通秀譯，《劍橋藝術史（2）希臘與羅馬》，臺北：桂冠圖書，2000
年4月，頁75-76。

的顏色層次。不過依照當時的拼貼技巧而言，鑲嵌畫所能使用的顏色畢竟有限。在整幅畫中並沒有看到綠色或藍色等色系，但或許這也是原畫的用色關係。羅馬學者普林尼（Pliny）[20]曾詮釋道這些鑲嵌畫作僅以四種顏色呈現，即：紅色、黑色、黃色與白色等四色，而當中亦有這些顏料的混合色。因此在西元前四世紀末前，幾乎所有畫家的技巧大多會透過鑲嵌畫作中所呈現的技巧表達出來。亞歷山大與大流士作戰的這幅圖，也透過了高超的鑲嵌技巧被完整保留下來[21]，成為現今記錄亞歷山大輝煌功勳事蹟當中一個重要史料。

※馬賽克（Mosaic）的創作技巧

馬賽克的歷史，最早應是由近東地區傳入歐洲。古希臘時期即有創作，但到羅馬時期其藝術創作更為發揚光大。在羅馬時期所創作的馬賽克通常以在地石材製造而成，但有時也會加入一些天然的基質以產生炫目的色彩。馬賽克一般用來鋪排地板及使用於牆面拼貼裝飾上。在馬賽克作品中，以小型鑲嵌最為精巧細膩，當中有許多在龐貝城內被發掘。羅馬帝國時期著名的歷史學家兼傳記作家斯維都尼亞（Suetonius）曾指出：凱撒大帝曾於征戰時帶著馬賽克浮飾，為的是用以裝飾營帳的地板[22]。在歐洲有許多與宗教有關的馬賽克作品，有些作品也兼具了故事與藝術美感的呈現與研究價值。中世紀文藝復興之後，馬賽克的創作方式開始式微。到了十九世紀又掀起一股復甦的風潮，歐洲民族國家在興起之後向外擴張土

---

[20] 羅馬帝國時期著名學者，於西元79年義大利維蘇威（Vesuvius）火山爆發時罹難。當時其正在進行火山現象調查。普林尼著有一本類似百科全書式的著作《自然史》。伍德福特（Susan Woodfort）著，羅通秀譯，《劍橋藝術史（2）希臘與羅馬》，臺北：桂冠圖書，2000年4月，頁54。

[21] 伍德福特（Susan Woodfort）著，羅通秀譯，《劍橋藝術史（2）希臘與羅馬》，臺北：桂冠圖書，2000年4月，頁77。

[22] 艾瑪‧畢格斯（Emma Biggs）著，陳品秀譯，《馬賽克創作技法小百科，The Encyclopedia Mosaic Techniques》，臺北：城邦文化，2005年8月，頁10。

地，在滿足帝國主義的野心之後也開始從古希臘、羅馬的藝術與建築中尋
找靈感[23]。

四、中世紀宗教建築 ── 哥德式（Gothic architecture）

　　關於中古時期哥德式建築的介紹，本節將以德國科隆主教座堂、巴塞
隆納聖家堂、巴黎聖母院，以及莫斯科聖瓦西里大教堂等幾座著名與代表
性教堂建築做逐一介紹：

【圖3-6】　科隆主教座堂

資料來源：作者拍攝

---

[23] 艾瑪・畢格斯（Emma Biggs）著，陳品秀譯，《馬賽克創作技法小百科，The Encyclopedia Mosaic Techniques》，臺北：城邦文化，2005年8月，頁11。

【圖3-7】　科隆主教座堂

資料來源：作者拍攝

（一）科隆主教座堂（Der Kölner Dom）（建造期間：1248–1880年）

　　科隆主教座堂為典型的哥德式建築之一，位於科隆市中心的萊茵河畔（Rhein）。自科隆火車站下車後步行即可到達。這座教堂從13世紀開始建造，直至十九世紀德意志帝國時由德皇威廉一世（Wilhelm I, 1797-1888）在1880年奠下最後一塊基石，並宣告完工。由於教堂高聳的尖塔十分醒目，當時竣工時也曾是全歐洲最高之建築。

　　這個工程可說是眾望所歸。畢竟在當時德國境內（日耳曼地區）的最大城市中興建一座最大教堂亦是所有德國人共同的期待。1248年8月15

日，科隆地區主教康拉德（Konrad von Hochstaden）為科隆大教堂舉行了奠基儀式。一開始即工程艱鉅，耗資巨大，以當時的技術與條件來看要完成此一高聳建築實屬困難。教堂兩邊的雙頂尖塔形式建築就有44公尺高。既要保持底座地基的穩固，又要體現哥德式建築所獨具的垂直線性效果。當時對於現代力學與幾何學等科學知識仍未完備的情況下，工程人員亦必須克服各種艱難情況，及憑著對上帝的信念去完成這一「不可能的任務」**24**。直到十九世紀中期普魯士帝國日益強盛，在財經能力允許情況下，科隆大教堂尚未完成的工程又再度被提及。最後決定在原來的基礎上再建造一座當時世界上最高的教堂。當時重建這座大教堂已成為德意志地區的主流民意，連大文豪哥德（Johann Wolfgang von Goethe, 1749-1832）等許多名人也都贊成修建。1864年起，科隆市便開始發行彩票以籌募基金，1880年終於完成此一偉大的世紀建築，並由當時德皇威廉一世宣告完成此一偉大歷史建築。二次大戰期間科隆遭受盟軍猛烈轟炸，大教堂雖身中十餘枚的炸彈，但卻奇蹟似地保存了下來。有此一說是教堂的塔身近乎筆直，因而讓碰觸到塔尖的炸彈都順勢滑落下來。而教堂底部由兩公尺高的基石疊成，堅固基座抵擋了巨大衝擊**25**。也讓我們今日所看到的科隆主教座堂，依然高聳筆直地矗立在美麗的萊茵河邊，守望著科隆市。這座大教堂也是目前歐洲占地面積最廣的「哥德式」教堂。

　　儘管教堂在建築過程中有許多波折，但仍不改其宏偉高聳之哥德式風貌。其高聳入雲的塔樓分為南塔與北塔兩座，尖端最高處達157公尺。光是由下方抬頭望去就足以令人感受到那股高聳驚人的震撼力**26**。據傳哥德式教堂在建築時會有許多特殊的講究，比方說要興建之前會先在地上畫

---

24 王岳川主編，《100個影響世紀的偉大建築》，臺中：好讀出版，2004年11月15日，頁166。
25 王岳川主編，《100個影響世紀的偉大建築》，臺中：好讀出版，2004年11月15日，頁167。
26 田麗卿主編，范毅舜撰文、攝影，《歐陸教堂巡禮》，臺北：秋雨文化，2003年5月初版二刷，頁80。

一個巨大的十字架。這個十字架必須朝向東方的耶路撒冷，再依此方位來設計建造。若從高空鳥瞰，即會發現所有的哥德式教堂，其形狀都類似一個朝向東方的十字架。除此之外，哥德式教堂還有一個美麗的特色，就是在他的每一個面，都有一個以不同顏色玻璃拼貼而成的巨型彩繪窗。這些彩繪窗大多為具有宗教色彩的圖畫[27]。科隆主教座堂不僅是科隆市主要地標，更是遊客必到的景點之一。

（二）法國巴黎聖母院（Norte Dame de Paris Kölner Dom）（建造期間：1163–1345年）

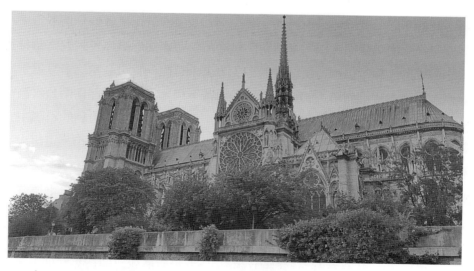

【圖3-8】　法國巴黎聖母院（Norte Dame de Paris）

資料來源：蔡裕鎮提供

[27] 維吉爾・希利爾著（Virgill Mores Hillyer），王奕偉譯，《希利爾講世界歷史》，臺北：海鴿文化出版，2017年5月1日，頁266-267。

　　1163年，教宗亞歷山大三世（Alexander PP. III, 1105-1181）及法王路易七世（Louis VII le Jeune, 1120-1180）為巴黎聖母院奠基，開啓了170年的興建工程。聳立在塞納河中西堤島（Ile de la Cite）的聖母院（Norte Dame de Paris），建於1163年至1345年間。這座莊嚴偌大的哥德式建築警醒地看守著這個美麗的花都。在教堂外下方的牆面上有著聖賢的雕像。而特別的是上層有著一些石像，遠觀看似一個人蜷伏在牆上，在爬上鐘樓後可以看到吐水獸，有些還是人面獸身的造型[28]。這些吐水獸也是巴黎聖母院特別的造景。

　　巴黎聖母院竣工後也歷經許多戰亂的破壞，直至1844年進行大規模修復，使其重新展露其美麗面貌。巴黎聖母院是法國哥德式教堂的典型建築代表。數百年來巴黎聖母院一直是法國政治、宗教與生活中重要的活動場所，歷史上許多重大典禮儀式都在此舉行。譬如：1455年聖女貞德（Jeanne la Pucelle, 1412-1431）的昭雪儀式在此舉行，路易十四與路易十六的嘉勉儀式也在此。1789年法國人民在此歡慶大革命的勝利，1804年拿破崙在此接受加冕，法蘭西第一帝國成立。1918年與1945年，二十世紀兩次世界大戰結束後，巴黎市民也在此慶祝勝利[29]，迎接新時代的來臨。

　　這座宏偉的聖母院，毋庸置疑是巴黎的重要代表性地標之一，如前段所述，在十九世紀開啓的修復工程，讓聖母院的外觀完整重現，成為巴黎地區最宏偉的的宗教建築。1804年拿破崙在此加冕時，教堂已呈現年久失修、破舊的景象，必須要以布幕和掛簾遮住毀損之處，同時也計劃加以拆除。大文豪維克多・雨果（Victor Marie Hugo, 1802-1885）在《鐘樓怪人》[30]中曾寫道：「在我們這座大教堂後的神殿表面，你總是可以在皺

---

[28] 王裕華、蔡清徽，《遇見世界十大教堂》，臺北：時報文化出版，2015年10月23日，頁68。

[29] 王岳川主編，《100個影響世紀的偉大建築》，臺中：好讀出版，2004年11月15日，頁111-112。

[30] 《鐘樓怪人》又譯作《巴黎聖母院》，其原著名稱就是《巴黎聖母院》（*Notre-Dame de Paris*），但國內幾乎翻譯成《鐘樓怪人》。

紋的旁邊發現疤痕。」這段話也似乎意指著時間是盲目的，而人類是愚蠢的。該書出版之後也激發了許多挽救聖母院的力量，並發起募款以整建這座具代表性歷史意義的聖母院[31]。

（三）莫斯科聖瓦西里大教堂（The Cathedral of Vasily the Blesses, St. Basil's Cathedral）（建造時間：1555-1561年）

位於莫斯科克里姆林宮旁的聖瓦西里大教堂，是為了紀念1555年俄羅斯沙皇伊凡四世（Ivan IV Vasilyevich, 1530-1584）攻陷蒙古軍隊所侵占的據點「喀山汗國」（Kazan Khanate），聖瓦西里大教堂是俄羅斯民族為慶祝勝利所建的代表性建築之一。此戰役也被譽為俄羅斯歷史的重要轉捩點，象徵意義重大。據傳在此教堂竣工後，伊凡四世將所有參與建造的工程師眼睛弄瞎，因其不想讓他們再建造出比這個教堂更富麗堂皇的建築[32]。

教堂的建築十分特別，在中央大塔的四周簇擁著八座小塔，這些小塔圍成一個方形。在東、南、西、北方四個正向各有一個較大的塔樓，為八角菱形柱體。八個塔的拱頂造型雖相近，但各有其「不同」風貌，每個拱頂的設計都有其特色，由圖中可看出穹頂的色彩與形式也都不盡相同。東邊的像火焰形狀，南邊的像是鳳梨狀，西邊的為洋蔥狀，而北邊的看似大蒜頭形狀。旁邊的四個小塔也都別具特色，輪廓飽滿體現出伊斯蘭建築風

[31] 麗莎‧戴維森、伊麗莎白‧艾爾著，郭雪貞、王尚勝、王雅清翻譯，《巴黎》，臺北：秋雨文化，2005年4月，頁49。
[32] 楊欣倫主編，《圖說世界文明史》，新北市：人類智庫，2012年3月20日，頁139。

格³³。這八個環繞著的禮拜堂因其迥然各異的高度突顯出各自的風格，教堂外牆是以磚塊砌成，圓頂上鑲嵌各式各樣三維稜柱狀的裝飾圖樣，放眼望去色彩絢麗奪目。中間的建築小尖頂也與其他教堂的拱頂不同，它並非洋蔥型的圓頂，而是高聳的哥德式螺塔。教堂位於俄羅斯首都莫斯科市中心，克里姆林宮圍牆外。座落於曾經在歷史上被冠以諸多名稱，而今日慣稱「紅場」（krasnaya）的地方。俄文的「krasnaya」有「美麗」與「紅色」的意思，這個名字也可以由環繞克里姆林宮的紅磚砌牆衍生而來³⁴。

【圖3-9】 莫斯科聖瓦西里大教堂（東正教）（建造期間：1555-1561年）

資料來源：楊證富教授提供

33 王岳川主編，《100個影響世紀的偉大建築》，臺中：好讀出版，2004年11月15日，頁235-236。
34 李明玉發行，王存立統籌，陶心怡、張瑜、徐靖遠翻譯，《一生必遊的100華麗教堂》，臺北：京中玉國際股份有限公司，2008年6月，頁124。

【圖3-10】　莫斯科聖瓦西里大教堂，即便是夜晚時刻，遊客仍絡繹不絕！

資料來源：楊證富教授提供

（四）巴塞隆納聖家堂（SagradaFamilia）（建造時間：1882年迄今）

　　和前幾座著名、極具代表性的歐洲各國教堂比較起來，位於西班牙巴塞隆納的聖家堂（Sagrada Familia）算是比較年輕的一座。其從開始興建至今尚未完成，但已儼然成為巴塞隆納最具代表性的地標。

　　1877年建築師佛朗西斯科・德波拉・維拉爾（Francesc de Paula del Villar）為教堂繪製設計圖。這是一座全新的哥德式教堂，三個中堂與地下墓室位於橫向與直向中堂的交叉處下方。教堂於1882年3月19日動工，孰知一年後維拉爾便與委員會意見不和而退出。委員會主席推薦當時年

僅31歲的安東尼‧高第（Antoni Gaudi I Cornet, 1852-1926）接手，開啓高第的不朽創作。高第於1884年完成設計初稿，並著手大教堂立面的工程[35]。聖家堂從1882年開始興建算起，至今（2018年）已經136年，仍尚未完工。由於資金直接來自於募款與私人捐款，因此經費的多寡亦直接影響工程進度。不過，雖尚未完工，卻已被列入世界文化遺產[36]。很遺憾的是這座偉大的建築未能在高第生前完成，除了時間因素外，最主要的仍是「資金」的問題。當時有許多高第的親友紛紛爲其打抱不平，作家馬拉高爾也爲聖家堂寫了四篇文章，其中一篇還刊載於1905年的《巴塞隆納日報》（*Diaro de Barcelona*），特別提到了聖家堂在興建過程中屢屢遇到財務危機的困境。當中提到一段語重心長的陳述：「我經常以身爲巴塞隆納人爲榮，就像古羅馬人以身爲羅馬人而自豪一般。聖家堂是加泰隆尼亞理想在巴塞隆納的象徵，代表著恆久不墜的虔誠信念。然聖家堂因資金問題而被迫停工的那一天，對於巴塞隆納以及整個加泰隆尼亞的傷害，將會比在大馬路引爆炸彈或關閉上百間工廠都還要來得嚴重[37]。」這段激昂的陳述，也道出了造成聖家堂興建工程遲緩的困境，除了經費問題，還是經費問題影響最大。聖家堂在興建的過程中也歷經多起波折，包括在西班牙內戰期間讓工程曾一度停擺。

　　1940年西班牙內戰結束，聖家堂再次繼續了其建築工程。先是修復被破壞的部分，繼而完成由高第所設計的西側立面和中間殿堂的主體建築，數十年的興建後，教堂頂部的多座屋頂也在2000年陸續完工。在2010年德籍教宗本篤十六世[38]（Benedictus XVI, 1927-）到訪該地時，教

---

[35] PacoAsensio著，謝珺容譯，《高第與達利》，臺北：好讀出版，2005年1月15日，頁14。。

[36] 王裕華、蔡清徽，《遇見世界十大教堂》，臺北：時報文化出版，2015年10月23日，頁126。

[37] Philippe Thiebaut原著，陳麗卿譯，《高第——創造幻象的建築詩人》，臺北：時報文化出版，2002年6月24日，頁91。

[38] 本篤十六世（Benedictus XVI, 1927-）於2005年至2013年擔任天主教教宗，爲歐洲宗教史上第二位在任內請辭的教宗。

堂內部已大致完工。如今工程也只剩下南側榮耀立面（Glory façade）尚待完工中[39]。聖家堂與德國科隆主教座堂在外觀上能讓人一眼即看出屬於傳統哥德式建築風格。這座巴塞隆納最具代表性的建築，也預計將於2026年完工。

【圖3-11】　位於西班牙加泰隆尼亞自治區首府巴塞隆納的聖家堂（SagradaFamilia）（建造時間：1882年迄今）

資料來源：許佛山提供

五、文藝復興時期繪畫與雕刻藝術

　　本段內容以文藝復興時期為主題，介紹其主要作品及其特色，並以主要人物搭配其作品來呈現其藝術風格。文藝復興時期基本上有三位具代表性的人物分別為：米開朗基羅（Michelangelo di Lodovico Buonarroti Simoni, 1475-1564）、達文西（Leonardo da Vinci, 1452-1519）、拉斐爾（Raffaello Sanzio, 1483-1520）等。

---

[39]　王裕華、蔡清徽，《遇見世界十大教堂》，臺北：時報文化出版，2015年10月23日，頁127。

（一）米開朗基羅

《大衛雕像》（*David*, 1504）

　　米開朗基羅成長的年代剛好是佛羅倫斯商人全力推展文化創造力的時代，這些商人靠著經商致富而累積大筆資產，但並不只對財富貪婪。可貴的是，許多中產階級的商人家族到了第二代、第三代時開始接受人文主義的教養，閱讀古希臘時期之文學與哲學經典，並蒐集古希臘羅馬時期之雕刻、文物等藝術作品**40**。而文藝復興時期在輝煌的藝術成就下，其背景也是在這些頗具人文素養的資本家們為支持藝術發展的資助下開啓一個新的時代精神。除了大衛雕像，米開朗基羅代表作品還包括：梵蒂岡西斯汀禮拜堂（Sacellum Sixtinum）的溼壁畫（Fresco）《創世紀》（*The Sistine Chapel Ceiling*, 1508-1512，拱頂裝飾畫）、梵蒂岡聖彼得大教堂的《聖殤》（*Pieta*, 1499），以及聖彼得大教堂的圓頂（Saint Peter's Basilica, 1506-1626）。聖彼得大教堂一直到十七世紀才完工，代表了米開朗基羅在文藝復興前所留下不朽的傑出作品之一。

　　【圖3-12、3-13】兩張照片，是作者2013年9月在高雄高美館一場米開朗基羅主題展覽當中所拍攝。矗立在大廳的米開朗基羅作品大衛雕像，藉由原貌的呈現與近身的觀賞，栩栩如生的呈現更能清楚讓人了解其藝術創作與風格。

　　故事背景來自《舊約聖經》，因族人遭受強大巨人哥利亞（Goliath）入侵，大衛奮勇挺身而出，站在巨人歌利亞面前無畏無懼，並以甩石器（彈弓）擊中巨人頭部，以利刃切下巨人的頭。大衛為年輕、勇敢、正義的化身，後來成為以色列最著名的先王。義大利佛羅倫斯一直歌頌大衛，大衛雕像擺放於市政廳廣場數百年之久，成為西方世界集智慧與勇

---

40 蔣勳，《破解米開朗基羅》，臺北：天下遠見出版，2006年10月，頁36。

【圖3-12、3-13】　　2013年9月高雄高美館展示之大衛雕像

資料來源：作者拍攝

敢之代表[41]。進入十六世紀後，米開朗基羅的創作也越來越宏偉，他在
1501年8月簽下了製作《大衛像》的合約。1504年1月雕像完成後，教會
便成立一個「委員會」，商議該如何擺放此座精美雕像，當時委員會中
有達文西、波提切利（Sandro Botticelli, 1445-1510）、佩魯吉諾（Pietro
Perugino, 1446-1523）等人。最後決議將此座雕像立於費奧利宮（Palazzo
dei Priori）正門前，以象徵佛羅倫斯精神。直至1873年以模仿的石像
替代後，才將其移至佛羅倫斯美術學院（Accademia delle Belle Arti di
Firenze）[42]。如【圖3-14】。

　　在此座雕像中，米開朗基羅所表現的裸體雕像與前人作品有些許不
同。他展現一種凱旋式的勝利姿態，並強調男性雄壯的軀體。大衛打倒巨

---

[41] 蔣勳，《破解米開朗基羅》，臺北：天下遠見出版，2006年10月25日，頁60。
[42] 何政廣主編，《米開朗基羅》，臺北：藝術家出版社，2008年5月修訂版，頁32。

【圖3-14】　位於佛羅倫斯「美術學
　　　　　　院」（Accademia delle
　　　　　　Belle Arti di Firenze）的
　　　　　　《大衛雕像》

資料來源：梁恩綺提供

【圖3-15】　聖彼得大教堂內之《聖
　　　　　　殤》（Pietá, 1498-1500）

資料來源：梁恩綺提供

人哥利亞時不過是個年僅16歲的青少年，但米開朗基羅卻賦予他成熟雄壯
男子的軀體。環顧雕像四周，我們可以清楚看到大衛把甩石器（彈弓）擱
在肩榜上，右手拿著石塊，身體微向後傾，肌肉線條明顯，這些都是準備
攻擊的動作表現[43]。這件作品完整地呈現人類力與美的極高境界。

　　1500年米開朗基羅的作品《聖殤》完成後，成為獻給新世紀（十六
世紀）最好的禮物。而這座雕像為米開朗基羅年輕時即完成的作品，自此
也讓他聲名大噪。完成後即擺放於梵蒂岡聖彼得大教堂。在蔣勳《破解米

---

[43] 張心龍，《西洋美術史之旅》，臺北：雄獅美術，2005年3月二版七刷，頁79。

開朗基羅》一書中如此詮釋道：《聖殤》為耶穌被釘十字架死後，聖母俯瞰耶穌屍體時悲傷的神情，對於耶穌殉道受苦的悲痛。從聖母的表情中看到的是一種極致的安寧，似乎在向世人傳達悲傷到了極致的安靜才是莊嚴的崇高。為一犧牲奉獻崇高生命價值的展現。躺臥在母親懷中的耶穌不像是死亡，也不像是痛苦，仿佛是重回嬰兒時的沉睡與安寧[44]。

（二）拉斐爾（Raffaello Sanzio, 1483-1520）

在整個文藝復興時期的繪畫發展史當中，提到達文西、米開朗基羅、提香（Tiziano Vecellio, 1485-1576）等人，就不得不提到另一位偉大的畫家拉斐爾（RaffaelloSazio, 1483-1520）。在他短暫37歲的生命當中創作出了三百多幅畫作，其中許多的作品為以「聖母」為主題的畫像，因此拉斐爾也被譽為「聖母畫家」。拉斐爾所畫的聖母像非常有名，但由於數目太多，因此也被分別命名[45]。諸如：《椅子上的聖母》（*Madonna della seggiola*, 1514）、《草地上的聖母》（*Madonna del Prato*, 1505-1506）、《大公爵聖母像》（*The Granduca Madonna*, 1504）等。拉斐爾自幼年即受父親鼓勵，開始從素描、透視學等基本畫法著手，並研讀相關繪畫理論，同時在其父親之繪畫室接受訓練。拉斐爾少年時期的第一件作品則是以「聖母與聖子」為題創作。從這件壁畫作品中，可以看出隱約沉潛與寧靜的表現。1494至1500年，拉斐爾在畫室研修期間努力吸取了十五世紀以來歐洲的繪畫技巧，特別是使用油彩畫在木板上[46]。拉斐爾在佛羅倫斯期間畫了許多聖母像，他用了「世俗化」的描繪方式來詮釋聖母與聖子的傳統宗教題材，並以現實生活中的「母親與孩童」來當作模特兒。將聖母

---

[44] 蔣勳，《破解米開朗基羅》，臺北：天下遠見出版，2006年10月，頁55。
[45] 馮作民，《西洋繪畫史》，臺北：藝術圖書，1999年1月30日，頁59。
[46] 何政廣主編，《拉斐爾》，臺北：藝術家出版社，1999年6月，頁16。

與聖子的形象以溫和、理想化的方式呈現。畫中聖母的形象完全是一個生活化的年輕少婦，展現出為人母的幸福與喜悅。另一方面，我們也可以看到拉斐爾藉著聖母瑪利亞之名而頌揚了人類母親的光輝，並更加體現了他人文主義的思想[47]。

　　《草地上的聖母》為拉斐爾聖母畫作中之代表作之一，其構圖成金字塔狀，畫作後方以遠山水為背景。位於畫作中央的聖母瑪利亞利用柔和與明暗的畫法。而背景則為文藝復興畫派先師佩魯吉諾（Perugino）的表現方式。從其畫作中也不難看出拉斐爾的作品仍些許受到其他大師的影響，但事實上這些也並無削弱其作品的代表性與重要性[48]。拉斐爾為一般公認的文藝復興三傑之一，其聖母像的畫作具有時代意義的代表。包括：1.聖母形象的轉變（莊嚴→慈祥）。2.生活化的形象宗教信仰更接近於人的世界。3.時代畫作技巧的展現。4.母子之間親情與關愛的表現。5.成為後世模仿的聖母與聖子畫像的代表。6.聖母、聖子與施洗者約翰也成為後人在詮釋「聖母與聖子」相關主題畫作時的主要代表人物。

【圖3-16】　聖母與聖子　　【圖3-17】　　草地上的聖母

---

[47] 何政廣主編，《拉斐爾》，臺北：藝術家出版社，1999年6月，頁40。
[48] 何政廣主編，《拉斐爾》，臺北：藝術家出版社，1999年6月，頁46。

【圖3-18】　《雅典學院》（*Scuola di Atene*, 1509-1510）

　　1509年拉斐爾為教宗設計了一系列大型壁畫，其中以《雅典學院》（*Scuola di Atene*）最負盛名。而此畫作也奠定了他文藝復興畫家的重要地位。《雅典學院》為拉斐爾詮釋哲學的力作，他和米開朗基羅在西斯汀禮拜堂（Sistine Chapel）的《創世紀》以及達文西的《最後的晚餐》（*l'ultima cena*, 1494-1498），被藝術史家視為文藝復興時期藝術經典之傑作。《雅典學院》大廳中央至後方深遠可見，令觀賞者可以感受出一股舞臺場景的效果。有趣的是拉斐爾將古希臘不同時期的各代表性、著名人物聚集於此。這些人物包括了古希臘與希臘化時期的藝術家、科學家、數學家、軍事家、哲學家與神學家等。拉斐爾在畫中投射了其對於希臘文化的景仰，同時也是一種人類智慧的尊崇以及對古典文化的頌揚。畫中有許多著名的歷史人物，像是：蘇格拉底、柏拉圖、亞里斯多德、歐幾里德、

托勒密、亞歷山大、畢達哥拉斯**49**等人**50**。畫中所呈現之歷史人物相信大家都不陌生。《雅典學院》是集合古希臘時期、希臘化時期數十位知名歷史人物的畫作，在這幅將歷代人物集結於一起的畫作裡，拉斐爾把每一位歷史人物的風格表現得淋漓盡致，畫面描寫生動。這幅畫也可說是他一生具代表性的巨作**51**。

　　大師的創作手法以「超越時空」的形式將這些歷史人物齊聚一堂，並在學術殿堂裡展開熱烈討論，若仔細觀看，可以看到拉斐爾也將自己置身其中，其位置就在畫作的右下方。

（三）達文西（Leonardo da Vinci，1452-1519）

　　1495年達文西應米蘭公爵魯道維可・史佛沙（Ludovico Sforza, 1452-1508）的要求，開始為米蘭〈瑪麗亞感恩修道院〉（Santa Maria delle Grazie）的膳廳製作《最後的晚餐》（*l'ultima cena*）壁畫。這件作品在美術史上的地位與影響力，在歐洲可說是家喻戶曉。達文西這幅《最後的晚餐》構圖是經過長達十五年的思索演化，並做了不少人頭習作才完成。達文西在《論繪畫》（*Trattato della pittura*）一著作中曾提及：「畫家的兩個主要對象，即是人類與其心靈的意圖。前者比後者容易表達，因畫家需藉由肢體動作來表現靈魂**52**」。在《最後的晚餐》繪畫技巧上，達文西不

---

49 在小學的數學，大家耳熟能詳的「畢氏定理」，即是由古希臘時期的數學家畢達哥拉斯（Pythagoras，約580 B.C.-550 B.C.）所命名。但相傳這個定理早在其之前就已經出現。畢達哥拉斯的定理為：一個直角三角形，最長的邊長平方等於兩個較短邊長的平方。這可能形成一個整數邊的三角形，比方說邊長為：3、4、5的三角形或者是5、12、13及7、24、25的三角形的邊長形式。參看：理查・曼奇維茲（Richard Mankiewicz）著，李盈嬌校定，蔡信行翻譯，《數學的故事》，臺北：世潮出版，2004年2月，頁26。

50 何政廣主編，《拉斐爾》，臺北：藝術家出版社，1999年6月，頁85、90。

51 馮作民，《西洋繪畫史》，臺北：藝術圖書，1999年1月30日，頁60。

52 何政廣主編，《達文西》，臺北：藝術家出版社，1999年6月，頁74。

【圖3-19】　　《最後的晚餐》（*l'ultima cena*, 1494-1498）

用壁畫法來描繪，而是以蛋彩上色。1946年至1954年，藝術大師毛羅‧皮里修利曾對該畫進行修補過，而在1980年後也進行過大規模整修，使其明亮的色彩與主要圖案又重現其原本之光輝樣貌[53]。

※透視法的繪畫技巧

　　古典及文藝復興的藝術與雕塑都有一個共同的目標，即追求寫實。在繪畫中寫實的呈現遭遇到一個技術上的難題，就是如何在平面中呈現出「三度空間」的立體感，而景深或透視法的運用解決了這技術性的問題。這項新的畫法也讓早期文藝復興時期的畫家們深感興趣。畫家也會透過街景的繪製來展現其繪畫的功力。畫家們會用「網格」的方式，幫助其在作畫時描繪出物體的真實比例[54]。

---

[53] 何政廣主編，《達文西》，臺北：藝術家出版社，1999年6月，頁83、87。
[54] 尼爾‧毛律士（Neil Morris）著，閣林翻譯組翻譯，《文藝復興時期的歐洲》，臺北：閣林國際圖書，2010年2月，頁13。

在繪畫史上一般所公認的第一件關於透視法的作品，是畫家弗朗切斯卡（Pierodella Francesca, 1412-1492）的《繪畫的透視》（*De Prospective pingenti*）。弗朗切斯卡與其同時代的畫家，將透視的規則視爲廣義光學科學的一部分。作圖不僅要創造寫實的圖像，意即看起來要是自然的，且必須要按照眼睛所呈現的世界去畫，也因此作畫時眼睛必須要注視著整個作品。若繪畫裡出現從窗戶或門外的快閃影像（如：鳥類、移動的人、物等），那看的人在視覺空間上就只能抓住物體中正確的一個點。而觀看者的眼睛一定要與景物在同一高度，並且集中於消失點。《繪畫的透視》是以希臘化時期數學家歐幾里德的方式所撰寫，並按照歐幾里德《幾何原本》的形式，有其固定的理論和證明。弗朗切斯卡提出許多作圖，將眞正完美的物件投射到圖像上。因此在該面上創造出「下一階」的圖像，其景線會集中到觀察者眼睛的焦點[55]。

米開朗基羅曾說他很少有時間來做精確的數學測量，他都是依靠「眼睛的圓規」。不過，在他著名的大作──西斯汀禮拜堂的大型壁畫中，確實也是依據「透視法」而完成的[56]。從文藝復興時期的許多著名作品，不難看出「透視法」運用在繪畫上的使用頻繁。本章所介紹的達文西《最後的晚餐》及拉斐爾《雅典學院》等畫作，都是典型的例子。而這種繪畫的呈現方式在當時也可謂是前衛與流行的一種藝術時尚的呈現。現今社會在聲光視覺效果中，像是「3D動畫」的推新、具有地方特色的「3D立體彩繪村」，以及呈現童話故事的「4D彩繪童話世界」等，不也都是藉由逼眞的圖畫與動畫呈現，帶給人類在視覺和娛樂上的一種藝術新體驗？

---

[55] 理查‧曼奇維茲（Richard Mankiewicz）著，李盈嬌校定、蔡信行翻譯，《數學的故事》，臺北：世潮出版，2004年2月，頁77-78。

[56] 理查‧曼奇維茲（Richard Mankiewicz）著，李盈嬌校定、蔡信行翻譯，《數學的故事》，臺北：世潮出版，2004年2月，頁81。

（四）達文西之代表畫作——蒙娜麗莎像（La Gioconda, Mona Lisa, 1503–1507）

【圖3-20】　羅浮宮之《蒙娜麗莎》

資料來源：蔡裕鎮提供

【圖3-21】　不論何時，都充滿觀賞人潮的《蒙娜麗莎》

資料來源：作者拍攝

　　【圖3-20】、【圖3-21】關於《蒙娜麗莎》的微笑圖，其如同謎一樣的真相，數百年來引發眾多討論。從這兩幅於羅浮宮所拍攝的《蒙娜麗莎》像可以看出，這幅不算太大的作品每年仍然吸引大批的遊客前往欣賞。以下就該幅畫作簡略說明。

　　被譽為羅浮宮三寶之一的《蒙娜麗莎》，義大利文為La Gioconda，而英文則是大家熟悉的Mona Lisa。目前較被接受的說法是：據說蒙娜麗莎為喬康達夫人（Lisa del Gioconda），是富商喬康達之妻。1479年生於佛羅倫斯，16歲便嫁給了喬康達。達文西於1502年開始繪製《蒙娜麗莎》，該圖的主角為喬康達夫人無異。不過，大部分美術專家卻認為羅浮宮珍藏的《蒙娜麗莎》應為三十至四十歲的婦女。而根據史實判斷，達文西這幅《蒙娜麗莎》又像是二十來歲妙齡女子的肖像。此外，又根據美術史專家的評斷：在十六世紀（約1584年）所發行的繪畫相關研究專書

中，曾經提及《蒙娜麗莎》與《喬康達夫人》根本是兩幅完全不同的畫作，因此也引發了羅浮宮的《蒙娜麗莎》畫作其實非真跡的說法[57]。

　　傳記作家華倫汀認為：麥第奇家族（Medici）已故的朱利安諾大公爵（Giuliano di Lorenzo de' Medici, 1479-1516）所訂製的《佛羅倫斯婦人肖像》才是真正羅浮宮收藏的《蒙娜麗莎》像。1512年，過去曾經金援達文西的佛羅倫斯麥第奇家族，請達文西再度回到佛羅倫斯。數個月後，朱利安諾公爵也再度要求達文西為其情婦繪製肖像。令人費解的是，這位情婦竟然就是喬康達夫人。而根據記載，蒙娜麗莎是麥第奇家族遠親，也是朱利安諾公爵的青梅竹馬。此幅所繪製的《蒙娜麗莎》即是現今羅浮宮之收藏品[58]。

　　除了以繪畫史料來探討該幅畫作外，二十世紀末由於電腦科技等元素開始導入藝術領域，對於《蒙娜麗莎》畫作的評析又出現了不同的說法與解讀。五百年來雖然眾說紛紜，但在1980年代的臺灣針對《蒙娜麗莎》有如此一說。作者中學美術老師就曾言及，《蒙娜麗莎》其實是達文西的自畫像。因為根據電腦分析：從輪廓、膚色，甚至放大瞳孔等角度分析，科學家證實《蒙娜麗莎》為達文西之自畫像。因為達文西本身為同志身分。因而其將自己的角色換成女性而創作，此一說法在臺灣流傳甚久。在那個電腦剛開始套用在生活與教學的年代，只要是冠上「電腦」分析的作品，大概比所有的科學證物都還要有說服力吧。但有趣的是現今在探討《蒙娜麗莎》作品時，已鮮少聽聞其為達文西自畫像的說法。如今，此說法在立證點上又顯得薄弱了。也就是因為如此，正是《蒙娜麗莎》作品高度耐人尋味的地方。

　　到過羅浮宮的遊客應該都知道，其實《蒙娜麗莎》畫作並不大，約

[57] 桐生操著，謝琪瑛譯，《謎樣、不可思議的歐洲歷史》，臺北：究竟出版社，2004年，頁218-219。
[58] 桐生操著，謝琪瑛譯，《謎樣、不可思議的歐洲歷史》，臺北：究竟出版社，2004年，頁220-221。

只有77×53公分而已，遠看就像是一位端莊氣質的女子露出淺淺的一抹微笑，但近看卻彷彿滿臉皺紋一般。不過，無論何時去看，這個展示廳幾乎都是滿滿人潮，遠遠就可以看到畫作前有厚厚的幾層玻璃隔著。除了安全的防衛做得澈底之外，亦彰顯了其神祕性，更突顯了此幅畫作在藝術史上的地位與價值。在館內二樓的《加冕圖》（*Le Sacre de Napeleon*）（在本章十九世紀前期畫作解析當中有詳細介紹）是羅浮宮館藏畫作中最大的一幅作品，約有630×931公分[59]，同樣也是觀光客到此必看的藝術作品之一。

　　《蒙娜麗莎》此幅畫中的人物究竟是誰？或許下個世紀的「某一段」時期，又會變成當下最夯的話題。但不論如何，羅浮宮排隊欣賞的人潮仍絡繹不絕。從羅浮宮《蒙娜麗莎》畫像中那一抹淺淺的微笑中，是否像是在向前來參觀的觀眾透露：「繼續猜猜我是誰吧！」

【圖3-22】　位於佛羅倫斯的曠世奇才《達文西》雕像

資料來源：梁恩綺提供

六、「矯飾主義」（Mannerism）

【圖3-23】畫作名爲《聖馬丁與乞丐》（*Saint Martin and the Beggar*），是「矯飾主義」（Mannerism）時期的代表畫家葛雷柯（El Greco, 1541-1614）之作品。「矯飾主義」時期大約在西元1520年至1600年之間。由圖畫中可以清楚看出，其特徵爲以瘦長的形式、誇大的風格以及不平衡的姿勢等詮釋技巧來描繪人類和動物，並藉以產生戲劇化而呈現出強而有力的圖像。葛雷柯的畫作也深受文藝復興時期，提香與米開朗基羅等人影響。他是矯飾主義時期具代表性的畫家之一，其小幅畫作《聖馬丁與乞丐》之一的畫作目前典藏於臺南市奇美博物館公開展示，被譽爲該館藏四大鎮館之寶之一。

【圖3-23】 《聖馬丁與乞丐》（*Saint Martin and the Beggar*）——矯飾主義代表

葛雷柯來自於希臘愛琴海的克里特島，1577年來到西班牙托雷多（Toledo）後就此定居。在《聖馬丁與乞丐》畫作中可看出在他充滿個人特質下的呈現風格，修長的人物形體、誇張的變形手法和光影對比所塑造的堆積感，以及鮮亮豐富的色彩等，都爲西班牙繪畫開啓了全新的藝術局面。這幅畫作題材來自於西元四世紀天主教聖人，杜爾的主教馬丁（Martin of Tours）的故事。聖馬丁對一位挨餓受凍的乞丐起了憐憫之心，不惜攔下身上的衣袍給他取暖。這樣的舉動也是展現天主教「仁慈」的基督人道精神一個經典題材。從畫作中垂直修長的構圖設計，也讓觀眾

不由得對聖人產生無比的尊重和崇敬之情[60]。

　　而何謂「矯飾主義」呢？藝術學者在十七至十八世紀時，研究1520年的藝術作品特徵，發現當時所流傳的，把畫面呈現極度張力與人體扭曲拉長的表現視爲一種文藝復興風格走下坡的現象，並以輕蔑的態度稱呼這種藝術形式爲「矯飾」（Manner）的風格。「矯飾」這個字源於義大利文「手」（Mano）的意思，象徵以手工的表現多於觀察和思考的研究。而後人認爲這種藝術風格是文藝復興時期由盛轉衰，藝術衰退的看法也一直持續到十九世紀。二十世紀後藝術的發展出現了不同以往的變化，此時這種被蔑視了三百餘年的藝術風格與表現形式才獲得正面肯定。「矯飾主義」（Mannerism）所表現的精神與勇氣也和二十世紀反叛性藝術家風格類似。有學者將「矯飾主義」界定在文藝復興之後與巴洛克時期之間一個正式的藝術派別[61]。再者，矯飾主義所畫的人物，頭部小、身體誇張延長並具有動態感，注重明暗的變化，其主題反宗教改革。表現出緊張、熱情與不安的心理狀態。此派畫家有一個很明顯的特點，即是企圖在前輩大師們已造就的環境中，再發揮自己的特質，試著走出一種屬於自己的風格[62]。

　　一位西方藝術史學者曾經說：「矯飾主義」是一個需要小心與耐心加以解釋的術語，最初作爲一個涵意相對狹窄的貶抑詞。矯飾主義泛指在十六世紀中葉一批活躍於義大利羅馬與佛羅倫斯的畫家，所刻意追求的那種不自然的、矯揉造作的創作風格。基於此，國內有藝術史學者也將Mannerism一詞翻譯成「矯飾主義」[63]。葛雷柯年輕時離開家鄉希臘的克里特島來到威尼斯，在威尼斯畫派的訓練下，技巧也逐漸成熟。之後選擇

---

[60] 廖錦祥發行，《閱讀新奇美》，臺南：財團法人奇美博物館基金會，2016年4月初版四刷，頁12。
[61] 張心龍，《西洋美術史之旅》，臺北：雄獅美術，2005年3月二版七刷，頁92-93。
[62] 何政廣主編，《彭拖莫──矯飾主義先聲》，臺北：藝術家出版社，2004年9月，頁6（前言）。
[63] 邵大箴主編，汪曉青校訂，《西方美術欣賞》，臺北：五南圖書，2002年7月，頁268。

落腳於西班牙的老城托雷多，並終其一生。葛雷柯將矯飾主義推向一個新的境界，他的藝術作品令人有種心動的戲劇性張力，而這些特質亦是其獨到的。據傳，他的房間在白天時也拉上窗簾，他曾說白晝的光線會妨礙其內心的光線。而其作品所表達的，亦是一種內心的光線所照耀的世界[64]。

七、十九世紀前期畫作解析

（一）拿破崙御用畫師——雅克・路易・大衛（Jacques-Louis David, 1748-1825）

【圖3-24】、【圖3-25】爲雅克・路易・大衛（Jacques-Louis David, 1748-1825）作品。拿破崙於1804年5月稱帝之後，大衛即成爲了拿破崙的御用畫家。此幅《加冕圖》是畫家大衛在藝術上登峰造極之作，但卻也充滿了矛盾與荒謬的嘲諷。基本上大衛在巨幅畫中，以古典主義嚴謹的結構呈現出華麗的加冕場景。畫面聚焦於拿破崙和約瑟芬（Joséphine de Beauharnais, 1763-1814）身上，依據歐洲傳統「君權神授」的思想與慣例，皇帝加冕時必須要由代表「神」的教皇來完成。拿破崙所著的服裝即是羅馬皇帝的制式衣著，頭帶桂冠，身穿白衣以及紅色鑲金的披肩。而拿破崙雙手高舉皇冠，爲跪在其面前雙手合十的約瑟芬進行加冕儀式。可以看到約瑟芬的穿著也如同拿破崙一般，身著白衣與鑲金紅色披肩。值得一提的是畫面的「正中央」爲拿破崙的親友團，其兄弟姊妹皆在其中。坐在貴賓包廂席位座椅上的即是拿破崙母親，然而實際上她因爲反對拿破崙封

---

[64] 邵大箴主編，汪曉青校訂，《西方美術欣賞》，臺北：五南圖書，2002年7月，頁275。

【圖3-24】　　《加冕圖》（*Le Sacre de Napeleon*）（1804年）局部圖

【圖3-25】　　《加冕圖》

資料來源：蔡裕鎮提供

約瑟芬爲皇后，因此並沒有參加這場加冕典禮。但拿破崙仍命大衛將其母親畫入其中，而大衛當然也奉命將其「合成」，讓畫作得以呈現完美景象[65]。

　　1807年11月，該幅畫作完成後，據說拿破崙對此幅畫曾經端詳了許久，並一直不停地讚嘆：「多好、多眞實、多了不起，這不僅是一幅畫，而且到處都有著生命的光彩，呈現出活生生的一個歷史」。巧妙的是，整幅畫中約有一百個可以辨認出來的當代人物，包括拿破崙的親友團們以及教宗庇護七世（Papa PIUS VII）等。各個人物的表情因應當時的場景也各具有其特色。大衛似乎有意要讓畫中的每一個人都能流傳於世，像是書寫歷史傳記的繪畫紀實一般。這幅畫在1808年起便在羅浮宮的大廳開始展出，在當時獲得極大的迴響[66]。

　　畫中所記載的雖然與史實不符，但無奈繪畫會因政治因素而呈現其表達的立場，也或許這就是藝術迷人的地方。好比許多的歷史劇、時代劇的演出一般，背景是眞實的，但內容或許是杜撰與虛構的。《加冕圖》雖非眞實傳達史實，但這樣的情節如同呈現一件藝術作品一般，充滿著浪漫、溫馨，甚至也傳達了對愛情的堅貞及永恆。

（二）西班牙畫家哥雅（Francusco Goya, 1746-1828）及其反映現實的藝術作品

　　《1808年5月3日》爲西班牙浪漫時期著名畫家哥雅（Francusco Goya, 1746-1828）之作。哥雅創作此幅畫作時，正是拿破崙獨霸歐洲進行軍國主義的侵略戰爭時期。畫作歷史背景爲拿破崙於十九世紀初所發動之西班牙半島戰爭，地點在西班牙與葡萄牙所在之伊比利半島。和前一幅《加冕

---

[65] 蔣勳，《從羅浮宮看世紀美術》，臺北：臺灣東華書局，2015年6月2版，頁162、164。
[66] 何政廣主編，《大衛》，臺北：藝術家出版社，1999年2月，頁106-107。

圖》所傳達的歷史事件是截然不同的呈現，在《1808年5月3日》中充分
傳達了現實與殘酷的戰爭史實。

　　這幅畫的名稱有一個副標題：「馬德里保衛軍的槍決」（The
Execution of the Defenders of Madrid）。這幅畫作是哥雅描繪一場：「最
著名的英勇行動，及反抗歐洲專制帝國入侵的光榮保衛戰。」畫中描繪
的槍決場景令人不寒而慄，其地點就在馬德里郊區的皮歐王子（Principe
Pio）山丘，哥雅以不帶修飾的方式詮釋此圖。圖中已有三名愛國志士倒
臥血泊中，法軍槍口下的僧侶及起義的愛國者也即將遭到槍決。在圖的正
中央，群眾正成一列縱隊在旁，似乎意味著即將和圖中舉雙手的西班牙愛
國者一樣慘遭同樣命運。畫中背景呈現這個槍決現場在夜間舉行，背後城
鎮裡高聳的建築被黑夜籠罩，彷彿映照著一場恐怖的屠殺行動在此展開。
也突顯了畫作的主題，一場殘酷的槍決正在上演[67]。該幅畫作中灰暗的背
景更呈現了此一歷史場景的肅穆與淒涼。

　　哥雅在拿破崙發動戰爭之侵略行為讓整個歐洲天翻地覆之後，對於
拿破崙之崇拜和期待不再〔這一點跟同屬浪漫時期的德國音樂家貝多芬
（Ludwig van Beethoven, 1770-1827）有些類似〕，也因此他畫出了厭惡
戰爭的這幅作品。而《1808年5月3日》（*The Third of May*, 1808）就是在
這時代背景下完成。這幅畫的內容深刻描繪了拿破崙軍隊入侵西班牙，西
班牙一群愛國志士為了反抗拿破崙被俘。當這群愛國志士要被行刑時，那
股灰暗、殘忍、恐怖與絕望等情感逼向畫面[68]，彷彿在向世人訴說侵略者
的殘忍與無情殺戮。當中左半部有位穿白衣、雙手高舉的愛國志士，其表
情明顯與周遭同伴絕望的表情不同；潔白的衣服在整體灰暗的色系當中格
外突顯，雙手高舉如同代表著勝利的符號，彷彿象徵著總有一天西班牙一

---

[67] 楊培中發行，《天才藝術家——哥雅》，臺北：閣林國際圖書，2013年7月初版，頁110。
[68] 馮作民，《西洋繪畫史》，臺北：藝術圖書，1999年1月，頁153。

定會成功驅趕入侵者，完成勝利！

1. 與之對照：畢卡索，《韓國大屠殺》（*Massacre in Korea*）（1951）

此圖爲二十世紀西班牙著名立體派畫家畢卡索（Pablo Ruiz Picasso, 1881-1973）所繪。故事時間背景爲1950年6月至1953年7月的韓戰。畫作名稱爲《韓國的大屠殺》。而該畫作所訴求的影子，是否也與哥雅的《1808年5月3日》有著相類似之處？該畫作也不難看出畢卡索臨摹哥雅的作品而呈現的創作藝術。其似乎也代表著畢卡索批評美國介入韓戰的立場。畢卡索的立場較爲傾向社會主義共產黨，依據他的觀點，或許美國介入韓戰之情形與拿破崙發動半島戰爭之情形如出一轍吧。

※以上兩幅著名的畫作，仔細欣賞後可以體會出有幾點相似之處喔！

2. 羅浮宮典藏——德拉克拉瓦，《引領群衆的自由女神》（1830年）

【圖3-26】　《引領群衆的自由女神》

　　十九世紀的歐洲，可以說是個「革命的年代」。此幅可說是法國最具代表性，一幅描繪1830年「七月革命」禮讚的《引領群眾的自由女神》（*La Liberté Guidant le Peuple-Le 28 Juillet, 1830*）的畫作。其爲十九世紀法國浪漫主義畫家歐格仁・德拉克拉瓦（Eugène Delacroix, 1798-1683）所繪。相當程度能夠突顯浪漫主義的社會參與面向。十九世紀法國大文豪維克多・雨果（Victor Marie Hugo, 1802-1885）也曾言及：「浪漫主義是藝術上的法國大革命」**69**。圖中已可看到自由女神所持的法國「紅、白、藍」三色旗，象徵著自由、平等、博愛三層理念；以及其頭上所戴之「革命帽」，都是典型此一時期的表徵。又：此幅畫的作者把自己也畫入圖中，一同參與「革命情境」。猜猜看是哪一位？

八、十九世紀後期畫家

（一）社會寫實畫家──杜米埃（Honoré Daumier, 1808-1879）

　　十九世紀具代表性的社會寫實畫家杜米埃，其作品往往以大眾的觀點進而諷刺了統治階級的卑鄙與愚蠢，所呈現的作品傳達往往一針見血，深刻且透徹。當十九世紀的三〇年代一股革命風潮席捲法國時，他開始於雜誌上發表反對波旁王朝的作品。在1830年至1835年期間，他曾在《漫畫》雜誌上把當時法國國王路易・腓力畫成一顆梨子（即：高康大

---

69 高階秀爾著，潘襎譯，《法國繪畫史-從文藝復興到世紀末》，臺北：藝術家出版社，1998年1月，頁163。

Gargantua**[70]**），用以諷刺統治階級的愚蠢。1831年杜米埃被指控用貪婪嘴臉醜化國王形象，而被判刑6個月。其後又因畫了諷刺保皇黨的畫作《貝濤德王的宮廷》，而被暫時取消了自由。面對現實的無懼與風範，這是藝術家以其被監禁、被迫與法國藝術界隔絕的重大代價換來的**[71]**。杜米埃用諷刺畫的技巧，將畫作呈現出一種普遍化、明顯簡化以及典型化的姿態。誇張化一個人的特徵，用以達到譏笑的效果。杜米埃不僅懂得製造知名政治人物的誇張形象，也很會創造「典型」的刻板印象，像一些標準的投機者等；杜米埃不但有高超的諷刺畫技巧，對油畫也有非常精準的掌握度，在筆觸的拿捏與色彩的運用上皆然**[72]**。其實諷刺畫不論是過去亦或者是現在，都有一定的讀者喜好群，而這樣的繪畫類型也最直接表達社會的現實面或不公不義的現實。

　　一幅主要代表作品《三等車廂》（*The Third-Class Carriage*），是眾多描繪三等車廂民眾寫照的其中一幅。一般人由此圖中的人物與背景，應該不難感受到十九世紀中下階層民眾的生活概況。這是十九世紀法國著名寫實主義畫家杜米埃的畫作。杜米埃的作品一直是代表著十九世紀後半葉法國的民主與道德的意識。《三等車廂》中表現了貧困階級人民生活寫照，也反映了在十九世紀歐洲社會底層中的共同命運，因生活被所環境折磨的景象。畫作中央呈現一位目光憂鬱的中年沉思婦人，身邊坐著一位懷抱嬰兒的年輕婦女，其臉部表情憔悴。右邊有一位孩童沉睡在「僵硬」的

70　「高康大」（Gargantua）是文藝復興時期作家拉伯雷的小說中，食量驚人的巨人。杜米埃筆下的高康大（見圖3-31）是一個巨大貪婪的傢伙，張大嘴巴讓人民把一簍簍的納稅錢往嘴裡送。而旁邊一群穿著華麗體面的「官吏們」幫忙搜刮百姓錢財，也猶如這個貪腐集團的「共犯」。（廖瓊芳著，何政廣主編，《杜米埃》，臺北：藝術家出版社，2000年11月，頁13）。

71　許鐘榮，《西洋繪畫2000年－從新古典主義到後印象派》，臺北：錦繡出版，2001年11月，頁104-105。

72　Vanina著，呂淑蓉譯，《奧賽美術館》，臺北：金鴻兒童文教基金會，2000年12月初版，頁34-35。

木板座椅上**73**。後方坐著許多形形色色的乘客。這些人臉部表情木訥，完全沒有任何一絲喜悅，也和畫作所呈現的灰暗色系一樣。

　　大眾交通工具是吸引杜米埃的畫作題材，他在這一系列作品中展現出驚人的觀察力，市井人物在他的筆觸下無所遁形，逼眞地呈現。火車系列中，他從一等車廂內的景致畫到二等與三等。每個車廂中不同階層的人、不同的表情及不同的穿著，皆描繪得栩栩如生。他覺得在一等及二等車廂的旅客太過於中規中矩，因而引不起他的興趣，像大通舖一般的三等車廂最能激發他的創作力。他的畫作呈現了典型的寫實主義風格。三等車廂有許多自然人性呈現的場景，例如：哺乳的母親、提菜籃的老婦人、打瞌睡的乘客以及小孩等；甚至月臺上等火車、接送的場景等人生百態，都是他喜歡的題材。因這些也包含了現實生活中等待、分離、團圓等不同的心境呈現**74**。

【圖3-27】　杜米埃，《三等車廂》（*The Third-Class Carriage*）

---

73 許鐘榮，《西洋繪畫2000年——從新古典主義到後印象派》，臺北：錦繡出版，2001年11月，頁108。
74 廖瓊芳著，何政廣主編，《杜米埃》，臺北：藝術家出版社，2000年11月，頁108。

（二）雷諾瓦（Pierre Auguste Renoir，1841-1919）

【圖3-28】 雷諾瓦，《船上的午宴》（*Déjeuner des Canotiers*, 1881）

　　《船上的午宴》（*Déjeuner des Canotiers*, 1881）爲法國十九世紀後半著名印象派（Impressionnisme）畫家皮耶・奧古斯特・雷諾瓦（Pierre Auguste Renoir, 1841-1919）所繪。以印象派的手法，明亮地描繪出年輕人（青春時代）活潑聚會的片段。而雷諾瓦也在此一時期與好友們一同體驗了精力充沛的年輕歲月。《船上的午宴》畫作中，將所有型態融入光線與空氣中的印象派美學，也把熱情年輕人的身影變成如同水與空氣一般的光線斑點。而對於善於創作人物畫的雷諾瓦而言，這些技巧與特質也讓他繼續保持印象派中所獲得的明亮與色彩呈現，以及之後創作出更多的美麗裸女及肖像畫等[75]。

---

[75] 高階秀爾著，潘璠譯，《法國繪畫史——從文藝復興到世紀末》，臺北：藝術家出版社，1998年1月，頁243。

　　《船上的午宴》中所勾勒出的「幸福的色彩」（Le Bonheur）表達明顯，也深刻傳達了此幅圖畫的主題。雷諾瓦一生多半畫著歡愉的色彩與幸福的時光。他畫著巴黎塞納河上帆影飄動的影像及水面的閃爍光線，也畫著都市裡熱鬧舞會的場景，如《煎餅磨坊的舞會》（*Le Bal au Moulin de la Galette*）等。而他對於人物畫的興致比起風景畫來，有著更強烈的熱情。他也欣賞女性的嬌憨與樂觀，端詳著她們輕巧的動作與魅力。在《船上的午宴》這幅作品中，左方有位在午宴中逗弄毛小孩的年輕女孩，即是雷諾瓦的夫人艾林女士（AlineCharigot, 1859-1915）[76]。雷諾瓦的創作為生活帶來諸多美好的面向，作品用色多元、光亮，也讓人感受到人生就應當要具有的那片光明的「幸福色彩」（Le Bonheur）。

　　《三等車廂》中的人物表情對照《船上的午宴》，是否有截然不同的呈現？《三等車廂》裡面的乘客表情與《船上的午宴》中的人，亦是否差異甚大？這兩幅畫同樣完成於十九世紀後半，也同樣為搭乘交通工具的場景，但所表達出來給人的感受卻是不同的境遇、不同的心情。同樣時代的人之所有會有階級之分，在社會上被比較為「不同等級」，這樣的現象是人本身的問題，亦或者是反應了社會與環境現實的不公與無奈？寫實主義畫家將現實社會呈現得淋漓盡致，似乎也反應了除了現實生活以外。在環境、所得、職業與社會地位中，人與人之間是否在內心深處也蘊藏了一種自我形塑，根深柢固的「階級意識」呢？

（三）悲劇畫家——梵谷（Vincent Van Gogh，1853-1890）

　　文生‧梵谷，1853年3月30日出生於荷蘭的格魯‧榮達（Groot

[76] 鄭治桂、林韻丰著，《感覺雷諾瓦》，臺北：原點出版，2013年7月，頁92。

Zundert）教區，為十九世紀後半「後印象派」（Post-Impressionism）之代表畫家。梵谷父親為荷蘭喀爾文教派的牧師。其三個伯父皆為有名的大美術商，梵谷十六歲那年，他的伯父就把他接到海牙幫忙照顧店面。梵谷對於從事美術生意很有天分，後來還到了倫敦和巴黎的分店。梵谷是一個具有豐富感情的人，但他的感情似乎始終找不到傾洩的對象，因此他的一生幾乎都是在欲哭無淚的辛酸狀況下渡過的。他開始從事繪畫創作已是1879年，27歲以後的事。十年後的1890年，他就離開了人世，所以他的繪畫生涯僅僅只有十多年而已。十年的生活充滿辛酸艱苦，並終身與貧窮為伍，幾度使他對於世俗感到厭煩。他的繪畫裡雖然有像火一般燃燒的熱情，而且都富有新鮮的色彩，但仍然掩飾不住他生活上的悲傷[77]。

　　梵谷在他人生的晚期來到了法國南部的亞爾城（Arles），此時他在精神上顯得越來越敏感，對於寒冬的獨居生活是他感到恐懼的。在他的生活裡一直希望有朋友的出現和陪伴。高更也曾到過亞爾城探望過梵谷並一同作畫[78]。而當時梵谷的精神狀態已經越來越不穩定，經常進出精神病院。由種種跡象可以得知，在他人生後期的生涯裡，的確遭受了精神上相當大的折磨。1890年7月27日，這位後印象派時期的偉大畫家竟然在散步時舉起左輪手槍自盡，並於兩天後離開人世，年僅37歲。這位死後名氣才逐漸打開的荷蘭畫家，生前在狂躁激情的亢奮與沮喪絕望的低沉當中飽受情緒的折磨。尤其在病情最嚴重的最後兩、三年間，成為了他個人與大地、雲、暗夜星空間的孤寂對話[79]。因此也讓其創造出《收割的麥田》〔The Harvest（Wheatfields）〕、《星空》（De sterrennacht）等著名畫作。除此之外，梵谷畫作中享譽後世的還包括：《向日葵》

---

[77] 參看：馮作民，《西洋繪畫史》，臺北：藝術圖書，1999年1月，頁202-203。

[78] John Rewald," *Post-Impressionism, from van Gogh to Gauguin*", England: Martin & Secker & Warburg Limited, 1974, p.217.

[79] 蔣勳，《破解梵谷》，臺北：天下遠見出版，2009年11月25日第一版第九次印行，頁29。

（*Sunflowers*）系列與其《自畫像》（*Self-Portrait*）系列等。

※二十世紀七〇年代風靡一時的懷舊歌曲——「文生」（**Vincent**）

「文生」（Vincent）為梵谷的名字，或許有許多人不知道他的這個名字還有一個另外的意涵在。在蔣勳《破解梵谷》一書中有著如此敘述：「梵谷的全名為文生・凡・梵谷（Vincent Van Gogh），「文生」這個名字在梵谷家族裡很普遍。「文生」這個名字也交錯著宗教信仰的狂熱、藝術的激情。「文生」成就了一個畫家的名字，但也成為受苦與救贖的名字。「文生」是暗夜裡滿天繁星的閃爍，彷彿在沮喪的暗鬱裡看到點點星光，也有了遙遠卻溫暖的希望。二十世紀美國知名歌手唐・麥克林（Don Mclean, 1945- ）的代表作品〈Vincent〉，使「文生」這個名字傳遍了大街小巷，使「文生」成為述說寂寞者的心情，也讓「文生」成為救贖與美的聲音[80]。這首歌曲主要是以吉他彈奏的方式伴唱，總長約八分鐘，是屬於比較長的歌曲。從一開始的歌詞「Starry Starry Night……」開啓了與星空的對話。整首歌帶給人的是一種抒情、輕鬆、恬靜的感受，各位不妨可以聽聽看，也可以細細感受到歌詞當中詞句所傳達的意義。

梵谷的確是一位十九世紀後印象派時期的悲劇畫家，他並不像畢卡索那般幸運，在生前名利雙收。諷刺的是梵谷一生命運多舛，窮苦潦倒，但死後在蘇富比拍賣會上，其畫作竟可達到數千萬美金，折合臺幣也有上億元。梵谷作品被評定為「名畫」的時間，為何不在其生前，而是在死後呢？或許有許多人也都會對梵谷的生前境遇感到有些惋惜吧！

---

[80] 蔣勳，《破解梵谷》，臺北：天下遠見出版，2009年11月25日第一版第九次印行，頁28。

【圖3-29】　《星空》（*De sterrennacht*）

（四）高更（Paul Gauguin，1848-1903）──一位前衛的人權畫家？

　　提到高更，就令人想到大溪地（Tahiti）自然美麗的景致與人文。高更晚年幾乎都在大溪地度過，以島上的風土民情寫實般地就地取材，將一幅幅描繪大溪地風景及人物作品的畫作展現在歐洲藝術殿堂中。十九世紀後期，雖然社會的思想與人權觀念已經十分進步，但是除了白種人之外，有色人種幾乎鮮少入畫，成為畫作主題或主角。高更打破這一傳統的籬咒，讓太平洋法屬玻里尼西亞（Polynésie française）群島的風光，一覽無遺地呈現在世人眼前。

　　大溪地是南太平洋玻里尼西亞中一個法屬殖民地。十九世紀末當高更在前往大溪地前，即對於巴黎的都市生活感到厭倦，進而傾向追求單純的信仰與生活。而遠在南太平洋的大溪地島給了高更一個最佳的選項，這裡可以提供一個完全不同於歐洲文明的生活型態。高更遠赴大溪地的動機也

可以讓人看出其脫離傳統西方文化的束縛與熱衷冒險的性格。1891年高更拍賣了他的畫作以籌措足夠的資金，揮別巴黎的一切後即前往大溪地島。高更沒有料到這一去，十二年後大溪地也成了他人生旅途的終點[81]。也因為晚年大溪地的創作，讓高更的作品特色更跳脫於歐洲繪畫藝術的詮釋風格。

高更選擇遠離都市塵囂到大溪地去生活，因此所作畫的內容不像是自然主義或是寫實主義的風格，而是將自己內心的憂鬱和外在的景致結合在一起。大溪地對高更而言既是個世外桃源，也是他避開歐洲文明與工業紛擾的地方。而高更在大溪地為許多年輕女孩作畫，畫中的呈現卻引來歐洲人對其「道德瑕疵」的負評。這也是歐洲人以歐洲的「主觀標準」來衡量這些美術作品。這種受到現實環境所影響的價值觀和差異，讓當時的歐洲人無法理解高更傑出的藝術創作[82]。高更選擇這樣的形式表達，在當時也實屬前衛。

高更晚期的藝術創作著實對於歐洲保守的宗教與道德觀產生衝擊，高更帶著其基督教信仰來到大溪地這塊島上。即便島上已經有歐洲傳教士在此設立教堂，但島上居民的信仰與內心與神的關係顯然與歐洲文化截然不同。而島上女孩早熟的身體和從歐洲人眼光看來「野性」的生活方式也改變了高更的觀點。高更透過最原始、最簡單的創作方式書寫了這片大自然的人文與景物。他所繪的十三、十四歲女孩的半裸畫像也觸犯了歐洲人的道德禁忌。不過，這種對於道德禁忌的畏懼與內心深處的野性吶喊逐漸掙脫了潛意識的束縛。這些現象亦成就了二十世紀藝術創作的原動力，簡言之，高更的藝術創作也突破了歐洲文明的束縛[83]。高更在大溪地的作品並不只是表現題材，而是試圖進入大溪地原住民的精神世界，並用他們的眼

---

[81] 鄭治桂、黃茜芳、曾璐，《360°發現高更》，臺北：原點出版，2010年12月，頁90。
[82] 吳介祥，《恣彩歐洲繪畫》，臺北：三民書局，2002年1月，頁179。
[83] 吳介祥，《恣彩歐洲繪畫》，臺北：三民書局，2002年1月，頁181-182。

光來觀察事物。他還研究原住民的手工藝，將其作品的表現手法納入其畫作之中。他的畫中所呈現的也在於極力簡化形象輪廓，並用一大片強烈的色塊來顯示。基本上，他不在乎這些簡化的形式會使得他的畫看起來平淡。畢竟，他所要強調的重點是在於完整呈現大溪地島上原住民女性那種純眞無邪的內在精神[84]。

【圖3-30】　大溪地，1899年作品《兩個大溪地女人》（*Two Tahitian Women*）

九、二十世紀之立體派大師——畢卡索（Pablo Ruiz Picasso，1881-1973）

　　眾所皆知，西班牙畫家畢卡索（Pablo Ruiz Picasso）爲二十世紀現代藝術知名畫家，也是現代藝術史上「立體派」（Cubism）的主要創始人物之一。所謂的「立體派」即是在畫作的呈現手法上，以「幾何」圖形來表達畫中之人物與景象，並將不同角度之造形成現在同一平面上，以此爲基礎的方式即是「立體派」的藝術風格。

　　著名畫作《格爾尼卡》（*Guernica*）是一幅控訴戰爭殘忍、滅絕與無情的畫作。當時的西文版報紙《今晚》（Ce Soir）曾報導格爾尼卡被轟

[84] 羅成典，《西洋現代藝術大師與美學理論》，臺北：秀威資訊科技，2010年6月，頁46。

炸時的慘狀。時間是1937年4月26日（星期一）。納粹空軍對於法國與西
班牙交界處庇里牛斯山的巴斯克地區的「格爾尼卡」進行轟炸，造成數
百人傷亡。此次轟炸也造成近該城鎮近四分之三的毀壞[85]，《今晚》（Ce
Soir）五天後報導該事件之慘狀。

　　格爾尼卡（Guernica）是一個位於西班牙境內「巴斯克自治區」
（Euskadi）的小鎮。在西班牙內戰期間納粹空軍轟炸了該城鎮，造成重
大傷亡。這幅畫也是畢卡索「立體派」之特色表現之一。從幾何拼貼形
式呈現的創作，不難看出畫中背景的灰暗與哀傷，而當中看到場景中盡是
哭喊、悲傷、無助、嘶吼、恐怖等慘狀的呈現。此幅作品完成已超過八十
年，人們是否能從該幅作品的表達中體會畢卡索想表達的用意及追求和平
的重要？

　　二十世紀國際間發生了許多重大事件，當中畢卡索也畫了很多畫
來記錄歷史。《格爾尼卡》算是當中最大、最有名的一幅。在《劍橋藝
術史──二十世紀》（*The Cambridge Introduction To Art: The Twentieth
Century*）一書中提及：在整幅畫中，不論是構圖還是氣氛，畢卡索都穩
穩抓住了戰爭恐怖的每一個環節。畫中每一個角落都是以動態的方式呈
現，而動作似乎還無止境地伸向畫外。繪畫技巧以「破碎的形象、驚恐的
氣氛與災難表徵混合在一紙當中」，也使得《格爾尼卡》成為了二十世紀
少數具有重大意義、使用大眾語言表達的作品之一[86]。

　　由以上數幅畫作中所呈現的作品來思考，藝術家在作品的呈現除了技
巧與特色外，是否也反映了當代的現實，用畫作來書寫真實的歷史？而這
些作品的呈現，多少可以看出創作者欲表達的意喻。從哥雅、杜米埃、高

---

[85] 阿朗・塞赫著，謝蕙心譯，《看！畢卡索畫格爾尼卡》，臺北：典藏藝術家出版，2011年6月，頁20。
[86] 蘭伯特（Rosemary Lambert）著，錢成旦譯，《劍橋藝術史──二十世紀》，臺北：桂冠圖書，2000年
　　4月，頁64。

更與畢卡索的作品裡，能否看出一些端倪？這代表了身為藝術家所要表達的社會不公、政治黑暗、生活現實與人權等方面的呈現。藝術家偉大的一點，除了創作藝術的欣賞層面外，也代表著身為藝術家對於社會責任的一股道德感與正義感。

十、當代歐洲生活與藝術（動態）

歐洲的街頭藝人文化

　　和臺灣比較不同的是，在歐洲日常生活中幾乎隨處都可以看到街頭藝人的表演。他們的表演方式有些是靜態，當然也有些是動態的。街頭藝人的表演也往往為歐洲的社會文化注入不同的藝術與表演風格。這些表演風格包含了繪畫、音樂、舞蹈、肢體語言等，可以說是集歐洲藝術之大宗，是一種典型歐洲藝術與文化的縮影。

1. 肢體表演

　　動態的街頭藝術表演十分普遍，在天氣好的前提之下，幾乎在每個代表性景點、街道上到處都可看得到這些街頭藝人表演。有些是肢體表達，肢體表演又分動態與靜態，動態即是隨著音樂而即興或自創的舞蹈動作；靜態的表演也並非完全不會動，畢竟表演者是人，靜態的表演大多為長時間站立或靜止不動，靜待人潮伺機而動，當人潮多或者有人投錢時，表演者就會隨自己的興致或當下狀況而隨興表演。照理說，靜態的街頭藝人表演涵蓋急智的反應，可謂帶給群眾一種集智慧與藝術的最佳呈現，也是一種需要結合臨場反應的有趣演出。

2. 音樂演出

　　音樂演出非常普遍，範圍涵蓋：風琴、手風琴、管樂、弦樂、銅管樂、打擊樂等，這些都是基本上非常普遍的樂器。值得一提的是，所見的大部分音樂演出者程度皆相當高。也或許可以說，真正演出的表演者皆是懂音樂或者對於音樂有一定喜好程度，加上對於所屬音樂專長的一股熱情。在歐洲街頭藝人的音樂演出中，並非僅是拿著樂器虛晃一招，而是往往與群眾互動，並帶給群眾在悠揚與輕快的樂聲中一種心靈上的自然放鬆與悠閒。

　　自助旅行時曾於德國黑森林附近聽過一對街頭藝人演出，主樂器為拉奏小提琴。當天演出曲目為其自行改編自十九世紀後期德國作曲家布拉姆斯（Brahms）的「第五號匈牙利舞曲」（Ungarische Tänze Nr.5）。拉奏技巧程度大約可比擬國內音樂系畢業學生之演出。況且其還邊拉邊動作，並在投錢時說聲：「Danke！」（德文：謝謝），可見其技巧之一般。

【圖3-31】　街頭藝人

資料來源：作者提供

【圖3-32】　羅浮宮前的街頭藝人

資料來源：作者提供

眼尖的同學，有沒有看到自由女神像前放著一個可以讓路過民眾投錢的小杯杯呢？

【圖3-33】　　比利時首都布魯塞爾市中心街頭藝人──弦樂雙人組

資料來源：作者提供

【圖3-34】　　捷克查理大橋上之街頭藝人

資料來源：作者提供

【圖3-35】　倫敦街頭之街頭藝人

資料來源：作者提供

【圖3-36】　德國杜塞道夫（Düsseldorf）街頭藝人作畫，靜態的藝術創作，往往也會
　　　　　　引來諸多路人佇足欣賞！

資料來源：作者提供

【圖3-37】　愛沙尼亞首都塔林（Tallinn）之街頭談唱藝人

資料來源：許佛山提供

〈樂在自我〉

　　常到國外旅行的朋友應該都有如此經驗，在市街、路旁、地下道、觀光景點以及人多的市集裡，都不難看到演奏著樂器的街頭藝人。這些街頭藝人或許一日下來的所得並不多，但許多人在悠揚的樂音合奏之下倒也自得其樂。從小我們就聽過「學音樂的孩子不會變壞」，也就因為如此，每次看到他們出現時總是帶給人們歡樂，這些以音樂演奏形式表演的街頭藝人們也往往笑容滿面地迎接每一個路過民眾。從他們身上也可以感受到一股來自內心源源不絕的快樂。

　　某一年在德國，有一天早晨搭乘萊茵河地區的火車（RE）到波昂，行經途中遇見了三位旅行音樂家。由於（RE）屬於區間型列

車，許多小站皆有停靠。當火車剛駛離某一站時他們即進入車廂與旅客打招呼，之後便開始演奏起樂器，一個吹奏薩克斯風，一個談著手風琴，另一個敲打著鈴鼓。當下覺得十分有趣，索性給了一歐元的錢幣，看其裝錢的杯中其實零錢並不多。有些乘客嫌吵露出不悅的表情，但多數的人都能給予熱情捧場，鼓掌叫好並和著節奏打拍子。不論觀眾反應如何，這些旅行音樂家們總是愉悅的表情與熱情的表演。雖然只有短暫三兩分鐘的演出，但仍在這平淡安靜的旅程中為旅客譜下一抹樂音的印記。

　　人生就是如此，不是嗎？從這些街頭藝人、旅行音樂家等歐洲典型的庶民文化中找出了一個共通點。就是：人生盡在自我！當晨曦到來時開始一天的律動，而面對夕陽的餘暉中也當掛著愜意的微笑。或許，這就是這些在生活中帶給群眾快樂的音樂家們一種獨到的生命哲學吧！

原文摘自：方子毓，〈樂在自我〉，中華日報副刊，2007年3月27日，C5。

【圖3-38】　保加利亞首都索菲亞（Sofia）之街頭談唱藝人，一人也能愉快談唱

資料來源：許佛山提供

第四章　歐洲統合與歐洲聯盟

一、課程單元設計規劃

　　當代歐洲統合與歐盟的議題，是當今研究歐洲主要的軸心之一。在課程規劃中，「歐洲聯盟」（EU）的議題是在歐洲概論課程裡屬於較為進階的內容。課程將階段性來讓學生認識歐盟的發展過程，其主要內容有以下幾個階段：

　　（一）歐洲統合緣起──戰後歐洲區域整合。（二）歷次歐盟擴大進程──從舒曼宣言到現今的歐盟。（三）歐洲聯盟主要機構與運作──執委會、歐洲議會與部長理事會、歐洲央行等機構。（四）歐盟的成就與挑戰──歐盟的角色與功能及其在世界的影響力等。

　　如前段所述，「歐洲聯盟」內容在歐洲概論課程中屬於較進階與專業課程，在探討歐盟的議題中需有些專業性知識與基礎國際關係的認識。不過，歐洲概論課程裡所講授的歐盟議題主要是以二次大戰後的「歐洲統合史」與「歐洲聯盟」之議題為主要方向。歐盟的組織與功能、歐盟成員國概況、時事議題（包括：歐盟移民政策、英國脫歐議題）等，以及歐盟在世界的影響，都是課程中可彈性運用的內容。自二次大戰後歐洲統合史開始各重要歷程，像是：舒曼宣言、歐洲煤鋼共同體、經濟暨原子能共同體、梅哲條約（合併條約）、歐洲共同市場、歐洲共同體以及歐洲聯盟的七次擴大等，也都是課程中重要議題探討。歐盟創始之初的煤鋼共同體，由原本初創時期6個成員國至今日歐盟28個成員國之規模。當中面臨多元複雜的外交與整合問題，都是非常值得研究的課題。在歐洲聯盟眾多主題的

【圖4-1】　歐盟會旗

資料來源：歐盟官方網站

研究方向基本上仍以專業性議題較多，涵蓋政治、經濟、外交等各層面。因此也鼓勵學生多注意世界時事的狀況，以結合國際關係與歐洲時事來引導歐洲統合之課程內容。

二、歐洲統合緣起——戰後區域與安全整合之概念

　　從歷史層面來看，歐洲各國有許多共同的文化基礎。在文明的發展上皆有希臘與羅馬文化的傳承，在宗教信仰上也有著共同的「基督教」文化。文藝復興後，共同的哲學思想與科學發展又深深影響歐洲近代文明。但歷史的經驗顯示，這些共同的文化基礎卻未能使歐洲各國有緊密的結合。歷年來的許多戰爭與衝突，以及二十世紀兩次世界大戰所導致的生靈塗炭令人印象深刻。二戰之後，長期支配歐洲國際政治的西歐國家發現已無法在國際間的個別事務中扮演著重要角色[1]。戰後世界新強權的興起，歐洲國家持續幾世紀的國際主導權力也逐漸由大西洋彼岸的美國所取代。許多歐洲強國在面臨霸權逐漸式微的情況下，戰後各國的發展該如何走出新的國際局勢呢？

　　「歐洲統合」（European Integration）構想早在二戰期間即已被提及。在第二章提到的西方文明與歐洲歷史發展中，可以看出歐洲版圖在數千年來歷經分、和的局面。羅馬帝國崩解之後，歐洲即開始朝向多國林立的政治結構。近代民族國家思想的催化下更強化了這樣的理念。若以歐洲

---

[1]　王曾才，《世界現代史（下）》，臺北：三民書局，1999年1月，頁150。

聯盟和近代最後一個瓦解的神聖羅馬帝國做比較，或許歐盟更強化了所謂傳統「歐洲文明」與「羅馬帝國」所代表的榮耀與信念。十八世紀法國啓蒙思想家伏爾泰評神聖羅馬帝國時曾言及：「其既不神聖，亦非羅馬，更不像帝國」。但現今歐洲聯盟所呈現的，是一個可以看見的歐盟版圖與勢力範圍。影響所及在於現代化文明社會各項制度的貫徹與有效實行。面對歐盟，沒人會說其不代表歐洲；同樣的，在論及當代歐洲、歐洲事務等議題與當代歐洲史時，若無歐盟的發展與成就，這段歷史也是無法承接的。由以上之概念來剖析，現今歐盟所代表的或許就像在古羅馬帝國歐洲人心中永恆與榮耀的象徵。但這個象徵歐洲的羅馬，既文明，又進步，又像一個邁向和平希望的大家庭。這個歐洲大家庭未來的走向，猶如貝多芬第九交響樂曲《歡樂頌》[2]的曲風一般，呈現一股和平與樂觀景象。

三、歷次歐盟擴大進程

　　戰後歐洲統合歷經七十餘年的努力，讓今日的歐盟在歐洲區域及世界皆扮演政治與經濟之重要角色。這個超國家組織現今會員國共計有28國，也是全世界涵蓋國家數最龐大的「區域性」組織。

（一）戰後初期的歐洲統合（1945-1960）

　　二十世紀兩次世界大戰在歐洲人心中無疑是場創傷，遍及全歐洲的戰

---

[2] 貝多芬第九交響樂曲《歡樂頌》爲歐盟官方盟歌。

爭讓歐洲人在戰後極力避免戰爭，尋求和平。因此，戰後的歐洲各國在外交互動上皆尋求以「安全」為基礎的主要考量。戰後初期，歐洲除了藉由美國的援助而慢慢復甦重建外，歐洲統合的和平目標也逐漸浮出檯面。

　　1946年6月，當時已經卸任的前英國首相邱吉爾在瑞士蘇黎世（Zürich）演說，提到為「歐洲合眾國」（United States of Europe）催生。演說內容揭櫫了這項理想計畫有著多重目標，包括：加強文化聯繫、促進經濟合作與政治對話，以及締造軍事同盟等議題[3]。隨後1947年4月，法國方面即提出「歐洲聯邦聯盟」（L'Union Europeenne des federalists, UEF）的構想，但這個構想其目標卻過於理想化。戰後歐洲開始正式進入冷戰對立形勢，外交上法國期望該聯盟能夠扮演一個西方世界國家（以美國為首之第一世界）與蘇聯（USSR）之間的橋梁，即所謂的「第三股勢力」（Third Force）。法國認為這個組織可以提供資本主義世界與社會主義國家之間的一個協商平臺。隨著時間的演變，在政治與經濟制度上全然對立的資本主義與社會主義國家也能夠融合成一個單一的民主模式[4]。但對立的兩大集團意識形態上仍需長時間磨和，而這個構想在理想上又過於高遠，因此戰後第一次的歐洲整合計畫最終未能達成目標。

　　再者，美國國務卿馬歇爾（George Catlett Marshall, 1880-1959）於1947年6月在哈佛大學演說中也提到歐洲經濟復興計畫。美國所進行的「歐洲復興計畫」（European Recovery Program, ERP），即後人所熟知的「馬歇爾計畫」（The Marshall Plan）。四年間（1948年7月至1952年6月）共援助歐洲復興達120億美元資金[5]，這個以「復興歐洲」為主的金援計畫，也讓歐洲國家在戰後慢慢有了復甦的景象。「馬歇爾計畫」具有人

---

[3] 王曾才，《世界現代史（下）》，臺北：三民書局，1999年1月，頁152。
[4] 鄒忠科、沈娟娟、蔡裕鎮著，《歐洲聯盟史》，臺北：五南圖書，2011年1月，頁18。
[5] 王曾才，《世界現代史（下）》，臺北：三民書局，1999年1月，頁152。

道主義目標這是無庸置疑的。事實上二戰之後的美國也擔心，若美國像一戰之後保持孤立主義的立場，對歐洲戰後的經濟蕭條景象再度置若罔聞，則歐洲經濟的衰弱也會直接影響美國進出口的商業貿易。因此，二戰之後的美國其實是持歐洲經濟穩定成長的立場，與由此所帶來的政治利益，這些都是美國提出「馬歇爾計畫」的動機。至於「馬歇爾計畫」對於歐洲整合所扮演的角色，或許可以說美國提出此計畫是用來鼓舞歐洲邁向統合為目的。因為歐洲各國為了達到「馬歇爾計畫」所提供的經濟援助條件，在有意參加此一計畫的國家中，需要共同成立一個向美國申請提撥基金的機構。於是，1948年4月於巴黎順勢成立了「歐洲經濟合作組織」（Organization for European Economic Cooperation, OEEC）。參加此一組織的共計有：英國、法國、義大利、荷蘭、比利時、盧森堡、奧地利、瑞士、愛爾蘭、冰島、丹麥、挪威、瑞典、葡萄牙、土耳其等國[6]。由此可見戰後歐洲由南到北許多國家，正等待著一個對其具有實質性的經濟援助方案，「馬歇爾計畫」的提出也適時對歐洲國家伸出了援手。

　　由於德國為戰敗國，戰後在美、蘇、英、法等國分區占領下，分別於1949年5月，英、法與美國占領區合併成立「德意志聯邦共和國」（Bundesrepublik Deutschland，簡稱西德，BRD）。緊接著1949年10月，德東的蘇軍占領區也扶植社會主義政權，成立了「德意志民主共和國」（Deutsche DemokratischeRepublik，簡稱東德，DDR）。這兩個國家在冷戰期間皆為各自獨立的主權國家。至1990年10月3日，兩德再次統一之前，參與歐洲統合與歐盟初期架構的都是以西德為主（以下簡稱西德）。而在西德政權成立前一個月，以美國為首及若干歐洲共組的軍事聯盟組織「北大西洋公約組織」（North Atlantic Treaty Organizion, NATO）於美國

---

[6]　郭秋慶，《歐洲聯盟概論》，臺北：五南圖書，1999年9月，頁7。

華盛頓宣布成立，西德於1955年始加入該組織。而這一年，以蘇聯爲首對抗西方資本主義陣營的「華沙公約組織」（Warsaw Treaty Organization）也宣布成立，形成兩大陣營在軍事方面的對抗。

（二）歐洲統合第一步

《舒曼宣言》（*Schuman Declaration*，1950）與「歐洲煤鋼共同體」（**European Coal and Steel Community，ECSC，1951**）

《舒曼宣言》（*Schuman Declaration*）開啓了歐洲統合的一個里程。由於東、西德分屬於不同陣營，雖都是「德國」，但卻也是冷戰期間對立的一方。此時西德總理艾德諾（Konard Adenauer, 1876-1967）立場當然是與西方陣營合作。1950年的5月9日時任法國外交部長的羅伯特·舒曼（Robert Schuman, 1886-1963）提出法國與西德基於共同管理魯爾區煤、鐵資源的基礎下，解決「魯爾區」（Ruhrsgebiet[7]）問題的一項特別計畫。而此項聲明即爲著名的《舒曼宣言》。《舒曼宣言》的基本精神涵蓋了政治、經濟與外交安全等方面，爲歐洲統合初期一劃時代的里程。

十九世紀德意志帝國工業革命與經濟發展達到高峰，其經濟發達地區與城市人口集中和興起最主要的地區爲地處德國西北部的重工業「魯爾區」。十九世紀後半，工業革命發展所需是煤礦與鐵礦在此一地區有著豐富的蘊藏量。誠如凱因斯（John Maynard Keynes, 1883-1946）所言：「德意志帝國的興起並非靠俾斯麥（Otto von Bismarck, 1815-1898）的鐵血政策，而是在於魯爾區所賦予優良的工業經濟實力」。而魯爾區自十九世紀

---

[7] 魯爾區（Ruhr Gebiet），位於今天德國西北部的萊茵地區，該地區有極優質的煤礦與鐵礦等原料。也是目前德國之著名工業區。

以來就一直是德國煤礦的重鎮，特別是焦炭的集中地。法國則是在其東北部靠近萊茵河地區的洛林省（Lorraine）為鐵礦生產的重心。因此在萊茵河中游東、西岸兩地之德國的魯爾區、薩爾區（Saar）以及法國的洛林省等三地構成一個盛產煤鋼的三角地帶，其中又以魯爾區為核心。由於此一地緣上的關係，十九世紀後半歐洲工業化迅速發展之時，這三個地區也扮演了兩國工業發展重要地位[8]。

1950年6月20日，西德、法國、義大利、荷蘭、比利時、盧森堡等國接受舒曼的邀請，於法國巴黎展開協商，其目標為建立一歐洲煤鋼共同聯合組織。六國於隔年（1951年）4月18日於巴黎簽訂「巴黎條約」，宣布成立「歐洲煤鋼共同體」（European Coal and Steel Community, ECSC）[9]。而根據此項條約的規定，成員國可以不必繳納稅額，即可直接取得煤礦與生鐵等原料，對各國工業發展與經濟有極大的助益。另一方面，二戰期間交戰激烈的德國與法國，在戰後不到十年的時間即相互合作，共同成立組織。其背後仍有區域安全與穩定因素的考量，因為藉由煤、鐵產量的共管，雖是經濟上的合作，但一方面也可以制衡彼此。畢竟，煤、鐵、鋼等都是軍事工業重要原料，藉由此項組織與相互合作關係，讓兩國彼此在國防與安全上緊密相連。

1952年7月25日生效的《巴黎條約》賦予了「歐洲煤鋼共同體」的法人資格。「歐洲煤鋼共同體」在某些經濟領域上，以共同協議聯合控制代替國家主權之行使與管理。因此歐洲煤鋼共同體為歐洲統合初期的區域組織，在其架構上即有所謂的「超國家主義」（Supranationalism）的概念。使戰後西歐各國的合作上不只是侷限於國家間的合作，而是在歐洲統

---

[8]　張維邦，《莫內與「歐洲煤鋼共同體」的建立》，臺北：一橋出版社，2003年12月，頁46。

[9]　Philip Thody著，鄭棨元譯，《歐洲聯盟簡史》，臺北：三民書局，2001年1月，頁1。

合的框架下進行功能性的合作**⑩**。戰後第一個歐洲區域性組織也從經濟合
作的功能，演變為日後各國在政治上的整合與外交安全上的合作。

　　「歐洲煤鋼共同體」並非一個純粹以經濟整合目的為考量的歐洲區
域性組織，其最高目的宗旨是達成政治性的歐洲統合。更加具體而言也
是德、法兩國以永久和平為目標的最高指導原則**⑪**。另一方面，在1951年
「歐洲煤鋼共同體」成立之時，正值韓戰如火如荼激烈進行之際。以美國
為首的陣營對於共產勢力極力防衛，並在東亞、東南亞、歐洲、中亞等地
積極採取所謂的「圍堵」策略。就如同在各區域間劃一道牆來圍堵共產勢
力的擴張。與美國同屬第一世界陣營的西歐國家在國際政治的觀點而言，
各國選擇團結合縱的策略，要比彼此分化對立還要來得有力量。這股勢力
也是西歐國家在戰後與東歐國家對立中，代表「西方」世界堅定的一道基
礎圍牆。

（三）《羅馬條約》（*Treaty of Roman*）──「歐洲經濟共同體」（European Economic Community）與「原子能共同體」（European Atomic Energy Community）成立

　　在1957年「歐洲煤鋼共同體」（ECSC）之六個創始會國首長與外交
部長等，3月25日於義大利首都羅馬舉行「歐洲經濟共同體」與「歐洲原
子能共同體」兩項條約簽署儀式，即兩共同體條約，史稱《羅馬條約》。
在「歐洲原子能共同體」條約之前言，只輕描淡寫提及歐洲統合的最基本
理念，是以歐洲的「和平」與「繁榮」為主要目標。但在「歐洲經濟共同

⑩ 黃偉峰主編，《歐洲聯盟的組織與運作》，臺北：五南圖書，2003年4月，頁30。
⑪ 張維邦，《莫內與「歐洲煤鋼共同體」的建立》，臺北：一橋出版社，2003年12月，頁137。

體」的條約前言裡，不只談到和平與繁榮，更強調「經濟共同體」。經濟上的共同組織應成為讓歐洲人民更緊密團結所建立的組織聯盟。「歐洲原子能共同體」的內容包括了機構研究、資訊交換、健康與安全保障、礦產與核子原料供給等議題。基本上「歐洲原子能共同體」並未創造出如預期之目標及更深層的整合意涵，充其量只是一個情報交換中心。不過，核能大國法國卻透過這個組織，達到原子能民間與軍事用途的雙重目標[12]。而法國也於1960年在阿爾及利亞撒哈拉沙漠進行原子彈核試爆成功，成為全世界第四個擁有核武的軍事大國。

　　反觀在「歐洲經濟共同體」條約的範圍和重要性，都比「歐洲原子能共同體」高出許多。「歐洲經濟共同體」條約內容主要包括：關稅同盟、共同商業政策、共同農業政策、共同交通運輸政策、相關社會政策以及貨幣和其他宏觀經濟方面的整合條文等。此外，設立歐洲投資銀行、勞務、資金等各方面經濟流通之條文規定。而條約內容尚有彈性之空間，當中條文亦規定，若條約中未明載之事項，理事會得以「一致決」之方式來達成共同之目標。也就是說，只要會員國全數一致同意，就可將經濟層面之政策與法規擴大至條約中未規範之外[13]。這也象徵著此時歐洲在邁向「經濟共同整合」的腳步，已是成員國既定的共識與目標。

　　《羅馬條約》之後，西德總理艾德諾與法國總統戴高樂

【圖4-2】　1957年《羅馬條約》簽訂

[12] 鄒忠科、沈娟娟、蔡裕鎮著，《歐洲聯盟史》，臺北：五南圖書，2011年1月，頁75-76。
[13] 鄒忠科、沈娟娟、蔡裕鎮著，《歐洲聯盟史》，臺北：五南圖書，2011年1月，頁76。

（Charles André Joseph Marie de Gaulle, 1890-1970）在1963年1月正式簽署《愛麗舍條約》（*Elysée-Vertrag*），即俗稱的「德法友好條約」。此約以維繫德、法兩國友好與和平努力爲其重點[14]。德、法之間的友好意味著歐洲統合的進程將在穩定中發展。所以，在第一階段的歐洲整合過程中，西德與法國扮演著「歐洲統合」（European Integration）主要火車頭的態勢已逐漸成形。這兩國也扮演了歐洲在統合過程裡重要的推手角色。1965年4月，西德、法國、義大利、荷蘭、比利時、盧森堡等六國會員國簽訂條約，將原先簽訂的「歐洲煤鋼共同體」、「歐洲經濟共同體」與「歐洲原子能共同體」三個組織的行政功能合併，史稱《合併條約》或《梅哲條約》（*Merger Treaty*）。

　　1967年7月，歐洲執委會舉行首次會議，並宣布整合「歐洲煤鋼共同體」、「歐洲經濟共同體」與「歐洲原子能共同體」三個組織爲「歐洲共同體」（European Community, EC）[15]。自此，歐洲在統合進程上又向前邁入一大步。歷經十餘年的整合，下一步的歐洲統合將是逐漸納入新成員的擴大進程。

（四）歐盟擴大之路開啟（1970年代一）

　　戰後歐洲統合自《舒曼宣言》以來歷經二十餘年，總算有了初步的擴張。此一象徵性意義除了會員國的增加外，「歐洲聯邦」或「歐洲共同體」等超國家組織概念已成爲當時歐洲在國際政治上的主要發展趨勢。1973年1月，多次申請入會而屢遭法國否決的英國[16]，與愛爾蘭、丹麥一

---

[14] "Tatsachen über Deutschland", Societäts-Verlag, Frankfurt/Main, 15. Oktober. 1993, p.107.

[15] Philip Thody著，鄭棨元譯，《歐洲聯盟簡史》，臺北：三民書局，2001年1月，頁11。

[16] 英國加入歐體遇到的波折，開啟法國第五共和的總統戴高樂（Charles André Joseph Marie de Gaulle,

起成為歐洲共同體之新會員國，此時共同體會員國達到9國。這次「歐洲共同體」的入會申請案共有四個國家，除了英國外尚有丹麥、挪威及愛爾蘭等國。丹麥、愛爾蘭嶼挪威分別於1972年舉行公投以表決是否加入歐體。

第二次擴大──英國成功入歐，愛爾蘭、挪威、丹麥公投表決入歐案

英國首先於1961年及1967年先後即已提出申請加入「歐洲共同體」，但由於當時法國總統戴高樂的反對使其不得其門而入。直至1973年，因當時戴高樂已經下臺（戴高樂於1970年辭世），因此才得以順利加入歐洲共同體。儘管如此，其後英國對於歐體的各項發展及計畫，仍持保守觀望的態度[17]。而位於北大西洋的愛爾蘭共和國首先於1972年5月舉行歐體入會案公投，結果一如預期輕鬆過關。公投前，其國內最大的兩個政黨大力鼓吹加入歐洲共同體的好處。愛爾蘭因為位處英國西方，愛爾蘭民眾深信若入歐可以為其帶來相當的經濟效益。此次公投的愛爾蘭公民投票率達八成，投票人數當中又有八成贊成加入歐體。緊接著是挪威的入歐公投，挪威的入歐公投案在9月舉行。投票前即預測為五五波，但挪威的投票率與愛爾蘭一樣高達八成。然而，其結果卻是大相逕庭，有超過一半的民眾反對加入歐體，反對者高達約百分之五十三。挪威的入歐案不如預期，挪威民眾藉由這次的公投訴諸反對入歐的立場，傳言此次公投亦是一場對該國時任首相的不信任案。因此也導致當時的挪威首相布拉特利（Trygve Martin Bratteli, 1910-1984）辭去內閣首相的職務。最後則是丹

1890-1970），其立場是一個重要關鍵。奉行歐陸政策的戴高樂，認為英國入歐即如同美國勢力進入歐洲。英國直至戴高樂辭世後的1973年才加入歐體。

[17] 張福昌，《邁向「歐洲聯盟」之路》，臺北：三民書局，2002年1月，頁64。

麥於1972年10月初進行入歐公投，但由於有一個月前挪威的前車之鑒，同屬北歐國家的丹麥此次入歐案，外界認為並未有十足把握。結果出爐，最後丹麥以總投票率九成，並有超過六成的民眾支持加入歐洲共同體，順利過關[18]。第一次歐體擴大的入會案，就在這麼戲劇性的過程中產生結果。

在1973年初正式加入「歐洲共同體」的英國、丹麥與愛爾蘭三國，在歐洲統合史上被界定為歐體（歐盟）的第一次擴大。而1980年代開始「歐洲共同體」將擴大之目標著眼於南歐國家。例如，1981年位於南歐瀕臨地中海的希臘順利加入，被譽為歐體的第二次擴大[19]。邁入1980年代，此時國際情勢已逐漸步入後冷戰後期，而接下來歐體擴大的腳步也開始加速前進。

（五）歐體第二、第三次擴大——八○年代歐體（EC）的新里程

歐洲共同體成功納入三個會員國之後，1980年代開始也準備再度迎接新會員國的加入。這次申請加入歐體的國家是來自伊比利半島的南歐國家與希臘。希臘、葡萄牙、西班牙三國分別在1975年、1977年3月及1977年7月正式向歐體提出入會申請案。此時歐體的立場也希望藉由「南向政策」來擴大其士氣，為歐體注入新的動力[20]。

---

[18] 鄒忠科、沈娟娟、蔡裕鎮著，《歐洲聯盟史》，臺北：五南圖書，2011年1月，頁135、137。

[19] 林碧娥，《歐洲聯盟第五次擴大之進程研究——以捷克申請加入歐洲聯盟為例》，淡水：淡江大學歐洲研究所碩士論文，2003年1月，頁15。

[20] 鄒忠科、沈娟娟、蔡裕鎮著，《歐洲聯盟史》，臺北：五南圖書，2011年1月，頁174。

1. 希臘入會進程

　　希臘提出入會申請案後，會員國的態度和立場多數持正向肯定。但希臘入歐談判卻進行得相當緩慢，又同一時期西班牙與葡萄牙兩國於相隔不久的兩年間同時申請入歐。此時希臘政府也擔憂歐體會將希臘的入會案與西、葡兩國一併討論，如此一來勢必會延緩希臘入歐的時程。當時希臘總理卡拉曼利（1907-1998），自1978年起即開始積極向各國遊說希臘加入歐體的議題。卡拉曼利的外交出擊果然奏效，當時法國總統季斯卡（Valéry Giscard d'Estaing）則是公開力挺希臘加入歐體，並聲稱希臘應於1980年代結束前入會。歐洲共同體於1979年5月28日在雅典簽署入會條約，隨即希臘順利於1981年1月1日加入歐洲共同體。歐洲共同體完成了史上第二次的擴大[21]，這也是歐洲共同體在擴大的進程中第一次以「單一國家」加入成為會員國[22]，希臘成為歐體的第十個會員國。

　　位於南歐巴爾幹半島南端，瀕臨愛琴海的希臘，一直是歐盟的支持者。當時希臘加入歐盟的確是一項破天荒的壯舉。不過，這也要歸功於當時的時空環境。因歐洲情勢仍處於冷戰對立的狀態，希臘的立場也傾向親西方的路線。另一方面，希臘也可以藉由加入歐盟而帶動其國內整體的經濟利益[23]。也可以說，在當時兩造都處於彼此互蒙其利的條件之下相互配合的。

2. 西班牙與葡萄牙的加入

　　1985年1月狄洛（Jacques Lucien Jean Delors, 1925-）接掌歐盟執委會（European Commission）主席後，將西班牙與葡萄牙申請加入歐體視為

---

[21] 鄒忠科、沈娟娟、蔡裕鎮著，《歐洲聯盟史》，臺北：五南圖書，2011年1月，頁177-178。

[22] 2013年歐盟（EU）第七次擴大，位於巴爾幹半島的克羅埃西亞順利加入歐盟。此為繼希臘以單一國家加入歐盟後，又一國家單獨加入的案例。

[23] Eleanor E. Zeff & Ellen B. Pirro, "The European Union and the Member States". London: Lynne Rienner, 2001, p.217.

其上任後重要的議程。由於當時英國在歐體的預算案成為歐體議題當中棘手問題，使得西、葡兩國的入會案遭到耽擱。直至1984年英國預算案解決後，西、葡兩國的入會議題才又展開討論。1985年初西班牙與歐體簽署了一項《漁業協定》，西班牙與歐體在海洋漁業問題解決之後，入會案已變得順利。而葡萄牙在申請加入歐體的過程中，早已就多項入會議題達成協議，歐體的立場希望兩國能在同一時間加入。1984年歐體在法國舉行的「楓丹白露高峰會」（Fontainebleau Summit, 1984）會中預定兩國在1986年能夠加入歐體。兩國歷經多年的入會談判及一年多的入會申請程序後，終於成功於1986年的1月1日正式加入歐洲共同體[24]。歐體南向地中海國家擴大的策略，在1980年代中期即成功地進行了第三次擴大，歐體會員國總數達到12國。

綜觀希臘、西班牙與葡萄牙三國加入歐體的過程，由當時的時空環境來看，有著不得不加入歐體的理由。而相對歐體也有著接納此三國入會的責任。因這三國在申請入歐前皆為極右派之獨裁政權，政權交替後新政府才開始步入民主共和體制。民主政權與歐體國家的主流價值相當，因此這三國向歐體靠攏。另一方面也希望藉由加入歐體後能協助其穩定國內政治，確立其民主之合法性。畢竟，歐體只接納歐洲「民主國家」成為會員國。能夠取得歐體會員國資格，也等同向國際社會證明已成為歐洲民主國家之行列。歐體會員國深信，加入歐體亦能促進其國家之政治民主化與經濟現代化，並為其本國帶來廣大之經濟效益[25]。隨著時代的演變，歐體也開始在歐洲地區逐漸發會影響力。1987年歐體「歐洲單一法」（Single Europe Act, SEA）生效，這一年，位於西亞的土耳其也正式向歐體提出入會申請。

---

[24] 鄒忠科、沈娟娟、蔡裕鎮著，《歐洲聯盟史》，臺北：五南圖書，2011年1月，頁182。
[25] 鄒忠科、沈娟娟、蔡裕鎮著，《歐洲聯盟史》，臺北：五南圖書，2011年1月，頁183。

3. 1980年代「歐洲單一法」的功能與影響

在1985年盧森堡高峰會議通過「歐洲單一法」（SEA），1986年2月正式簽署，並於1987年的1月1日正式生效。「歐洲單一法」在歐洲統合上的意義為何？具體而言，「歐洲單一法」是針對1950至1960年間，歐洲統合進程當中所建立的三個區域組織（煤鋼共同體、經濟共同體與原子能共同體等）的共同體條約進行大幅度修正。當時期望「歐洲單一法」在1992年底完成歐洲內部無疆界、經濟自由流通的單一市場。在本質上，「歐洲單一法」將羅馬條約之有關共同市場的條文具體化。而該法所定的制度也使歐洲共同體各「會員國」權利漸漸集中於「歐洲共同體」[26]。這個以經濟目標為導向的共同市場目標，其實背後也蘊含了相當的政治意涵（Political implications）。這個戰後以超國家組織進行歐洲統合的組織，隨著1980年代後期時事與環境的演變，擴大的腳步也逐步向東歐國家前進，統合的發展直至二十一世紀仍不斷持續進行。

（六）由歐洲共同體到歐洲聯盟——歐盟第四次擴大

歐洲共同體在第三次擴大之後，當時國際環境也逐漸有了變化，國際局勢已經開始步入「後冷戰」時期。1989年11月，矗立28年的柏林圍牆竟然戲劇性地被一波民主浪潮衝倒。兩個分裂四十年的德國也於隔年1990年的10月3日「再統一」（Wiedervereinigung）了。原本為歐體創始會員國的西德，和東德合併為一個聯邦德國之後，歐體的疆界也順勢向東擴張了。隨著世界局勢的變化，此時也牽動著歐盟下一步的發展。自歐體第三次擴大到第四次擴大間，歐洲統合的進程中歷經了兩個重要里程，除了

---

[26] 黃偉峰主編，《歐洲聯盟的組織與運作》，臺北：五南圖書，2003年4月，頁44、45。

1987年《歐洲單一法》生效外，再者就屬《馬斯垂克條約》（*Maastricht Treaty*）了。

1. 布藍特的「東進政策」（**Ostpolitik**）

「*華沙之跪*」（KniefallinWarshau）

一般而言，提到德國諾貝爾和平獎得主的人物當中，較為熟知的為史懷哲（Albert Schweizer, 1875-1965）博士。而本文介紹另一位曾經擔任過德國（西德）總理的維利‧布藍特（Willy Brandt, 1913-1992）。布蘭特於1969年至1974年擔任當時的西德總理，並以前衛、敏感的「東進政策」（Ostpolitik）著稱。在1970年12月訪問波蘭時，更在首都華沙的「猶太區起義紀念碑」前下跪。此舉便是讓當時國際間所為之驚訝的「華沙之跪」（Der Kniefall von Warshau）。

布蘭特總理在政治上最為人熟知的即是於冷戰期間推動所謂的「東進政策」（Ostpolitik）。而此一政策也被喻為緩和與蘇聯莫斯科方面的政治局勢。當時的美國與法國等西方國家對於此亦表示肯定，並認為此符合國際局勢之現實面。也由於東進政策間接在歐洲區域安全與穩定上發揮效果，讓對立的雙邊關係開啟了新的合作空間。而華沙之跪也對於冷戰期間德國與東歐國家之間外交關係上，有了一定程度的助益。

由於其為國際間和平的努力做出貢獻，並與東歐國家之間的交流獲得肯定，更對於二戰期間納粹的行為表示歉意。在符合當時國際現實和平條件之下，布蘭特在1971年榮獲了「諾貝爾和平獎」。而這也是德國繼史懷哲後，第二位榮獲諾貝爾和平獎的德國籍人士（二十世紀德國總計有五位諾貝爾和平獎得主）。此舉對於當時冷

戰時期的西德，具有重大的象徵性意義。

參考資料：Hagen Schulze, "*Kleine deutsche Geschichte*", München: Deutscher Taschenbuch
　　　　　Verlag GmbH, 2003.

2. 具象徵性意義的統合──中立國家的加入

　　1990年初執委會主席狄洛再度提出歐體發展與單一市場擴大的計畫。他的所謂「同心圓」理論有三個層面。第一層面的最內圈以當時歐體12國為核心。核心之外第二圈為「歐洲自由貿易協會」（European Free Trade Association, EFTA）國家[27]（當時為奧地利、芬蘭、瑞典、冰島、挪威、瑞士等國）。而第三層面的最外圍則是涵蓋了東歐國家以及土耳其、地中海之馬爾他、賽普勒斯等國。而在這個「同心圓」架構涵蓋的國家地區範圍，也統稱「歐洲經濟區」[28]。

　　在3月時執委會向「歐洲自由貿易協會」提出建議，針對促進歐洲單一市場議題進行談判。歷經一年多的協商之後，在1991年的11月雙方達成協議。以「單一市場」的一千多項法條為基礎，推動資金、人力、貨物與勞務等經濟上的「四大流通」為基礎的歐洲經濟區協定。此項「歐洲經濟區協定」於1992年5月正式簽署。但當時瑞士公投否決了該項議案，使得協定進行了調整。其後再經各國國會近一年的批准後，由共同體12國及自由貿易協會5國所組成的歐洲自由貿易區宣告成立[29]。這個自由貿易區的象徵性意義在於經濟自由的無國界發展，為各國在經濟的發展中奠下穩固的基礎。

　　「歐洲經濟區協定」簽署後，北歐三國挪威、瑞典、芬蘭與中歐國

---

[27]　「歐洲自由貿易協會」於1960年5月3日成立。

[28]　郭秋慶，《歐洲聯盟概論》，臺北：五南圖書，1999年9月，頁55、56。

[29]　郭秋慶，《歐洲聯盟概論》，臺北：五南圖書，1999年9月，頁56。

家奧地利等國即於1993年2月起開始和歐洲共同體展開入會談判事宜。談判內容中涵蓋農業、漁業等各項議題共29項，此時共同體與各國在談判中釋出善意並做出讓步。1994年3月，共同體部長理事會與歐洲議會通過四國入會案。1993年《馬斯垂克條約》生效後，「歐洲共同體」（EC）名稱已經轉換爲「歐洲聯盟」（EU），此時新氣象的歐盟又即將邁入下一階段新里程。但挪威再度舉行入歐公投，結果第二次投票結果卻仍否決（1972年9月第一次入歐公投失敗）加入歐盟案。而其他三個申請國家順利於1995年1月1日正式加入歐洲聯盟[30]，值得一提的是：此三國爲戰後歐洲地區的中立國家。至此歐洲共同體會員國總計達到15國，奠定了歐洲統合在政治與經濟上穩定發展的局面。此時東歐國家也大多已完成或正進行民主化轉型過程，歐洲統合已朝著持續擴大的目標行進。

　　1995年歐盟的第四次擴大，是一個劃時代的壯舉。最主要原因是這次加入的三個國家都是所謂的「中立國」。因此在對於國際組織中，加入共同聯盟組織的意義重大。在鄒忠科教授之《**中立國家之新角色——奧地利加入歐洲聯盟與歐洲統合**》一書中，也提到有關何謂「中立」的相關詮釋：

　　　　所謂的「中立」（Neutrality）一詞，由字義上來看，即是站在中央，不偏袒任一方之意。也就是交戰國採取不偏不倚之態度，以求避免被捲入國際紛爭之中。而在近代國際法的發展過程中，也逐漸演變成一種國際社會所能接受的法律地位。中立這個概念的源起，最直接即是由於戰爭的因素所導致。而「安全」就是中立所訴諸最核心之問題，任何中立的相關策略主要目的都在於使中立國不被捲入戰爭之中[31]。

---

[30] 郭秋慶，《歐洲聯盟概論》，臺北：五南圖書，1999年9月，頁56。

[31] 鄒忠科，《中立國家之新角色——奧地利加入歐洲聯盟與歐洲統合》，臺北：五南圖書，1996年7月初版一刷，頁4。

　　奧地利與其緊鄰的瑞士都是永久中立國家，但兩國之外交政策卻是迥然不同。瑞士是在奉行中立的原則之下，並將該原則擴張適用至排斥參與任何政治性的國際組織**32**。而奧地利不僅於1955年加入聯合國，亦於隔年加入歐洲理事會（Council of Europe）。其主要目的也在於避免奧地利因中立立場而被孤立於國際社會之外。戰後奧地利對外關係維持中立的目的，原是在加強其身為中立國家之形象，並防止國家保持中立的可信度遭受破壞。然而堅守中立原則的奧地利，卻於1987年向歐洲共同體提出入會申請，這主要歸咎於幾個因素，包含：經濟的考量、外貿高度依賴歐體、外交上進一步與歐盟統合的需要等**33**。

3. 《馬斯垂克條約》（*Maastricht Treaty*）

　　1990年4月，歐體於愛爾蘭首都舉行的「都柏林高峰會」（Dublin Summit, 1990）中確定了以實現內部「單一市場」、「經濟貨幣聯盟」和「政治聯盟」為主要目標。同年12月在羅馬舉行的高峰會中，是決定歐體發展的一項重要性會議。此也意味著成員國即將進入《歐洲聯盟》條約的正式談判階段。此時適逢波斯灣美、伊戰爭爆發，讓西歐國家深感共同安全與防衛的重要性，因此也決定將歐洲統合的政治聯盟推展到更高層級。於是歐體於1991年12月在荷蘭邊界小鎮馬斯垂克召開的高峰會議中（Maastricht Summit, 1991），針對歐洲政治聯盟及經濟暨貨幣聯盟等各項議題達成協議，通過了劃時代的協議《馬斯垂克條約》（*Maastricht Treaty*）。12個會員國於隔年1992年2月及4月，分別於部長會議及歐洲議

---

32 瑞士直至2002年才經由全民公投，決議加入聯合國（UN）。但至今仍非歐盟成員國，亦非歐元使用區，其法定貨幣仍為「瑞士法郎」（CHF）。

33 鄒忠科，《中立國家之新角色——奧地利加入歐洲聯盟與歐洲統合》，臺北：五南圖書，1996年7月初版一刷，頁101。

會簽署及批准了這項條約[34]。

《馬斯垂克條約》是繼《歐洲單一法》後,第二次對於三個共同體條約再次做出重大修正[35]。架構上,《馬斯垂克條約》除了將三個共同體條約補強外,亦確立了歐洲共同體未來在「共同外交暨安全政策」、「司法與內政合作」等大方向的合作與加強事宜。因此,所謂的「經濟暨貨幣聯盟」、「共同外交暨安全政策」、「共同司法與內政合作」的基本架構,也形成了歐盟組織中「三大支柱」(Three Pillars)的核心價值[36]。

單一貨幣的整合是經濟暨貨幣聯盟的核心,也是《馬斯垂克條約》第一支柱的基礎,更是1990年代之後「歐盟」成功邁向統合的穩定關鍵腳步之一。而統一後政經實力躍居歐洲之首的德國,亦是最支持歐盟統合的會員國[37]。

4. 《阿姆斯特丹條約》 (*Amsterdam Treaty*)

前段所述,1993年11月1日《馬斯垂克條約》生效後,「歐洲共同體」(EC)也開始以「歐洲聯盟」(European Union, EU)稱之。「歐洲聯盟」自此也延續自「煤鋼共同體」以來所扮演的角色,繼續朝歐洲統合「深化」與「廣化」的目標邁進。1993年至1996年,在歐盟所舉行的各項高峰會中,「經濟暨貨幣聯盟」與「歐盟的擴大」一直是兩大最熱門的議題。1995年初歐盟進入第四次擴大階段後,經過了十五個月的政府間會議磋商,終於在1997年6月於荷蘭阿姆斯特丹高峰會議完成對《馬斯垂克條約》的修正案。推出新的高峰會議所達成的協定,即《阿姆斯特丹條約》(*Amsterdam Treaty*)。《阿姆斯特丹條約》的象徵性意義在於它是

---

34 張亞中,《歐洲統合:政府間主義與超國家主義的互動》,臺北:揚智出版,1998年10月,頁73。
35 「煤鋼共同體」、「原子能共同體」、「經濟共同體」等三個共同體條約。
36 張亞中,《歐洲統合:政府間主義與超國家主義的互動》,臺北:揚智出版,1998年10月,頁74。
37 張亞中,《歐洲統合:政府間主義與超國家主義的互動》,臺北:揚智出版,1998年10月,頁81。

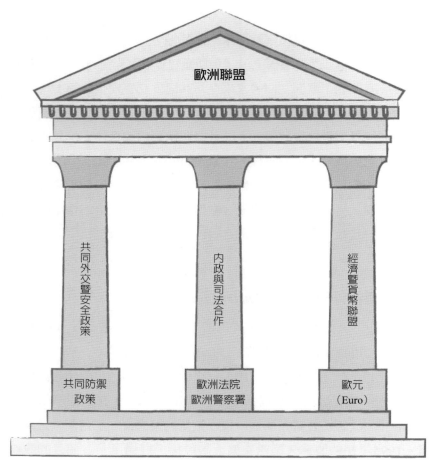

【圖4-3】　歐盟基本架構——三大支柱圖（Three Pillars）

資料來源：作者整理

繼1950年代的《羅馬條約》以來，歐盟第四次擴大前《馬斯垂克條約》的第三個歐盟條約。《阿姆斯特丹條約》的角色在於改革當時歐盟機制，並以推動統合為目標，為二十一世紀歐盟的繼續擴大做準備[38]。

　　各國協議下的《阿姆斯特丹條約》共有以下七大原則：（1）強調一致性原則，各國除非在特殊情況下始得同意。（2）承認差異性原則，並確認各會員國之間差異性。（3）尊重自願性原則，各會員國之立場不同應彼此尊重，並共同追求以統合為目標之原則。（4）採取彈性原則（flexibility），在承認差異性的原則上實行區別性作法。（5）突出輔助性原則，只有在會員國無法充分實踐目標的區域，歐盟才能採取行動處理。（6）貫徹實務性高效率原則。（7）強化民主性原則，基於這個原則之下，成立「歐洲事務會議委員會」（Conference of European Affairs Committees, COFAC）。此一目的亦是在於讓各國議會得以參與歐洲議會的立法工作。此外《阿姆斯特丹條約》還有以下幾個重點：第一，它除了代表了歐洲統合進程當中，在貨幣整合上的深化與執行外，也代表實現歐洲貨幣整合的決心。第二，將《申根協定》（*Schengener Abkommen*）納入新條約中，並準備歐盟東擴之統合事宜。又根據《阿姆斯特丹條約》的原則，歐盟將於2002年正式完成歐洲單一貨幣[39]的經濟整合[40]。

5. 歐洲經濟暨貨幣整合與歐元（Euro）的上市

　　1990年代開始歐洲局勢產生巨大變化。在蘇聯解體、兩德統一與東歐國家歷經這一波政治變動下的「蘇東波」歷程之後，當時主要以西歐地

---

[38]　張亞中，《歐洲統合：政府間主義與超國家主義的互動》，臺北：揚智出版，1998年10月，頁84。

[39]　歐洲貨幣整合下得產物—歐元（Euro），於1999年正式上路，但紙鈔貨幣是2002年1月1日正式發行，而期間過渡期間兩個月，直至3月1日起，傳統國家貨幣正式走入歷史，以歐元替代，正式成為歐元區（2002年共有11國）正式使用的法定貨幣。

[40]　張亞中，《歐洲統合：政府間主義與超國家主義的互動》，臺北：揚智出版，1998年10月，頁85、86。

區國家為主的歐體各會員國也對於歐洲統合之新情勢表達樂觀。執委會很快地於1990年4月發表了一份「單一市場、單一貨幣」（One Market, One Money）的報告。對於經濟暨貨幣聯盟的成本和效益進行分析，強調在經濟整合上單一市場與經濟暨貨幣聯盟之關聯性。由於這份報告的提出，也成為了執委會日後推動單一貨幣整合的口號標語。隨後歐體會員國在1990年12月13日於義大利羅馬所召開的政府間會議中，協商經濟暨貨幣聯盟與政治聯盟的創設和運作。當時各會員國對於經濟暨貨幣整合已有共識，即有共同的默契，將朝既定的目標執行。並決議於1991年6月的「盧森堡高峰會」（Luxembourg Summit, 1991）中完成所有的談判與協商[41]。

　　歐洲經濟暨貨幣聯盟談判協商，幾乎在馬斯垂克高峰會召開前即已經完成。除第一階段相關事宜尚未有明確規範外，其他上述之程序標準與規範也幾乎全部納入《馬斯垂克條約》內容。1992年2月簽署的《馬斯垂克條約》中，關於經濟暨貨幣聯盟的相關條文也出現在歐洲共同體條約裡，經濟暨貨幣聯盟也正式開始運作[42]。條約明文規定達成共識後，接下來就是實際行動的經濟整合。1990年代歐盟統合的重大事紀裡，除了第四次擴大的議題外，再來即是歐洲經濟暨貨幣整合了。

　　1993年「馬斯垂克條約」生效後，隔年即進入該條約進行的第二階段。在貨幣整合的進度上，1994年「歐洲中央銀行」（ECB）之前身「歐洲貨幣機構」（EMI）成立。緊接著於1995年，歐盟執委會在其施政方針中宣布將依照條約實行貨幣整合。在此同時，剛加入歐盟的新會員國奧地利也加入歐洲匯率機制，直接參與歐元的整合計畫。該年年底於西班牙首都馬德里召開的歐盟高峰會中，除了達成之後《阿姆斯特丹條約》的政府間會議外，也明訂歐洲貨幣整合中所使用的單一貨幣名稱，即大家所熟知

[41] 鄒忠科、沈娟娟、蔡裕鎮著，《歐洲聯盟史》，臺北：五南圖書，2011年1月，頁285-286。
[42] 鄒忠科、沈娟娟、蔡裕鎮著，《歐洲聯盟史》，臺北：五南圖書，2011年1月，頁287。

的「歐元」（Euro）。並依循《馬斯垂克條約》裡的計畫，規定要在1999年1月完成歐洲貨幣整合。基於此，歐盟執委會便於1996年初開始舉辦歐洲貨幣整合的宣導活動，也開始著手財政問題與規範。1996年底義大利貨幣里拉（ITL）進入歐洲匯率機制，歐洲貨幣整合的計畫也朝著正向樂觀的方向發展。在該年底於都柏林舉行的歐盟高峰會中，又進一步強化了財政穩定方案，讓歐洲單一貨幣歐元的催生更邁進一步[43]。

　　歐洲貨幣整合的過程中，各國在針對貨幣整合所制訂的財政規範中，於1997年6月阿姆斯特丹高峰會中，與會各國簽署了一項決議支持經濟持續穩定發展的共識條約《穩定暨成長協定》。基於此項協定，1998年3月歐盟執委會認定除了希臘以外的11國有意加入「歐洲共同單一貨幣」——「歐元」（Euro）的行列。當時15個歐盟會員國當中，除希臘、英國、丹麥以及瑞典外，其餘會員國皆有意加入使用歐洲單一貨幣（歐元）。此項共識也達到了《馬斯垂克條約》所預期的標準。1998年5月，各國在財政部長理事會當中正式決議在6月時將「歐洲貨幣機構」（EMI）名稱改為「歐洲中央銀行」（European Central Bank, ECB）。歐洲貨幣整合的進行與準備速度比先前之預期超前許多。1998年底，11個第一波加入歐元的會員國在貨幣匯率的兌換標準正式固定[44]。1998年12月31日歐元上市前一天，歐洲央行公布當時11個參與會員國貨幣對於歐元的固定匯率。1999年元旦歐元如期正式上路，歐洲央行也正式運作。1月4日起歐元加入國際匯率市場，此時歐元已是實質使用之貨幣。不過要強調的是，當時歐元並未有紙鈔與硬幣在市面上流通，只是在金融市場進行帳面上的運作。第一天對美元的匯率即達到1歐元對1.18美元[45]。歐元紙鈔與

[43] 遠藤乾著，國立編譯館主譯，姜家雄審閱，王文萱譯，《歐洲統合史》，臺北：五南圖書，2010年7月，頁325。

[44] 遠藤乾著，國立編譯館主譯，姜家雄審閱，王文萱譯，《歐洲統合史》，臺北：五南圖書，2010年7月，頁326。

[45] 鄒忠科、沈娟娟、蔡裕鎮著，《歐洲聯盟史》，臺北：五南圖書，2011年1月，頁291。

　　貨幣於2002年1月1日正式發行，希臘於2001年底完成評估，搭上這班使用歐元的列車。因而在1999年1月第一波歐元上市使用之會員國為11個，2002年紙鈔與貨幣發行之後在會員國內流通之國家有12國。各國在歐元與傳統國家貨幣並行使用的過渡期間為兩個月。在2002年3月1日起各國貨幣，諸如德國馬克、法國法郎、義大利里拉等各國傳統貨幣也正式走入歷史，取而代之的即是歐盟在經濟整合努力之下的新興貨幣——「歐元」（Euro）。

　　歐洲單一貨幣的施行是歐洲在經濟暨貨幣整合當中一個非常重要的里程，這是在各國政治各自獨立，但在貨幣統一使用的情形下，呈現出高度經濟整合與妥協的一個結果。雖然邁入21世紀後，歐洲許多國家接連面臨了歐債危機，歐洲貨幣整合的議題再度被提出檢討。不過總括而言，二十世紀末歐盟所努力達成的單一貨幣歐元，仍是在上個世紀末，展現歐洲強大經濟力與高難度貨幣整合的一項壯舉。

　　【圖4-4】為1999年7月由比利時首都布魯塞爾至荷蘭首都阿姆斯特丹的車票，購票地點為比利時布魯塞爾，因此在右下方有兩種計價方式，分別為「比利時法郎」（BEF）與「歐元」（EUR）。

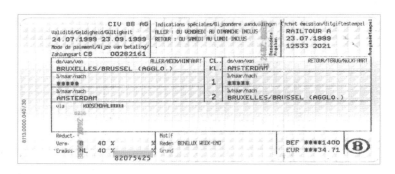

【圖4-4】　歐元過渡期間，1999年至2004年歐洲火車票及計價方式（一）

資料來源：作者提供

　　【圖4-5】的車票為2004年7月由奧國首都維也納至德國巴伐利亞邊界城鎮（Passau）的車票。當時歐洲國家已有12國使用歐元，因此該車票已經以歐元計價。

【圖4-5】　1999年至2004年歐洲火車票及計價方式（二）

資料來源：作者提供

（七）歐盟東擴——第五次擴大

　　邁入二十一世紀後歐洲統合之路仍持續進行，綜觀上個世紀五十年間歐洲的統合進程。不論在政治、經濟、外交軍事等各方面都順利達成既定目標。2004年5月1日，歐盟又再次完成了一次擴大整合的壯舉。這次歐洲統合的腳步已由西向東，由北向南進行。歐盟的第五次擴大，其歷史性意義在於納入前東歐社會主義國家。以及前蘇聯之加盟共和國——波羅的海三國，再加上地中海兩個島國。使得歐盟在一夕之間會員國數目竟然增加了三分之二，由原本的15國一下子暴增到25國。此次歐盟的擴大行動也是有史以來會員國在同一時間加入歐盟最多的一次。

　　歐盟的東擴也擴及到前東歐共黨國家成員，這些國家在二十年前的冷戰時期還屬於蘇聯所領導下的東歐集團成員國。前蘇聯（USSR）在冷戰

期間不但要對抗美國及西方世界的威脅，一方面又要振興國內的經濟。在軍事上，北約也成爲當時的蘇維埃政府在軍事安全上最大的威脅。此外，解體後的蘇聯也必須面臨大量核子武器的裁減問題。其實早在東歐改革開放之前，蘇聯對於其他的東歐國家而言，一直都是處於主導的地位。東歐諸國包括：波蘭、匈牙利、捷克、東德、羅馬尼亞和保加利亞等國，冷戰期間無論經濟、外交及政治上，也都或多或少受到蘇維埃政府的直接影響[46]。

冷戰初期，由美國主導的「北大西洋公約組織」（NATO）於1949年成立，相對的蘇聯及前東歐國家集團也於1955年成立「華沙公約組織」（Warsaw Treaty Organization）與之對抗。東歐國家解體後，不僅其國內左派政體迅速瓦解，並積極向西方資本主義世界靠攏。終於在1999年4月，前「華沙公約組織」成員國波蘭、捷克與匈牙利等三國在「北約」五十週年的歷史性時刻正式加入北約。這個全球最大的區域性軍事組織納入冷戰期間與其對抗的集團組織，更讓人明顯可以看出象徵西方世界的文化、意識形態及主流價值已往東歐地區擴張。就當時情勢而言的確是站在對歐洲統合有利的局面。此時歐盟向東歐地區的擴張行動也已是勢在必行。在二十世紀結束前的1990年代末至二十一世紀初期，確實是歐洲統合風光榮耀的一段時期。除了政治統合目的達成外，經濟整合的目標也如預期發行了單一貨幣。就連複雜對立的軍事整合也在東歐國家解體後短時間內即達成了。由這些眾多國際層面看來，此時還有什麼障礙可以阻擋歐盟這一波持續進行的東擴行動呢？

[46] MrtinMcCauley, *"TheSoviet Union Under Gorbachev"*, Houndmills, Basingstoke, Hampshire, Macmillam Press, 1987, p.171.

1. 東歐國家入會依據

　　馬斯垂克條約後，當時歐洲共同體才真正地「正視」歐盟的東擴問題，依照當時的氛圍，這些「中、東歐國家」（CEEC's）地區對於歐盟的東擴的確是一項重大挑戰。關於東擴的問題，執委會首次於1993年6月討論相關議題與報告中，原則上同意歐盟與中、東歐國家的政治與經濟整合。1993年6月21日在丹麥首都哥本哈根所舉行的「哥本哈根高峰會」（Copenhagen Council）中，確立了著名的「哥本哈根入會準則」（Copenhagen Criteria）。簡而言之就是基本上要成為歐盟的會員國，必須符合以下三個基本條件：（1）符合「歐洲聯盟條約」的規定，條約中針對歐洲國家申請成為歐盟會員國有明確規定。（2）「哥本哈根入會準則」（Copenhagen Criteria）以及（3）「共同體既存原則」（Acquis Communautaire）等。

　　其中，「哥本哈根入會準則」裡還提到以下四點：（1）必須依據西歐國家標準實施民主政治，國家體制需為民主法治國家、尊重人權等。（2）必須實施自由市場經濟，建立商品自由化與私有財產制度。（3）擁有接受歐洲聯盟規定之相關權利與義務，即所謂的「Acquis Communautaire」的能力。（4）必須能履行歐盟會員國之義務，在政治統合與經濟暨貨幣整合上政策立場一致。經濟議題上，哥本哈根高峰會中也針對開放市場至中、東歐國家地區做出承諾，並要求加快其整合速度[47]。欲申請加入歐盟之中、東歐國家者，基本上必須符合「哥本哈根入會準則」所規定的條件。而歐盟在1997年6月提出的「2000年議程」（Agenda 2000）中也更進一步強化「哥本哈根入會準則」的內容。

---

[47] 鄒忠科、沈娟娟、蔡裕鎮著，《歐洲聯盟史》，臺北：五南圖書，2011年1月，頁308。

2. 歐洲協定（European Agreement）

其實，中、東歐國家早在七〇年代即和當時的「歐體」簽訂了某些貿易協定。不過，當中的內容多半涉及紡織、鋼鐵和農業等單一產品。1988年7月歐體與匈牙利完成談判後便陸續與中、東歐國家簽訂了所謂的「貿易、商業、暨經濟合作協定」（Agreements on Trade and Commercial and Economic Cooperation），其內容不僅跨越了以往雙方貿易協定的單一性，歐體方面也藉由這些協定，對於中、東歐國家提供了多項的優惠措施[48]。「歐洲協定」為中、東歐國家在加入歐盟的預備道路上預先鋪了路，不過當時歐盟的成員國家仍舊會擔心的一個問題，即是未來中、東歐國家在加入歐盟之後，會有大量的失業人口湧入西歐的國家，造成社會問題。由於東、西歐國家間生活水平的差異，使得中、東歐國家地區在選擇就業上會以西歐的富裕國家為對象。這是歐盟在基本架構下所詮釋的四大流通之一，而這也是在「歐洲協定」的範圍內所依據的基本要素。因此，歐洲統合的過程中，這些都是將要面臨的一個過渡階段[49]。

3. 歐盟第五次擴大──25個會員國的龐大區域組織

「2000年議程」（Agenda 2000）對於入會申請國家提出許多建言，這份報告對於歐盟進入21世紀後的展望進行全面性評估。此項評估層面涵蓋範圍甚廣，包括：歐盟東擴問題、共同農業政策，及歐盟年度財政預算等；而根據「2000年議程」的總結報告來看，當時執委會認定新一波有意加入歐盟的東歐國家都尚未完全符合「哥本哈根入會準則」的標準。但申請國家在這幾年的改革中，於執委會的各項要求已進步許多。因此，執委

[48] 林正智，「歐洲聯盟與中、東歐國家間簽訂歐洲協定之研究──以波蘭和匈牙利為例」，新北：淡江大學歐研所碩士論文，1996年5月，頁7。

[49] Susan Senior Nello & Kare E. Smith, *"The European Union and Central and Eastern Europe"*, England: Ashgate publishing Ltd, 1998, p53.

會建議可於1998年開始展開與中、東歐國家的入會協商談判。為了加速這些新一波申請入會國的改革速度，歐盟也於1998年開始提出一連串的援助計畫，由此看來也對這些申請入會國釋出相當大的善意。在1999年3月起開始進入談判階段，而就在一年的談判過程中，其他申請國也紛紛表示有意加入歐盟入會的談判。適逢1999年3月，歐洲南端的巴爾幹半島爆發科索沃（Kosovo）事件，讓歐洲局勢稍有動盪。針對科索沃事件會員國基於戰略要求主張全面展開擴大行動，其中以德國、英國立場最為積極。執委會並於1999年10月向歐盟建議將此次入會申請的談判國家，由五國擴大為十國[50]。

2001年6月在瑞典南部大城哥特堡（Goetenburg）所舉行的歐盟高峰會明示，凡是於2002年完成入會協定談判的國家，預計將可於2004年正式加入歐洲聯盟。這樣的宣告也讓新一波加入的國家可以直接參與歐洲議會在2004年6月展開的議會選舉。2003年4月16日這歷史性的一刻，新一波入會條約在希臘首都雅典（Athens）正式簽署了。當時德國總理施洛德（Gerhard Fritz Kurt Schröder, 1944-）曾表示：「歐洲聯盟的這一步，是成功克服歐洲東、西區域的分野，就像柏林圍牆倒塌時帶來的那種喜悅，這是一種創造統一與和平希望的歐洲。」[51]這一刻的到來也顯示，新一波歐盟的東擴已成定局，十個申請入會國家當中的九個國家也一如預期公投順利過關，完成加入歐盟的行列。由於地中海島國賽普勒斯分為以土耳其裔為主體的「北賽普勒斯」和以希臘裔為主的「南賽普勒斯」。此次加入歐盟的賽普勒斯是「南賽普勒斯」。2004年5月1日，新入會國夾著歡欣鼓舞嘉年華會的氣氛，正式走入歐盟的大家庭。這一波入會的國家包括了中東歐國家4國：波蘭、捷克、斯洛伐克、匈牙利。波羅的海三國：愛沙

50 鄒忠科、沈娟娟、蔡裕鎮著，《歐洲聯盟史》，臺北：五南圖書，2011年1月，頁311-312。

51 鄒忠科、沈娟娟、蔡裕鎮著，《歐洲聯盟史》，臺北：五南圖書，2011年1月，頁312-313。

尼亞、立陶宛、拉脫維亞。巴爾幹西北部國家斯洛維尼亞以及兩個地中海島國馬爾他與賽普勒斯等共計10國。自此，東擴的腳步仍不斷加快進行，第五次擴大後一年歐洲議會決議，東歐國家保加利亞與羅馬尼亞兩國將於2007年加入歐盟。

　　以德國鄰國波蘭為例，在1990年代初期兩德剛統一的時候，波蘭境內老一輩的人就擔心，德國的再統一會對維持了四十年的波、德邊界問題造成影響。因為自二次大戰以後，位於波蘭境內的「上西里西亞」（Upper-Silisia，德譯Ober-Schlesien）地區，約有三十萬的日耳曼人成為波蘭的公民，但這些人的態度是否會影響到兩國的關係？雖然在當時兩國也簽署了邊界的和平協定，不過，這些都是波蘭人擔心德國領土再擴張的潛在因素之一[52]。然而，在統一十餘年後的德國，不僅維持了兩國在邊界上的友好關係，波蘭更因為有了德國這個政治、經濟的強大鄰國，讓其得以慢慢走向西方世界的陣營。

　　自1999年開始，歐盟每年編列了五億兩千萬的ECU[53]給中、東歐地區國家，用於這些國家在農業的補助及鄉村的發展上。這也是歐盟農業政策裡面的一個主要議程。為了達到歐盟的條件準則「Acquis Communautaire」，在農業政策上也提出了一項「Sapard」計畫，所謂的「Sapard」就是以農業和鄉村發展的特別進程計畫，這計畫的全名為「Special Accession Programme for Agriculture and Rural Development」。這項計畫和歐盟的「共同農業政策」（The Common Agricultural Policy, CAP）有一定共通性[54]。中、東歐國家的轉型和在申請加入歐盟的議題上，許多專家學者都認為：這些國家在民主化的轉型過程當中是以「西歐

---

[52] Thomas Urban, "*Polen, Beck'scheReiheLänder*", München: Beck, 1998, p.87.
[53] ECU歐洲貨幣單位，其單位值與歐元（Euro）相同。
[54] "*The Agricultural situation in the European Union*", 1999 Report (European Commission). p162.

化」（West Europen model）的模式爲藍本逐漸進行改變。而這些中、東歐國家，例如：波蘭、捷克和匈牙利等國，在轉型的過程當中是否爲西歐國家在文化和價值觀的承繼，以及民主化的穩定、西方模式的建構等；畢竟，在加入歐盟的過程當中，有許多的價值認同是必須達成共識的[55]。

（八）歐盟東擴——第六次擴大，保加利亞與羅馬尼亞

中、東歐地區與地中海十個國家在2004年5月順利加入歐盟後，也激發保加利亞和羅馬尼亞等東歐國家想要積極入會的行動，但這兩個國家當時的司法體系皆不夠完善。其司法公正性、透明度與效率等問題都有待加強，亦有其他重大問題都尚未能有明顯改善，因此還在執委會報告所列之「改進」名單上。不過就像2004年劃時代的第五次擴大一樣，歐洲議會於隔年2005年的4月13日通過決議，同意兩國在2007年成爲歐盟正式會員國。然而，歐洲議會也注意到這兩國政府既存的內政問題尚待改進，也因此要求兩國逐年改善以符合歐盟標準，否則入會時間可能延後。執委會也持續關注兩國改善情況，並於2006年9月26日提出一份「監督報告」（Monitoring Report），這份報告建議兩國可以在2007年加入歐盟。但因爲還有多向改革尚未符合歐盟入會標準，因此歐盟要求兩國在入會之前必須定期提出改革報告。若未改善，歐盟將以農業補貼來反制，甚至有可能不予補助。最後歐盟與兩國達成協議，雙方以2003年4月25日盧森堡簽署的入會條約爲基礎，宣布保加利亞與羅馬尼亞將在2007年元旦加入歐盟[56]。歐盟的第六次擴大又納入兩個前東歐集團國家，此時歐盟的疆界範圍已擴及到歐洲最東端的黑海西側了。

---

[55] Karl Cordell, *"Poland and the European Union"*, London: Routledge, 2000, pp.70-71.

[56] 鄒忠科、沈娟娟、蔡裕鎮著，《歐洲聯盟史》，臺北：五南圖書，2011年1月，頁315-316。

（九）第28個會員國——克羅埃西亞

　　克羅埃西亞位於巴爾幹地區，是當年南斯拉夫社會主義共和國中位於西北邊的國家。2013年成爲歐盟第28個會員國。克羅埃西亞是繼希臘1981年加入歐洲共同體後，以單一國家入會的方式加入歐盟。

　　克羅埃西亞在2003年申請加入歐盟後進行順利，隔年即取得歐盟候選國的資格。緊接著在中東歐國家10國入會後於2005年開始與歐盟展開入會協商。克羅埃西亞在2011年簽署了歐盟入會條約，隔年針對入會議題舉行公投，投票結果有近三分之二人民支持加入歐盟。也終於如願以償在2013年7月1日順利加入歐盟。這也是邁入二十一世紀後，歐盟在統合進程中第三次的擴大[57]。而目前等待加入歐盟的國家中還包括了：冰島、阿爾巴尼亞、塞爾維亞、馬其頓、蒙特內哥羅以及土耳其等。當中的候選國（正在協商中或準備開始談判的）爲阿爾巴尼亞、塞爾維亞、馬其頓、蒙特內哥羅、土耳其等國。但冰島要求不將其列入候選國之中[58]。冰島曾於2011年與歐盟展開入會談判，卻在2015年3月放棄加入歐盟並撤回申請。而有可能申請加入歐盟的國家，但未進行談判的還包括巴爾幹半島地區的波士尼亞與科索沃等。歐盟目前的28個會員國總數已維持了五年，下一步會如何擴大？相信也將會成爲全球所關注的議題。

　　現今「歐洲聯盟」（EU）的名稱是1993年《馬斯垂克條約》生效後才正式使用。原來的「歐洲原子能共同體」以及「歐洲經濟共同體」都還存在。但「歐洲煤鋼共同體」則在50年後於2001年宣告結束，功成身退，走入歷史。

---

[57] 〈長跑十年克羅埃西亞加入歐盟〉，自由電子報，2013年7月1日。
[58] 歐盟官方網站："European Neighbourhood policy and Enlargement Negotiations", https://ec.europa.eu/neighbourhood-enlargement/countries/check-current-status_en

【表4-1】　歷年歐洲聯盟擴大時程簡表

國家	時間	組織名稱	擴大進程
荷蘭、比利時、盧森堡、西德、法國、義大利	1. 1951年 2. 1957年	1. 歐洲煤鋼共同體（ECSC） 2. 歐洲原子能共同體（EURATOM）、歐洲經濟共同體（EEC）	六國為歐盟創始會員國
英國、愛爾蘭、丹麥	1973年	歐洲共同體（EC）	第一次擴大
希臘	1981年	歐洲共同體（EC）	第二次擴大
西班牙、葡萄牙	1986年	歐洲共同體（EC）	第三次擴大
奧地利、芬蘭、瑞典	1995年	歐洲聯盟（EU）	第四次擴大
波蘭、捷克、匈牙利、斯洛伐克、愛沙尼亞、立陶宛、拉脫維亞、斯洛維尼亞、馬爾他、南賽普勒斯	2004年	歐洲聯盟（EU）	第五次擴大
保加利亞、羅馬尼亞	2007年	歐洲聯盟（EU）	第六次擴大
克羅埃西亞	2013年	歐洲聯盟（EU）	第七次擴大

資料來源：作者自行整理

〈5月9日，一個屬於歐洲的日子〉

在了解歐洲統合的過程及歐盟的概況後，知道每年的5月9日是一個屬於歐洲人的日子，也是一般所謂的「世界歐洲日」（Europe Day）嗎？會有這樣一個特別的日子起因是為了紀念在1950年5月9日，法國前外交部長羅伯特‧舒曼（Robert Schuman, 1886-1963）發表了一項針對歐洲各國建立一個合作組織以及共同謀求和平的一項聲明，即所謂著名的「舒曼宣言」。之後建立的「歐洲煤鋼共同體」（ECSC）與「歐洲經濟共同體」（EEC）等組織，也開啟了歐洲統合之路，並建立起今日強大的歐洲聯盟。

如今歐洲許多國家由原本二次大戰時對立的情況到現在國與國之間相互合作與建立互信。這樣的成就也讓這具代表性光榮的日子

「世界歐洲日」成為歐洲統合歷程中一個重要標記。而為了紀念這個特別的日子，歐盟自1996年以來也開始有了紀念明信片的發行[59]。從這些印製精美、具有時代性象徵意義的照片圖畫中，記錄著這段期間歐盟發展的每一個歷程。這些明信片呈現一種藝術的傳達外也是代表歐洲統合中實質意義的存在，更是確立歐洲各國邁向和平最貼切的表達。

　　數百年來，雖然在歐洲這塊土地上歷經不少戰亂，但如今歐洲人所展現的是積極為共同的和平與彼此間的友誼而努力。這樣的一個日子值得紀念，也值得我們來省思。

原文摘自：方子毓，〈5月9日，一個屬於歐洲的日子〉，中國時報，2008年5月9日，A15。

　　【圖4-6】這兩張分別為2001年與2002年的明信片，由右邊那張2002年的明信片可以看出「歐元」的符號。象徵著這一年歐洲也進入貨幣整合的新里程。

1. 邁向二十一世紀歐盟的角色與挑戰

　　歐洲聯盟雖然是目前世界上擁有最強政經實力的區域性組織，但邁向二十一世紀的歐盟當然也面臨了各國的內政與外交問題、共同的經濟政策問題、歐洲財務危機上的問題等，以及西亞與中東國家局勢影響下的人口移入問題。面對國際問題，歐盟在2000年後一路走來也風雨不斷。而在邁向二十一世紀的當代歐洲社會，歐盟又將面臨哪些新挑戰？嚴格而論，現今歐洲國家約有近半數左右非歐盟成員國，雖然申請加入歐盟的國家仍絡繹不絕，但歐洲統合之路能如七十年前所揭櫫的理想與目標一樣順利走下去嗎？

---

[59] 歐盟官方網站裡，可以看到（Europe Day Posters, 1996-2014）的陳列。

【圖4-6】　每年5月9日「世界歐洲日所發行之明信片」

資料來源：作者提供

　　2011年底冰島與其他巴爾幹半島上國家克羅埃西亞、蒙特內哥羅、塞
爾維亞與阿爾巴尼亞、馬其頓、波士尼亞、科索沃，以及土耳其，正式向
歐盟提出申請入會案。前段所述克羅埃西亞已於2013年7月加入歐盟，順
利成為第28個會員國。歐盟執委會表示其他國家也已具有所謂「歐洲的面
向」，亦即這些國家只要如期達成歐盟的入會標準，就有可能成為歐盟成
員國。其實，歐盟每一次的擴大所達成的會員國入會也是取決於所有成員
國的意願。入盟條約對於所謂「歐洲」、「歐陸」的範圍給予明白限制，
好比說在地緣上明確界定「非歐洲區域」的國家，無論如何在未來都不可
能是歐盟成員國，像是北非的摩洛哥、中亞的蒙古以及中東的伊朗等。只
有少數地理分界較不明確的才有入會可能，土耳其即是最典型例子[60]。而土
耳其最初申請加入歐盟迄今已超過三十年，但仍未能成為歐盟的會員國。

---

[60] 露特・賴希史坦（Ruth Reichstein）著，東吳大學德國文化學系翻譯，《歐盟的101個問題（Die 101 wichtigsten Fragen: Die Europäische Union）》，臺北：臺灣商務印書館，2013年4月，頁236。

2. 探討歐盟的疆界！

　　世界各國大多有其在領土上明確的疆界與範圍。但歐盟組織好像沒有一個固定疆界，「歐洲」與「歐盟」在疆界範圍的限定上，是否完全重疊？從第一章「緒論」的歐洲地圖上來看，很明確地在歐洲各國皆有其固定的疆界領土，是呈「靜態」的穩定狀態，但歐盟的疆界卻是「動態」發展的。而歐盟疆界的擴展目的為何？是考量經濟因素亦或者是政治與外交安全上的動機？這些都是在歐洲統合議題中一個非常值得探討的問題。

　　基本上，歐盟只要有新的會員國加入，疆界也就自然會跟著擴張。1950年代初期在「歐洲煤鋼共同體」成立之初，西德、法國、義大利、荷蘭、比利時、盧森堡即是共同體的固定疆界。之後歷經了七次擴張演變成今天遼闊的形勢。在中、東歐國家方面，目前維持在2004年5月歐盟東擴時的邊界狀態（東歐國家則是以2007年年初加入的保加利亞與羅馬尼亞為主）。西邊為北大西洋的大不列顛群島與愛爾蘭，由下往南經法國至伊比利半島南端的葡萄牙。南界在地中海的馬爾他島往東至希臘，再向東達到地中海東岸的賽普勒斯。今日的歐盟，其領土範圍已經擴展到四百多萬平方公里[61]。然而，在這整個疆界範圍中，其實尚有許多國家非歐盟成員國，例如：中歐的中立國家瑞士、列支敦斯登等，以及南歐巴爾幹地區國家、北大西洋的冰島與北歐的挪威等國。但當中有些國家目前也正積極申請加入歐盟，預料屆時歐盟的疆界將會再度擴張[62]。

　　而根據歐盟條約規定，所有位於「歐洲大陸」的國家均能入會，但仍需經過條件判斷是否符合。地緣上以陸地判斷疆界較為清楚。南歐、

---

[61] 臺灣面積約三萬六千平方公里，試算：現今歐盟的疆界面積約四百多萬平方公里，是否已是臺灣的百倍以上呢！

[62] 露特‧賴希史坦（Ruth Reichstein）著，東吳大學德國文化學系翻譯，《歐盟的101個問題（Die 101 wichtigsten Fragen: Die Europäische Union）》，臺北：臺灣商務印書館，2013年4月，頁2。

北歐、西歐、東歐等可以讓人一目了然。但歐洲大陸比鄰著大西洋與地中海，北大西洋的冰島正好位於歐陸板塊與美洲大陸板塊的交界上，未來也可能成為歐盟成員國，勢必變成以海洋連結的歐盟疆界最西端。冰島在傳統上與歐洲大陸在文化、宗教人文[63]及地緣上的關係較為密切。而相較於歐洲東部地區，要判斷東邊國家是否符合入盟條件就比較困難。因為那邊沒有一條明確劃分歐洲與亞洲的疆界，多數人認為歐亞界線以俄羅斯的烏拉山為界。這樣的地緣概念也讓俄羅斯、哈薩克與土耳其[64]等國既屬歐洲，亦是亞洲。但如果政治考量需求可行的話，這些地區或許他日也是歐盟成員國。此外，歐盟範圍還包括了會員國的海外屬地，例如：英國、法國、西班牙等[65]。

四、歐盟組織與機構

在歐洲聯盟的行政組織架構上有下列幾個主要機構：（一）歐洲執行委員會（The European Commission）。（二）歐盟理事會（Council of the European Union），又稱「部長理事會」。（三）歐洲議會（European Parliament）。（四）歐洲法院（European Court of Justice）。（五）歐洲中央銀行（European Central Bank）。

---

[63] 就宗教信仰而言，冰島信奉冰島國教會，即冰島福音信義會（Hin Evangeliska Lúterskakirkja），源自於新教務路德教派，亦為典型基督教信仰。

[64] 土耳其自1987年開始即積極申請加入歐盟，但迄今仍尚未成為歐盟之正式會員國。其申請加入會員國時間比波蘭、捷克與匈牙利等中東歐國家時間都還要早。這些國家皆是1990年之後才向歐盟正式提出申請入會。

[65] 露特·賴希史坦（Ruth Reichstein）著，東吳大學德國文化學系翻譯，《歐盟的101個問題（Die 101 wichtigsten Fragen: Die Europäische Union）》，臺北：臺灣商務印書館，2013年4月，頁3。

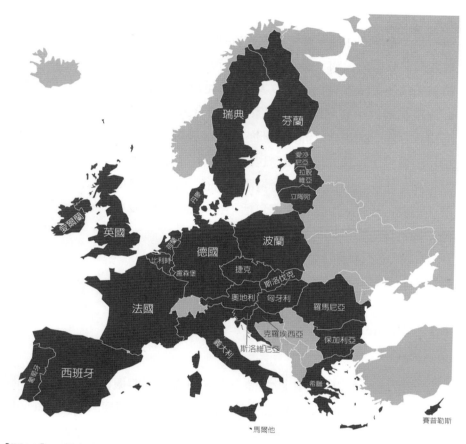

【圖4-7】　現今歐盟28國的疆界範圍圖

（一）歐洲執行委員會

　　「執行委員會」（The Commission），其組織與功能可比臺灣的「行政院」，是歐洲聯盟的行政中樞。由各會員國提名，並經過所有會員國一致通過後任命的執行委員組成。執行委員當然必須是會員國國民始得膺

任，在相同國籍裡不得超過兩位執行委員[66]。「執委會」是歐盟當中具有超國家組織性質的重要機構之一，其職權主要是維護歐盟的整體利益。在政治層面上是一個完全獨立的機構，不受會員國的指示及影響。在歐盟的整合過程中，也常被視為整合的原動力。提出行動與政策，管理歐盟並謹守歐盟條約。從其特性上來看，執委會也是一個趨近於「技術官僚」與「菁英團隊」之組織。執委會與其他重要之歐盟相關組織（包括：歐洲議會與歐洲理事會）相同，皆為自1951年「歐洲煤鋼共同體條約」下所設立之主要機構[67]。

目前仍為歐盟最大權力機構的「執委會」，其前身是依據在1951年六國所簽訂的《巴黎條約》中所設立的「歐洲煤鋼共同體」（ECSC），其組織下四個重要權力機構之一的「高級公署」（The High Authority）。這個組織與當時擔任此一組織首任主席，被後人譽為「歐洲統合之父」的尚‧莫內（Jean Monnet, 1888-1979）關係甚大。由於莫內傾向將「歐洲煤鋼共同體」建構成一具有高度超國家形式的組織，因而在1957年3月各國簽訂了《歐洲經濟共同體條約》和《歐洲原子能共同體條約》。1958年該約規範下的「歐洲經濟共同體」與「歐洲原子能共同體」分別成立，這兩個共同體組織基本上是仿效「歐洲煤鋼共同體」而設立。之後「歐洲煤鋼共同體」裡的「高級公署」被另一個新的行政組織名稱「執委會」所取代。在執委會最初成立時共有九位委員，由各會員國政府共同一致（common accord）任命。到了1960年代末期執委會所扮演的角色也越重要，其功能等同歐盟組織中之「內閣」角色。當時執委會的職權尚包括「立法提案權」、「政策與法規執行之監督權」，以及對外行使「貿易諮

---

[66] 邱晃泉、張炳煌，《歐洲共同體解讀》，臺北：月旦出版，1993年10月，頁20。
[67] 王泰銓，《歐洲聯盟法總論》，臺北：台灣智庫，2008年6月，頁228。

商談判權」等[68]。因而也讓執委會一開始便在歐洲統合的功能上占了相當重要的地位。

　　莫內是二次大戰後，在歐洲的統合與和平的維護上一個功不可沒的人物。他洞悉美國與歐洲國家的心態，在爲歐洲統合的努力過程當中，多次會見各國家元首，表達歐洲人民的心願[69]。或許，在歐洲的統合上，撇開複雜的政治性議題外，安全與和平暨經濟繁榮才是歐洲的人民深切期盼和樂於見到的最終成就。

執委會的組織架構

　　執委會是屬於歐盟內部的政治架構（autonomous political institution），執委會內部的執行委員亦是獨立行事的。亦即一旦宣誓就職，在行使職權時就不受會員國政府或任何外在機構的指示與命令（根據羅馬條約第157條）[70]。執委會本部座落於比利時首都布魯塞爾，並於盧森堡首都盧森堡市設置部分之辦公室。除此之外，也在歐盟會員國中設立代表處（representations），同時並指派代表團（delegations）常駐於世界多數國家之首都。歐盟執委會於2003年3月10日在臺北設立歐洲經貿辦事處（European Economic and Trade Office Taiwan）[71]。

　　執委會在職權的行使上，其委員基於歐盟之整體利益，完全獨立行使職權。執行職務時，執委會之委員不得尋求或接受來自任何政府與其他團體之指示，並應當避免採取任何與其職務不符之行動。而各會員國也應尊重此原則，不得企圖影響執委會委員執行職務。《馬斯垂克條約》賦予

---

[68] 黃偉峰主編，《歐洲聯盟的組織與運作》，臺北：五南圖書，2003年4月，頁203、204。

[69] Douglas Brinkley & CliffordHackett, *"Jean Monnet—The Path to European Unity"*, London: Macmiliam, 1991, p.74.

[70] 郭秋慶，《歐洲聯盟概論》，臺北：五南圖書，1999年9月，頁75。

[71] 王泰銓，《歐洲聯盟法總論》，臺北：台灣智庫，2008年6月，頁229。

執委會在立法程序共同決策過程中有「參與」協調程序委員會之程序,與「採取所有必要之行動(動議)以協調歐洲理事會與歐洲議會立場」之權利。在此程序中,執委會也可以透過建議之方式提出修正草案。2003年2月生效的《尼斯條約》(*Treaty of Nice*)更進一步規範,執委會委員應於執委會主席之政治指導下執行職務,而主席並得決定執委會內部組織運作,以確保在聯合領導基礎上行動立場的一致性[72]。

(二)歐洲議會(European Parliament)

依據先前所訂立的歐洲《共同體條約》第4條第一項之規定,執行委員會(執委會)、部長理事會、歐洲議會、歐洲法院等皆為歐洲共同體之主要機構[73]。而歐洲共同體條約並將歐洲議會規定為第一機構,在歐洲《共同體條約》之第137至144條中有明文規定。從歐洲共同體之發展來看,最初時期歐洲議會被視為一個非主要的機構。隨著歐洲單一法與歐洲聯盟條約的實行,歐洲議會也逐漸成為參與歐洲政策的重要「論壇」(Forum)及「夥伴」(Partner)。[74]

依照《歐盟條約》規定,歐洲議會除了在非強制性預算外只有被質詢權,而無眞正的立法權(歐盟條約第一章第5節)[75]。歐洲議會的設立宗旨在於代表歐洲共同體全體國民(羅馬條約第137條),根據羅馬條約第138條的規定,歐洲議會應該擬定各會員國一致適用的直接選舉法案。部長理事會則應該以「一致決」的方式通過,建議會員國按照其個別的憲法

---

[72] 王泰銓,《歐洲聯盟法總論》,臺北:台灣智庫,2008年6月,頁232-233。
[73] 陳麗娟,《歐洲共同體法導論》,臺北:五南圖書,1996年11月,頁100。
[74] 陳麗娟,《歐洲共同體法導論》,臺北:五南圖書,1996年11月,頁101。
[75] 邱晃泉、張炳煌,《歐洲共同體解讀》,臺北:月旦出版,1993年10月,頁264。

程序採納此一規定，並以國民直接選舉「歐洲議員」。在此之前歐洲議會議員皆為間接選舉產生。第一屆由國民直接選舉產生之歐洲議會議員始於1979年6月，每屆議員任期5年[76]。歐洲議會是歐盟的最高民意機關，其前身為「歐洲煤鋼共同體共同會議」（Common Assemby of European Coal and Steel Community）。而「歐洲議會」之名稱係1961年在機構名稱修改案中被提出，雖在隔年1962年已通過正式名稱，但「大會」名稱仍持續被沿用至1986年。直至1987年《歐洲單一法》（SEA）生效後，「歐洲議會」的名稱才正式取得法理上的確認[77]。

　　歐盟於2004年5月完成第五次擴大加入10個新會員國後，於同年6月10日舉行的歐洲議會大選。總計25個會員國中，約有超過3億的歐洲公民可行使投票權。此次是歐洲議會自1979年第一次大選以來第六次舉辦大選。新加入會員國中也產生新的歐洲議會議員，當然議員席次也跟著大幅度增加，此時議員人數總計高達七百餘人。在現代民主機制中，從政黨政治的觀點而言，既然有「議員」，自然便會有所屬「政黨」。但巧妙的是，歐洲議會的議員也因不同的政治屬性，分屬不同的跨國政黨（Transnational Political Groups）。議員亦會因個人因素及特殊狀況而轉移政黨，造成政黨席位變化，不過發生此一狀況並不多見。基本上歐洲議會各政黨涵蓋左、右等立場皆有。但對於歐盟這個超國家體制而言，歐洲議會角色還是有別於各個國家的國會。與各國政黨對照下，歐盟並無所屬的歐洲政黨。歐洲議員雖以國家為單位選出，但進入歐洲議會後會依據各自的政治立場與意識形態合組成跨國黨團（cross-national party groups）。不過黨團籌組的目的不像一般國家議會的政黨，並非在於反對或支持政府。其主要功能在於提供歐洲議員彼此合作的機制，以便於實踐歐洲議會

---

[76] 邱晃泉、張炳煌，《歐洲共同體解讀》，臺北：月旦出版，1993年10月，頁30。
[77] 王泰銓，《歐洲聯盟法總論》，臺北：台灣智庫，2008年6月，頁195。

【圖4-8】　位於法國史特拉斯堡（Strasbourg）的歐洲議會

資料來源：作者提供

裡的各項議程[78]。歐洲議會在運作上猶如一個超越各國主權的共同議會模式，在歐盟組織功能與發展上也提供了一個穩定的主要基礎。

（三）歐洲聯盟理事會（Council of the European Union），又稱：「歐洲聯盟部長理事會」

1. 理事會之職權與重要性

　　歐洲聯盟理事會主要由成員國中之「部長級」代表共同組成的歐盟主要機構，因此亦可稱「歐洲聯盟部長理事會」。主席由各成員國輪流擔任，任期半年。輪值主席負責協調各會員國政策，設定歐洲聯盟議題的優

---

[78] 王泰銓，《歐洲聯盟法總論》，臺北：台灣智庫，2008年6月，頁196。

先順序，並擔任歐洲聯盟之對外發言人。「歐洲聯盟理事會」為歐洲聯盟之最高權力機構之一，理事會下設祕書處和常駐代表委員會（Committee of Permanent Representatives），協助理事會處理相關業務[79]。而歐盟理事會之部長級代表有權代表該會員國之政府。理事會依據歐洲高峰會所制訂之一般性綱領來擬定，執行必要的共同外交暨安全政策。理事會也與歐洲議會共同負責單一市場和歐盟內部之大部分共同政策，且確保人員、資金、貨物及勞務等四大流通。理事會更負責制訂歐洲共同體法（歐盟法律）、各項法規以及有關歐盟發展與機構改革等重大政策。再者，理事會為歐盟的政府機構，亦是歐盟主要之立法機關，主要也代表著各成員國的國家利益[80]。

2. 組織與功能

在理事會的組織方面，其下共設立了九個不同形式的委員會。這些委員會包括：（1）一般對外事務與外交關係，（2）經濟金融事務，（3）司法與內政事務，（4）競爭力，（5）就業與社會政策，（6）交通電信與能源，（7）教育、青年與文化，（8）農業與漁業，（9）環境等九個委員會[81]。歐盟理事會也定期召開會議，討論各項事務。除了與歐洲議會協調成員國之經濟方針外，其功能尚有同意歐盟之預算案，參與歐洲會議以及加強各國在警政與司法上的合作等幾項重大職權。此外，歐盟理事會亦有權任命歐盟主要機構之負責人並對其進行監督。理事會所屬之祕書處負責處理行政事務，祕書長同時也身兼歐盟外交安全政策的高級代表[82]。

---

[79] 林德昌編著，《歐洲聯盟：組織、功能與議題》，臺北：行政院青年輔導委員會編印，2006年7月，頁37-38。
[80] 王泰銓，《歐洲聯盟法總論》，臺北：台灣智庫，2008年6月，頁212-213。
[81] 王泰銓，《歐洲聯盟法總論》，臺北：台灣智庫，2008年6月，頁214。
[82] 林德昌編著，《歐洲聯盟：組織、功能與議題》，臺北：行政院青年輔導委員會編印，2006年7月，頁38-39。

【表4-2】 歐盟理事會輪值主席表2001-2018

年份	1～6月（上半年）	7～12月（下半年）
2001	瑞典	比利時
2002	西班牙	丹麥
2003	希臘	義大利
2004	愛爾蘭	荷蘭
2005	盧森堡	英國
2006	奧地利	芬蘭
2007	德國	葡萄牙
2008	斯洛維尼亞	法國
2009	捷克	瑞典
2010	西班牙	比利時
2011	匈牙利	波蘭
2012	丹麥	賽普勒斯
2013	愛爾蘭	立陶宛
2014	希臘	義大利
2015	拉脫維亞	盧森堡
2016	荷蘭	斯洛伐克
2017	馬爾他	英國
2018	愛沙尼亞	保加利亞

資料來源：王泰銓，《歐洲聯盟法總論》，臺北：台灣智庫，2008年6月，頁216。

而歐盟理事會的最高權力代表即為「輪值主席」，有趣的是，這所謂的輪值主席是以「國家」為單位，並非「個人」或「團體」。

歐盟理事會輪值主席之職權，依照「歐盟條約」第18條當中之規定；共同外交暨安全政策範圍內之事務，由輪值主席代表歐盟。基本上歐盟理事會之輪值主席被定位為歐盟之代表人。其角色在歐盟內代表理事會、執委會、歐洲議會等機構之聯繫，對外則代表著歐盟共同外交暨安全政策之立場。執委會輪值主席之任期在每年1月與7月的第一週舉行交接。輪值主

席國最首要之任務在於舉辦歐洲高峰會，歐洲高峰會自1990年以平均每年有四次會議，次數相當頻繁。亦即每任的輪值主席國平均要舉辦兩次高峰會。輪值主席國是會員國政府極爲重視，亦是最具有特色的一個機制[83]。

（四）歐洲法院（La Cour de justice de l'Unioneuropéenne，CJUE）（European Court of Justice）（法院名稱官方以法語稱）

歐洲法院於1952年在盧森堡首都盧森堡市（Luxemburg）設立，是歐洲聯盟中的主要司法機構。與執行委員會（行政）、理事會（立法）三個單位鼎足而立。基本上歐洲法院在功能上具有「超國家」權力特性，既非國家所屬之國家法院，也不像是荷蘭海牙的「國際法院」（Cour internationale de justice）有其一般的功能。而在其法庭組成與訴訟程序上也頗爲特殊，與任何法律體系之司法系統更是迥然不同。但歐洲法院最重要的功能在於確保及解釋其歐盟條約並遵守法則（Law）。拋開政治意識型態，擔任會員國與歐盟及歐盟各單位機構彼此間的協商與裁判，以維護個人權益免於受行政機關迫害。歐洲法院自設立以來，也始終扮演著獨立超然的仲裁者角色[84]。而按照共同體基礎條約的規定，法官與檢察官人選必須要有完全獨立的保證。因此，只有具備在成員國擔任最高司法職務之條件的人士，或公認知名的法學專家才能被任命爲法官與檢察官。歐洲法院之法官在任職期間，除了理事會特別准許的特殊狀況外，依規定不得擔任其他政治或行政職務[85]。

---

[83] 王泰銓，《歐洲聯盟法總論》，臺北：台灣智庫，2008年6月，頁214-215。
[84] 邱晃泉、張炳煌，《歐洲共同體解讀》，臺北：月旦出版，1993年10月，頁25。
[85] 章鴻康，《歐洲共同體法概論》，臺北：遠流出版社，1991年5月1日，頁76。

在歐洲法院的角色中，依據先前《共同體條約》第164條之規定，歐洲法院的任務，在於解釋與適用歐體條約時，應當確保各會員國權利的維護。歐盟的司法制度與其他國際組織不同，因為會員國不僅將國家主權中的司法權轉移至歐洲法院。而歐洲法院的判決在法律範圍內得對於個人權利有直接保障，歐盟條約也要求歐洲法院做更嚴格之法規審查。歐洲法院做為一個扮演司法機關的角色，職責在於監督歐盟組織內機關行政的合法性。即歐洲法院不僅監督歐盟法規，也包括了行政方面的權利行使。因此，就其角色與組織功能而言，歐洲法院不僅為單獨司法監督機關，也是政治與行政組織上的監督機關。正因如此，讓歐洲法院所行使之職權比一般單純之爭訟審判更為廣泛[86]。因歐洲法院為歐盟之最高司法機構，也是歐盟訴訟案件的最終判決法院。其法律上的位階自然高於各國法院，歐洲法院主要任務還在於維護條約解釋與適用之「一致性」。誠如歐洲法院是以公平、公正的態度解決法律爭端，並受理歐盟各會員國、歐盟機構、委員會以及個人間的糾紛[87]。

（五）歐洲中央銀行（European Central Bank，ECB）

歐盟於1998年5月核准設立「歐洲中央銀行」（European Central Bank, ECB）。1998年6月1日成立於德國中西部美茵河畔的法蘭克福（Frankfurt am Main）。於同年7月正式運作，並開始著手擬定歐洲經濟暨貨幣聯盟會員國名單，與歐元（Euro）發行時間表。1999年元旦歐元正式上路，歐洲中央銀行與使用歐元的歐盟11國中央銀行組成歐洲中央銀行體系。歐洲中央銀行之組成與主要任務在於負責訂定整體貨幣政策，再由

[86] 陳麗娟，《歐洲共同體法導論》，臺北：五南圖書，1996年11月，頁239-240。
[87] 王泰銓，《歐洲聯盟法總論》，臺北：台灣智庫，2008年6月，頁234-235。

會員國之中央銀行負責執行。其功能及作用在於維持物價與歐元貨幣機制的穩定，具有超然獨立的地位[88]。

其實，在1958年的《羅馬條約》中，因當時的時空環境與現今不同，共同的貨幣政策並非立即主要執行的目標，因此並未有相關規定。在該條約之第103條至第109條有強調各會員國之間必須協調整體經濟政策，尤其要避免嚴重的財政（收支）赤字。基於此項基本原則，1960年代起執委會即開始推動相關機構之設立，以加強各會員國之間在總體經濟政策上的協商與諮詢。因而有所謂的「中央銀行總裁委員會」（Committee of Governors of Central Banks）、「經濟政策委員會」以及「預算政策委員會」等機構的設立[89]。但《羅馬條約》僅就「共同市場」（Common Market）的相關經濟活動加以規定，會員國仍保留匯率及各國貨幣主權。當時歐體之間的貨幣合作亦採行「政府間合作」（Intergovernmental Cooperation），並以協商模式進行。之後的《歐體共同條約》中即明確規定：「本共同體設立一個共同市場、經濟暨貨幣聯盟，並藉由實現第3條與第4條訂定之共同政策與措施，以促進整個共同體內經濟活動之和諧與均衡發展」。在《歐體共同條約》第8條內即明確規範：「歐洲中央銀行體系（ESCB）及歐洲中央銀行（ECB），應依照本條約所規定之程序設立[90]」。在歐洲央行成立的過程來看，歐洲統合初期已有以各國財政穩定為基礎在經濟整合上的考量。

組織與功能

歐盟所屬之重要機構之一的「中央銀行」，如前述歐盟幾個主要行

---

[88] 王泰銓，《歐洲聯盟法總論》，臺北：台灣智庫，2008年6月，頁500-501。
[89] 郭秋慶，《歐洲聯盟概論》，臺北：五南圖書，1999年9月，頁205。
[90] 黃偉峰主編，《歐洲聯盟的組織與運作》，臺北：五南圖書，2003年4月，頁378。

【圖4-9】 位於德國法蘭克福的歐洲中央銀行（European Central Bank, ECB）總部

資料來源：許佛山提供

政機關一樣，當然也是一個超國家的央行組織。因此具有其「獨立性」
（Independence），即歐洲中央銀行在其貨幣職權、貨幣政策及人事財務
方面等享有法律保障，使其不受行政部門之干預，以獨立行使其職權並推
動其政策發展目標。歐洲中央銀行獨立性之發展，在於央行本身在財經各
領域中的功能性與專業性相當高。因其在律法上的獨立地位亦賦予央行官
員超然地位以推動貨幣政策。避免受之於各國政府部門，尤其是財政部門
的干預。使央行得以追求物價與貨幣穩定之執行目標[91]。

　　歐洲央行也是歐元區內最高貨幣決策機構，當時預計加入歐元的第
一波11個國家，各國中央銀行各自擬定貨幣政策。每個機構也分別訂立各
國的利率。在1999年1月歐元正式上路後，歐洲中央銀行承繼了歐元區內
獨一無二的貨幣政策「決策權」。而所有使用歐元國家的中央銀行便成了

[91] 黃偉峰主編，《歐洲聯盟的組織與運作》，臺北：五南圖書，2003年4月，頁381。

一個廣泛的歐洲中央銀行附屬體系成員，並協助歐洲央行執行其貨幣政策。這整個歐元運作體系亦稱作所謂的「歐洲中央銀行體系」（European System of Central Bank, ESCB）[92]。

　　組織方面歐洲中央銀行內部組織包括：（1）管理委員會，此乃央行最高權力單位。（2）執行理事會，央行最高行政單位。（3）全會（The General Council），此單位為一諮詢單位[93]。

五、歐洲統合的成就與挑戰

（一）盡釋前嫌、一笑泯恩仇之氣度

　　邁入二十一世紀，歐盟所要面臨的挑戰也在於持續二十世紀歐洲統合中未完成的志業。這個由二次戰後「歐洲煤鋼共同體」（ECSC）組織開始所進行的歐洲統合之路迄今已逾七十年了。綜觀歐盟的統合之路，基本上仍獲得歐洲主流意識的認同以及全球的肯定。二次戰後歐洲各國在彼此間的互動關係中，猶如魯迅詩句裡的一段：「**渡盡劫波兄弟在，相逢一笑泯恩仇**」的情形。各國為了希望與和平，拋開大戰期間的灰暗意向彼此相忍為謀、化敵為友，攜手走向統合共存之路。這種情形突顯了歐洲文化中的正向、樂觀積極、熱愛和平與寬容的崇高價值。

---

[92] ChristiannN. Chabot著，何喻芳譯，《貨幣新秀歐元》，臺北：聯經出版，1999年3月二版，頁66。
[93] 黃偉峰主編，《歐洲聯盟的組織與運作》，臺北：五南圖書，2003年4月，頁384。

（二）對歐洲文化的認同與價值

　　歐洲統合的過程對於二次戰後整體歐洲的發展來說，已是歷史的一個重要的里程。早先的整合過程中，它在市場經濟系統化的壓力下，將歐洲在共同利益與安全訴求之外，也帶入實質的社會互動。文化上還牽涉到語言及歐洲認同的問題。這些種種因素也對於歐盟之間國家的文化理解扮演著基本的角色。也只有在問題的溝通與相互的共識下才能達成具體化的歐洲意識[94]。歐盟是由許多語言不同的會員國所組成，但他們在統合過程中也形成一股相同的價值認同，並捍衛自我的價值觀。為了堅持歐洲的價值觀，歐盟也推動歐洲公民的合作，用意在於把相異的思維能夠慢慢趨於一致。因此，近年來歐盟與會員國除了從事許多經貿合作之外，更與會員國一同處理公民權利。確保了自由、安全與正義，並創造就業機會，以及促進區域間的發展和重視環保等議題。讓各會員國之間在頻繁的交流與互動學習之下形成彼此間的依賴[95]。統合過程數十年來雖不斷地廣化與深化，從廣化的目標可以看得見成果，但深化的進程會不會受到限制？從歐洲公民間的合作問題來看，在公民社會的建構中，其行政權力必須從公民社會當中獲得更大的正當性。而經濟生活也應當從公民社會中得到規範與發展的資源[96]。

　　歐盟所要發展的新歐洲，基本上為一個在主、客觀的世界裡皆具有相互認同的生命共同體。而共同經濟政策與利益的整合，迫使歐盟國家之間彼此相互認同的重要[97]。又從文化的發展角度來看，文化相互理解與其對應的文化政策，對於歐洲統合的長遠發展有著重要意義。因為所有政治、

---

[94] 林信華，《邁向一個新的歐洲社會》，臺北：五南圖書，1999年12月，頁221。
[95] 王泰銓，《歐洲聯盟法總論》，臺北：台灣智庫，2008年6月，頁35。
[96] 施正峰編，《歐盟的廣化與深化》，臺北：前衛出版，2004年7月，頁214。
[97] 林信華，《邁向一個新的歐洲社會》，臺北：五南圖書，1999年12月，頁230。

經濟、社會的制度性發展，最終還是得獲得歐洲市民的理解與認同，也才能達到發展的生命力[98]。而歐洲認同被接受，或者「歐洲認同」與「國家認同」相容的程度，端仰賴歐盟中各國所構思的是何種，或哪一個層面歐洲認同。因此，歐洲認同亦是一種「進行式」的概念，這也決定於各國要如何對這塊歐洲版圖來進行填空或著色。基於此，各國也可以透過對歐洲的歸屬感來了解，或定義對於自己國家與整體歐洲文化的認同。由於各國有著不同的歷史記憶、文化背景，因此在歐洲認同上，也會因時空脈絡與環境的不同而有著不同的詮釋[99]。

另外，經濟問題雖然是歐盟在統合當中重要的一個項目，但是統合的歷程中亦不能只停留在經濟系統上。而經濟系統畢竟又是歐洲在統合初期至二十一世紀最主要的基本動力，也是各國在處理整合議題中最強有力的著力點。歐盟公民的最基本生活形態仍是經濟生活，也可以說公民社會的秩序最初也是由經濟性的交換與流通所建構。而這個基本形式一旦具體化之後，無形中也將進一步與政治、文化生活聯繫成一個更複雜的程序制度或系統。邁向二十一世紀的歐洲，這些也將透過資訊網路系統的連結，以更為便利迅速的方式彼此溝通與交流[100]。現今全球資訊化已相當普及，歐盟境內的種種狀況以及所發生的各大事件，因著歐盟在國際間的角色重要程度及全球影響力等因素，也都會是國際間重要的議題。

（三）歐盟整合過程中會面臨之問題

雖然歐盟的擴張與歐洲統合之路一切都在預料之中。但在歐盟持續擴

---

[98] 林信華，《邁向一個新的歐洲社會》，臺北：五南圖書，1999年12月，頁234-235。
[99] 施正峰編，《歐盟的廣化與深化》，臺北：前衛出版，2004年7月，頁182。
[100] 施正峰編，《歐盟的廣化與深化》，臺北：前衛出版，2004年7月，頁209。

張的情形下，一個更大的歐盟可能也意味著更為「稀釋」的歐盟。畢竟這
麼多的國家，在文化、語言、歷史與地域性等許多方面都彼此迥然不同的
國家民族，為了要合作無間、邁向共同未來，必須緊密結合在一起。可以
見得歐洲統合是一個非常龐大與艱鉅的任務。但也有人認為（如：普羅迪
等[101]），歐盟的擴張決定性地促成了更清楚明確的歐洲統一，由此也將
使得歐洲在世界舞臺上成為一個受尊重、有影響力的參與者[102]。在歐洲
統合過程中，各會員國間逐步發展內部市場，達成歐洲貨幣整合與歐元的
使用。在內政、司法與外交方面進行合作，逐漸在這個超國家組織的概念
下完成一步步的統合。在面對現今二十一世紀的歐洲統合之路，歐盟已進
入國家主權可以部分轉移、讓渡與分享的概念[103]。

　　從歐盟統合之初於早先的「煤鋼共同體」至「歐洲共同體」的時
代，歐盟大多在面對與處理歐洲政治、外交與安全上的問題為主。隨著
二十世紀的結束，歐盟要面對的即是更多元的挑戰。二十世紀初一開始，
歐洲許多國家即開始出現財務危機。繼冰島之後，又有歐盟區五個國家也
紛紛出現了債務危機。而歐盟所要面對的整體性挑戰，或許才是真正考驗
歐盟整合的實力。

（四）歐盟當前的問題與挑戰

　　上段所提及二十一世紀初以來，歐盟所面對之一個最大經濟問題。
即2008年當歐盟甫完成第六次擴大的隔年，冰島首先出現了全國性的金

---

[101] 羅馬諾・普羅迪（Romano Prodi, 1939- ），為義大利政治家。曾經擔任過歐盟執委會主席。
[102] Daniel Levy, Max Pensky, John Topey主編，鄧伯宸譯，《舊歐洲、新歐洲、核心歐洲》，臺北：國立編譯館與立緒文化，2007年10月，頁68。
[103] 王泰銓，《歐洲聯盟法總論》，臺北：台灣智庫，2008年6月，頁55。

融危機，導致該國的國際銀行體系崩盤。緊接著希臘、西班牙、葡萄牙、義大利與愛爾蘭等五國也相繼出現了不同程度的債務危機。邁入二十一世紀因著全球化金融風暴不斷襲擊之下，世界各地在區域經濟的發展上也逐漸受到影響，這一波波財政金融的動盪也連帶影響了歐盟區的國家。2008年歐洲國家面臨金融風暴時，整體歐元區皆以德國為中心，而德國也在這場金融危機中扮演一個重要性角色。歐洲統合中，德國除了在政治上是火車頭外，經濟上更是扮演著舉足輕重的地位[104]。根據2010年12月3日「南德日報」（Süddeutsche Zeitung）報導中透露，在德國內部文件中顯示德國有意成立一個永久性紓困機構，為「歐洲穩定成長投資基金」（ES & GF）。特別的是此機構也將享有等同「歐洲中央銀行體系」（ESCB）之超然獨立地位與「歐洲穩定機制」之部分功能。其任務也在於貸款援助財政出現困難之會員國，與購買歐元區公債以及監督金援方面的成果等[105]。

　　雖然在二十一世紀初歐洲發生歐盟各國債務危機，為全球經濟體制下所影響的金融問題。但經濟強國對於經濟體制較為脆弱的國家提供必要支援，在相當程度也具有穩定的功用。身為歐元區經濟強國的德國在面對此次歐債危機也無法置之度外，必須共同面對歐盟區盟國的債務問題。為了解決此一問題，當時「國際貨幣基金」（IMF）總裁拉加德（Christine Lagarde, 1956-）與時任義大利總理的蒙蒂（Mario Monti, 1943-），以及法國總統薩科吉（Nicolas Sarkozy, 1955-），於2012年與德國總理梅克爾（Angela Merkel, 1954-）進行會商，討論這一波金融風暴處理問題[106]，

[104] 方子毓，《德國於當代歐洲經濟整合的角色》，臺北：淡江大學歐盟資訊中心通訊，淡江大學覺生念紀念圖書館發行，2013年12月，頁16、17。

[105] 黃得豐，《評估歐債危機之影響與因應方法》，國家政策研究基金會，2011年6月20日。（http://www.npf.org.tw/post2/9325）

[106] 方子毓，《德國於當代歐洲經濟整合的角色》，臺北：淡江大學歐盟資訊中心通訊，淡江大學覺生念紀念圖書館發行，2013年12月，頁20。

此舉也突顯德國於歐盟政經實力上的地位。

　　回顧與展望歐盟未來的走向，雖說統合之路目前看似順利，但箇中是否有許多不乏人知的問題與困難？我們無從得知。不過，戰後歐洲的統合與歐盟的擴大，的確為歐洲人帶來所期待的安全與和平保障。因此從正向面來看，歐盟的確已完成許多歐洲人「共同」期待的理想與願望，接下來的枝節問題就變得不是那麼絕對了。歐盟一路走來，為追求和平的努力獲得普世的認同。國際間肯定歐盟六十年來的努力，於2012年頒發了「諾貝爾和平獎」給歐盟。表示多年來歐盟在推動各國間和平與互助，並致力於民主與維護人權的貢獻。歐盟榮獲諾貝爾和平獎，實至名歸。

（五）巴爾幹地區的前南斯拉夫（Jugoslavija）

　　面對二十一世紀歐洲的版圖與國家，因時代環境的變化太快、太大。從二十世紀二次戰後一直到現今二十一世紀，歐洲除了整體性歐洲統合與歐洲聯盟的議題外，歐洲大陸南端的巴爾幹地區，在戰後也曾經出現過一個存在又分裂的國家「南斯拉夫社會主義聯邦共和國」（Socijalistička Federativna Republika Jugoslavija），簡稱南斯拉夫（Jugoslavija）。歐盟第七次東擴當中所加入的第28個會員國，即是位於此地區的克羅埃西亞。目前巴爾幹地區原南斯拉夫社會主義聯邦共和國共有七個國家，但僅有兩個國家（克羅埃西亞與斯洛維尼亞）是歐盟成員國。未來走向如何，值得觀察。

　　提到「南斯拉夫」的歷史，要追溯在第一次世界大戰末期，塞爾維亞領袖與奧匈帝國、克羅埃西亞及斯洛維尼亞等斯拉夫領土代表於倫敦集會。這些團體同意努力結合所有巴爾幹地區南斯拉夫人（South Slavs），建立一個新的國家。而隨後奧匈帝國在第一次世界大戰後解體，南斯拉

夫人的建國夢想終於實現。在戰後的1918年12月4日，由「塞爾維亞人、克羅埃西亞人及斯洛維尼亞人王國」（南斯拉夫之最初名稱），在今克羅埃西亞首都札格拉布（Zagreb）的聯合大會上宣布成立。除了這三個國家外，還有蒙特內哥羅（Montenegro）、波士尼亞（Bosnia）、赫塞哥維納（Hercegovina）的斯拉夫地區、達爾馬提亞（Dalmatia）大部分地區以及馬其頓（Macedonia）等[107]。草創時期的南斯拉夫即是一個國家民族與族群文化十分多元的地區。如今位於巴爾幹半島的前南斯拉夫，已經是七個主權獨立國家的區塊。面對其他五國在未來是否成為歐盟成員國，相信也是將來歐洲統合中的一個重大議題。目前根據歐盟官方網站的資料顯示：有意成為歐盟的候選國家中包括了蒙特內哥羅、塞爾維亞、馬其頓，以及位於巴爾幹南端的阿爾巴尼亞等國。歐盟未來南向巴爾幹的統合進程也指日可待。

（六）從當代歐洲時事發展來了解歐洲統合

　　以當代歐洲事務為探討，透過相關歐洲之報導、新聞等。由於歐洲統合課程中有諸多專題結合國際關係與國際組織類之研究課題，因此時事分析所占比例較多。在課堂中會提點學生注意一週所發生之國內外大事。而在國際發生的時事議題中，歐洲地區所占的比重甚高，也試著讓學生去了解時事，分析時事進而討論，並從中養成注意國際新聞與歐洲議題的興趣。諸如在2016至2017年歐洲各國之重要大事紀，英國公投脫離歐盟，歐盟之立場。法國史上最年輕總統馬克宏（Emmanuel Jean-Michel Frédéric Macron, 1977-）上任及其與歐盟之關係、西班牙加泰隆尼亞自治

---

[107] 鄧維禎總校閱（中文版），亞瑟・史列辛格（英文版總編輯），露斯・許芙曼著，諶悠文譯，《狄托》，臺北：鹿橋文化，1995年，頁35。

區獨立公投，及歐盟是否表態支持等。在在都牽動著歐盟與各國的互動、立場及態度。所以說：現今歐盟已經成爲對歐洲局勢的掌握，以及對各國政治的影響中的一股穩定力量。

【表4-3】 與歐洲統合及歐盟相關之專有名詞解釋

英文名稱	縮寫	中文名稱
Council of Europe	CE	歐洲理事會
Conference on Security and Co-operation in Europe	CSCE	歐洲安全暨合作會議
European Central Bank	ECB	歐洲中央銀行
European Community	EC	歐洲共同體
European Court of Justice	ECJ	歐洲聯盟法院
European Coal and Steel Community	ECSC	歐洲煤鋼共同體
European Economic Community	EEC	歐洲經濟共同體
Economic and Monetary Union	EMU	經濟暨貨幣聯盟
European Union	EU	歐洲聯盟
European Atomic Energy Community	EURATOM	歐洲原子能共同體
European Parliament	EP	歐洲議會
The European Commission		歐洲執行委員會
North Atlantic Treaty Organization	NATO	北大西洋公約組織

資料來源：參看：遠藤乾編，國立編譯館主譯，《歐洲統合史》，臺北：五南出版，2010年7月初版一刷，略語表。以及作者整理。

註：「歐洲執行委員會」（The European Commission），無習慣縮寫。

第五章　歐洲生活與文化探討

　　在每一學期「歐洲概論」課程裡，一定會有一定比例為歐洲生活與文化的介紹。近年來歐洲在觀光旅遊、餐飲與廚藝等方面漸為國人所喜好。因此課程的設計上也多少介紹了歐洲幾個著名景點與生活點滴，亦是為了讓學生在學習歐洲專業知識之餘，可以在生活中更貼近歐洲文化。再者，也是為了避免多元有趣的通識課程會讓學生有「營養學分」的印象，因而在課程設計上適時規劃了生活與時事篇，讓學生對於生活上的各項事務有所體認，以達到所謂的生活及教學的「生活應用」層面。

　　從學者的觀點來看，通識教育主張知識的統整性，而非片面艱澀的專業知識，因此通識課程教學內涵應注重「通識」性；通識教育的任務雖是幫助學習者接觸與認識不同學科領域。但是仍然需講求知識內容的「實用」性，以作為生活世界與科學世界的聯繫途徑。此外，在教學議題的範疇上亦不應墨守舊規，一成不變。而需強調「創新」的重要，試圖融入各類學科特質，並因應時事而發展，呈現通識教育的新面貌[1]。因此，在課程的不斷創新與內容的強化，也是讓通識課程呈現更為多元發展與相互學習的一個良好平臺。

一、歐洲生活與文化面向

　　關於歐洲生活與文化的內容並非一成不變，隨著時空與環境的改變，在課程上必然會做部分調整。而歐洲生活與文化主要為個人經歷或學習過程裡，綜合眾多意見與心得的經驗分享。例如：作者在歐洲之生活經

---

[1]　古智雄主編，《科學與人文的會通——實踐與省思》，花蓮：國立花蓮師範學院，2004年7月，頁39。

驗以及曾發表於報刊多篇關於歐洲生活與文化的文章，亦可作爲教學之分享和呈現。這些生活經驗廣泛討論歐洲生活的各個層面，舉凡於日常生活中之食、衣、住、行等各方面。並以生活中的經驗來體會歐洲與臺灣兩造之間文化上的差異性。此一單元除了以引導式講解歐洲文化內容之外，並輔以實務經驗讓學生更深入了解歐洲文化。

　　在引用作者刊登於報刊之相關文章，諸如：〈沒有圍牆的大學〉、〈德國自助旅行之青年旅館〉、〈樂在自我〉、〈字母與號碼的城市〉等數篇文章。範圍涵蓋了宿舍生活、自助旅行、街頭藝人文化、語言、歷史故事等各式各樣的生活體驗。從作者在歐洲生活所見與旅行之體驗與學生分享，學生對於生活化的體驗亦較能引發共鳴與回響。以下就歐洲之食、住、行、生活與學習方面來做一介紹：

（一）歐洲自助旅行之「青年旅館」

　　標題「歐洲自助旅行之青年旅館」爲自助旅行之所見所聞。一般而言，歐洲的青年旅館與臺灣傳統認知的青年旅館有些差距。歐洲所謂的「青年旅館」，即是以較爲低廉的價錢讓年輕人在自助旅行時配合經濟與預算的考量有一適合的選擇。而這通常也能夠訓練青年人獨立、互助、勇敢、社交能力與對經濟的妥善處理等。

【圖5-1】　位於德國曼海姆（Mannheim）的青年旅館

資料來源：作者提供

因此，歐洲青年旅館的文化的確是在生活中所存在的現象，青年旅館也給了許多人在外旅遊的方便。

許多人都有自助旅行的經驗，自助旅行這個字眼聽起來既輕鬆又有趣，其行程也是頗富彈性與自由。利用暑假期間到歐洲自助旅行，除了可以體驗當地的生活與文化之外，也不失為一生活體驗與學習語言的好方法，但重要的仍是要以「安全」考量為最大前提。年輕時感受一下不同的異國文化，也是一種難得的經驗與回憶。不論是個人或團體旅遊，都一樣要解決「住」的問題。暑假期間在歐洲自助旅行，一般學生或年輕人會在有限的經濟範圍內，考慮選擇比一般普通旅館較為廉價的青年旅館來住宿。歐洲各地幾乎都有所謂的青年旅館。青年旅館的住宿手續十分簡便，到櫃檯辦理入住手續後，緊接著櫃檯就會給入住者一個塑膠透明袋。袋子裡面裝有「枕頭套、床單套與被套」等三樣東西。到了指定的房間，找到自己的床位號碼之後即可開始整理床位。青年旅館的住宿方式是你只承租一個「床位」而非一間房間。所以除了自己的床以外，其他的設備都是共用的。因此，你被分配到的可能是三人房、四人房、六人房，甚至十二人房的都有。倘若是單獨住宿，可能遇到在你上下左右床位的都是來自世界各地的旅行者。從正面的角度來看，或許這也是培養你的公關能力、認識朋友與訓練自己獨立的好機會。但缺點是，一個人在外住宿畢竟還是提高警覺小心為上，護照與錢包是絕不離身的物品。

這是許多歐洲人在旅行中，藉此培養自己獨立與自我訓練成長的一個好機會。剛開始住的時候有許多人或許也很不習慣，因為相較臺灣並沒有太多類似歐洲「青年旅館」這種旅店形式的住宿場所，這也是國情的差異以及環境文化的影響。不過，曾經在歐洲「青年旅館」住宿過的人，相信也都會留下深刻印象吧。

（二）傳統歐洲大學——沒有圍牆的大學

【圖5-2】　沒有圍牆的大學

資料來源：作者拍攝

【圖5-3】　位於海德堡街上的上課教室

資料來源：作者拍攝

　　【圖5-2】標題以「沒有圍牆的大學」來形容歐洲大學與校園文化。在德國的許多傳統大學，大多數並沒有宏偉壯闊的校門和圍牆。有的校園則是融入整個城鎮，與民眾生活相伴隨。像是：海德堡（Heidelberg）、曼海姆（Mannheim）以及佛萊堡（Freiburg）等大學。即便有些大學座落於市郊或有獨立的校園，像是杜塞道夫（Düsseldorf）的海涅大學和波鴻（Bochum）大學等，也看不到嚴格的門房與警衛。像是敞開雙臂，時時刻刻歡迎著每一位求知的民眾。基本上知識的傳授與教育的目的，本來就該是以社會大眾為主。

　　德國有些百年名校幾乎沒有顯著的校門，而這種融入城鎮當中與民眾為伍的生活形態儼然為一「大學城」的形式。某些上課地點是藏身於街道巷弄之中，在教室、圖書館、餐廳之間來回得穿梭於街道上。校園建築與城市街道比鄰，沒有任何高聳的圍牆隔離，呈現一個自由開放之空間。此外，各大學圖書館與學生餐廳（Mensa）也幾乎對外開放，但學生享有較低廉的用餐價格權利。若來一趟國內的大學巡禮，不難發現國內大學大

多都會有宏偉的校門，校門口標示著斗大的「國立XX大學」或「XX科技大學」等字樣。但為何歐洲的大學在外觀和設計上不像我們如此重視門面呢？或許這個問題也值得思索。

有道是：硬體建設易而軟體建設難，大學教育裡在「質」與「量」之間是否需要取得一定的平衡，或許才能叫符合所謂的大學之道呢？這也象徵著歐洲在大學教育的理念中，其注重實質內涵勝於外在的一個典型現象。

原文摘自：〈沒有圍牆的大學〉，刊載於《康喬學訊》第156期，德法西語專欄，2008年8月，第2版。

（三）說開車

在臺灣開車，經過斑馬線的時候如果遇到行人，駕駛人會停下讓行人先走嗎？或許這個答案在每個過路行人及駕駛人心中都有數。在歐洲行車秩序最好的國家，德國應該是實至名歸。在德國大街小巷不論是何種情況，只要行人一站上斑馬線，駕駛即會停車。對於行人的尊重表現在行為上自不在話下。

斑馬線行人優先的觀念在歐洲國家到處可以看到，但對於未遵守交通規則、未依斑馬線過馬路的就另當別論了。或許你會在馬路旁等很久，只見車輛一臺臺高速疾駛而過，絲毫未見你在等著過馬路。畢竟在這些守法的國度裡，民眾確實「守法」才能享有相等被尊重的權利。值得思考的問題是：在法律層面上，到底該是「情、理、法」優先？還是「法、理、情」為主？或許有些時候在「法、理、情」的思維中，較能避免複雜的事端與麻煩吧。

不論如何，歐洲國家對於行人用路權的優先也相對做到確實。馬路或十字路口的斑馬線上，在交通號誌燈下通常有一個按鈕，行人要通過時只

要按上該按鈕即可減少橫向車輛綠燈秒數，並迅速將馬路上的行人號誌燈轉爲「綠燈」。如此一來，即刻讓要過馬路的行人能夠更節省時間方便過馬路。這些在德語系國家的日常生活中也已成爲一種「禮讓」與「尊重」的習慣，這些現象其實是值得我們拿來當作借鏡的。

（四）說節約

　　2017年8月15日下午，全臺灣發生了無預警的大停電，許多地方皆受到影響，也讓人深深感受到無電之苦。以歐洲國家爲例，其執行節能的措施與習慣就相當澈底，許多公寓與學生宿舍的樓梯燈均採定時開關，一定時間後燈會自動關閉，需要再次開啓開關才能亮燈。而學生宿舍裡的衛浴設備也採用定時水龍頭，通常洗澡一次要壓水開關數十次。雖是麻煩，但可避免水資源過度浪費。長期下來也養成了歐洲人對於「節約」用水用電的好習慣。國內對於節約能源也宣導了數十年，但執行起來似乎沒有歐洲國家來得澈底。

　　發生在40年前奧地利的「斯維騰道夫核電廠」（Zwentendorf Nuclear Power Plant）公投事件，就是一個公投反核電廠的最佳例子。這個位於奧地利東北方瀕臨多瑙河畔的斯維騰道夫（Zwentendorf），是奧國政府在1970年代計劃興建的六座核電廠之一。斯維騰道夫核電廠於1972年4月開始興建，但在1978年11月5日的公投中，奧地利民衆卻以50.47%的些微過半票數否決了該核電廠的運作。當時斯維騰道夫核電廠已經興建完工準備營運，而投票的結果仍然讓奧國政府必須將核電廠關閉停止運作。奧國政府僅用了數年時間就解決民衆對核能發電廠的疑慮。

　　同樣是奧地利的生活經驗，大學時曾聽授課教師提及子女在奧國的生活體驗。一日下午老師正要去學校接小孩放學，看到小學老師手中所持的

鉛筆是枝已經削到末端無法穩定握住。這樣的情況理當丟棄，但這位老師卻是以筆套將其末端套住，使其增加長度繼續書寫。當時老師敘述到此段話時曾言及：「像奧地利如此富裕的國家，人民都還知道要如此節儉，這國家不強也難！」語重心長的一番話，值得思索。

（五）時間觀

　　在今天的歐洲，歐洲人對時間的態度和敘述範圍廣泛，有些是被時間牽制住的社會，這樣的社會形態感覺讓人成了時間的俘虜。美其名而言，這些就是標準守時的社會。守時觀較為積極的國家包括了：瑞典、瑞士、德國、挪威、丹麥、英國等[2]。其中值得一提的是：在德語系國家的大眾交通運輸系統中，尤其是在車次時間上的「準點」，著實會讓人感到咋舌。德國各地的地鐵、公車、電車等捷運系統，甚至火車，其照班次時間發車到站都非常準確，甚至還到了「分秒不差」的情況。例如，站牌上寫著該班次9：39到站，該班車次就會在該時間出現在你面前。在臺灣的我們或許會覺得很訝異，但在此生活的民眾早已是「習以為常」，何足為奇？因為守時本身就是必要的生活習慣。而文明國家本身當然也視「守時」為一基本要素，是民眾生活必要的時間觀。反之情況在此就不加贅述。

　　再者，搭車買票方面，德國的大眾捷運系統中幾乎沒有上車驗票這件事，公車或地鐵到站時即可自行上車，司機不會特別向乘客驗票。到了目的地的站牌就直接下車。當中偶爾會有稽查員不定期上車驗票，但機率不高。即便如此，德國人幾乎沒有坐「霸王車」的情形。就連火車站進入月臺前也沒有閘門驗票，民眾可以自由進出月臺。這種日常生活基本的習慣

2　Peter Collett著，徐健譯，《歐洲人歐洲風》，臺北：方智出版社，1995年2月，頁150。

表示，國家民眾的守法程度已經相當成熟，是可以「君子」相待的地方。
人們與政府之間相互信任，視逃票的投機行爲爲羞恥。這也是做爲一個文
明國家「文明人」最好的學習模範。日治時期臺灣總督府還訂每年的6月
10日爲所謂的「時間的紀念日」（時の記念日），用以強調現代國民「守
時」的重要。

（六）遊行

　　「遊行」是歐洲各地最普遍的傳統文化之一，每逢重要代表性節慶
都會有遊行的場面。遊行通常有著各式各樣的主題。藉由在公開的場合表
演，其所訴諸的意涵也在於在公開場合中的一種社會認同感。是生活中最
常見的世俗文化之一。

【圖5-4】　歐洲各地平日或假日的遊行　【圖5-5】　馬車遊行也十分常見
　　　　　　十分普遍　　　　　　　　　資料來源：作者提供
資料來源：作者提供

　　一條街道中，同一地點往往可以看到許多不同主題形式的遊行表
演。一般而言，歐洲的遊行大多爲男女老幼共同參與，屬於全民性的活
動，氣氛和樂，熱鬧非凡。

（七）文化相融的歐洲國民美食——Dönner

　　歐洲各地到處可見這種在臺灣稱之為「沙威瑪」的食物，在歐洲許多城市都可看到。這些餐館有許多是土耳其移民所開設的，當中賣的許多是帶有中東口味的料理，其中有一樣在德國，甚至在許多歐洲國家中已經是國民美食的，即是這種在臺灣俗稱「沙威瑪」的旋轉烤肉，在德國則稱

【圖5-6】　沙威瑪（Dönner）
資料來源：作者提供

之為「Dönner」。除了夾肉的麵包不同外，其作法也就是類似臺灣許多夜市裡可以看到的「沙威瑪」。

　　在歐洲的人日常生活中頗受喜好的這種「Dönner」，在外皮麵包的選用上比臺灣的麵包還要大些、厚些。麵包裡放著一片片的肉屑片，加上一些生菜、萵苣等配料，再淋上特製的醬汁，或者隨各人喜好灑一些辣椒粉等，就成了一份可口簡便的美食。

　　為何這項料理在歐洲如此受歡迎呢？二次大戰結束後，由於歐洲在復甦建設上需要大量勞工，尤其是德國，而各項產業發展也必須仰賴大量勞工，因此戰後初期即有不少土耳其勞工前來歐洲參與建設。長期以來定居於此，許多土耳其人的第二代就在歐洲成長、接受教育，歐洲也是他們生活的家園。因此，這道傳統具代表性的料理在長期下來就融入歐洲，成了國民美食文化的一部分。如今在歐洲許多地方都可以看到賣「Dönner」的店家，不僅在歐洲，臺灣的沙威瑪不也很受歡迎，是我們國民美食的一部分嗎？飲食文化是跨國界的，只要有其特色及美味，自然受到歡迎。相

信不管是「沙威瑪」或「Dönner」，都能讓老饕食指大動而回味無窮。

二、歐洲著名景點介紹

　　歐洲著名景點相當多，許多地方也各自有其代表性。不過，以下僅列出八個做介紹，這八個景點有些是大家耳熟的著名景點，像是：巴黎、羅馬、布魯塞爾、布拉格等，畢竟這些都是歐洲國家的「首都」。但也有些是大家比較不熟悉的，像是荷蘭的馬斯垂克，若非有涉略歐盟領域，否則應該鮮少人會知道這個城市。

（一）義大利羅馬（Roma）

　　羅馬（Roma），義大利首都，位於中西部台伯河下游。也是歐洲拉丁文明的發源地。除了大家熟悉的古蹟最具特色外，這個城市也具有豐富的人文與藝術氣息。歐洲最古老的城市以及歐洲文明發源地之一，最初為羅馬帝國的指揮中樞，繼之又為天主教教會核心所在，為全世界天主教信仰之中心。在歐洲文明的發展中象徵性意義重大。因此，羅馬不僅在歐洲，也對於世界的影響十分深遠。許多歐洲語系皆源自於拉丁文（法語、西班牙語、葡萄牙語、加泰隆尼亞語、義大利語等）。許多法政體系也以古羅馬法典為基礎，而世界各地的建築深受其影響，更發展出精進的技術與風格。重要的是，羅馬當地至今仍保留許多兩千年前完整的建築遺跡，令人讚嘆。而中世紀以來羅馬歷經了文藝復興時期與巴洛克藝術風格的點

綴之下[3]，更加閃耀其光輝。本書第三章「歐洲藝術與文化」中介紹過古羅馬時期的建築，在此就不多加撰述。而以觀光文化與各知名景點當作主要介紹。

1. 《羅馬假期》（*Roman Holiday*）影片之羅馬市景介紹

　　《羅馬假期》為1953年好萊塢製作之黑白影片，由好萊塢男影星葛雷哥萊・畢克（Gregory Peck, 1916-2003），以及被喻為二十世紀全球百大美女之一的奧黛麗・赫本（Andrey Kathleen Hepburn-Ruston, 1929-1993）所主演。片中以輕鬆、詼諧的角度來看公主與記者相遇的浪漫故事。進而搭配故事所發生的地點——義大利首都羅馬，讓觀眾可以一覽羅馬市區的著名古蹟景點。包括：1950年代羅馬市區街景、特雷維噴泉（許願噴池）、競技場、真實之口、西班牙廣場等，藉由影片的呈現也增添幾許浪漫悠閒的味道。該片年代雖然有些久遠，不過也讓人深刻了解戰後歐洲的景象以及義大利人的熱情，義大利發達的工業與偉士牌（Vespa）機車的魅力等。

　　《羅馬假期》一直為「歐洲概論」課堂中介紹羅馬市所播放的首選影片，其主要原因有幾點：第一，其內容與場景符合歐洲概論之課程內容。在課程單元上呈現了義大利首都羅馬的特色。藉由羅馬市各著名古蹟的呈現，也足以讓學生對於義大利「羅馬」有初步的認識。第二，電影當中敘述了一段愛情故事，而故事的地點即發生在浪漫之都羅馬，可謂具有高度的戲劇性，同時片中男女主角的角色扮演也頗為稱職。第三，影片具有豐富的教育意義，該片的主旨是關於一位美國派駐羅馬記者，為了掠取公主相關消息而接近公主，但經由相處之後，激發了潛藏在心裡的人性本善、

---

[3] 黃秀慧主編，陳澄和、蘇瑞屏、王季文、朱紀蓉翻譯，《羅馬》，臺北：遠流出版社，2001年二版一刷，頁15。

情感、理性與道德。因而最終放棄了以利益爲目的的報導，回歸到人性之
基本光明面。讓公主的祕密與羅馬的奇遇，永遠藏於「羅馬假期」中最
美麗的一頁。因爲該部影片相當程度也突顯出人性所存在的道德感與正義
感，藉由影片的播出，可以讓學生視此一良性文化爲值得學習的一課。

以下就《羅馬假期》電影當中所出現的場景來做一簡單介紹：

2. 西班牙廣場（Piazza di Spagna）

西班牙廣場和大街（Via
del Corso）間的窄街是羅馬最
富生氣的地方之一，許多高雅
的商店林立，吸引著眾多的觀
光客。在十八世紀時該區就
已經旅館林立，許多旅遊歐
洲的英國貴族常在此住宿。而
藝術家、作曲家與作家等藝文
人士也常在此出入，畢竟他們
對於歷史與文化是相當認真與
感興趣的[4]。西班牙廣場上的

【圖5-7】　西班牙之階──男女主角再度邂逅
　　　　　之場景

資料來源：梁恩綺提供

石階，原爲法國在1728年所捐建的，原名爲「崔米塔狄莫堤之階」，共
有137階，因位於羅馬市著名的西班牙廣場旁故而俗稱「西班牙之階」
（Scalinata della Trinità dei Monti）[5]。《羅馬假期》中男女主角在此「再
度」不期而遇的橋段，也爲觀眾留下深刻印象。

---

[4] 黃秀慧主編，陳澄和、蘇瑞屏、王季文、朱紀蓉翻譯，《羅馬》，臺北：遠流出版社，2001年二版一
刷，頁130。
[5] 劉文雯、朱月華，《歐洲藝術之旅──追尋藝術家的足跡遊歐洲》，臺北：聯經出版，1997年2月，頁
339。

3. 特雷維噴泉（Fontana di Trevi）（俗稱：許願噴池）

特雷維噴泉（Fontana di Trevi），又叫「許願噴池」。建於1629年，巴洛克時期建築噴泉形式逐漸蔚為風尚，現今為羅馬著名觀光景點，許多遊客在此投幣許願，石柱為柯林斯式建築形式。很特別的是，在《羅馬假期》片中並未出現在許願池當中投幣許願的場景。而一般大眾較為熟知的說法：若投幣一枚，今生有可能

【圖5-8】　特雷維噴泉

資料來源：梁恩綺提供

再回羅馬。這是通俗的講法，臺灣在1980年代初期出版的《中華民國兒童百科全書》當中即有紀載。而根據另外一部與《羅馬假期》約同一時期的電影《羅馬之戀》（*Three Coins in the Fountain*, 1954）中即有提及投擲「三枚硬幣」的說法。據傳投擲「兩枚」硬幣會遇到新的愛情故事，而投擲「三枚」硬幣，將會有美滿的婚姻或是離婚的結果，呈現兩極的有趣現象。不過，該部電影《羅馬之戀》是以愛情故事為導向，英語片名顧名思義也與許願噴池有關，因此噴泉的傳說也僅供參考，畢竟能在浪漫的國度旅遊，浪漫的氣氛與愛情故事的點綴更能為旅途留下美好回憶。

4. 電影中船王辦舞會的場景

【圖5-9】　船王辦舞會的場景，該橋橫跨流經羅馬的台伯河

資料來源：梁恩綺提供

在浪漫溫和的劇情裡，也出現了一些打鬥的場面，就在這橋下所舉行的舞會中。此一場景也是整部片快要結束前的最高潮，片中所呈現略帶幽默與詼諧的衝突場面，讓觀眾看了難免會心一笑。此一場景出現時，在片中是夜晚時刻，公主失蹤一天後，終究該回到屬於自己的現實生活，而這個舞會也是公主在一天的平民生活裡最終的體驗。雖然故事的結局有些落寞，但就好比人生有許多的境遇，只能隨緣並珍惜彼此相處的每一刻。

5. 我國在歐洲唯一邦交國──梵蒂岡

位於羅馬市中心台伯河左岸的梵蒂岡（教廷）是全世界最小的國家，面積雖只有0.4平方公里，卻是全世界天主教的中心，也是我國〔中

華民國（臺灣）〕在歐洲唯一的邦交國[6]。梵蒂岡除了有舉世聞名的聖彼得大教堂外，也有著一座珍藏大量歷史文物的「梵蒂岡博物館」，裡面收藏著關於古埃及、上古希臘、羅馬帝國時期、歐洲中世紀、文藝復興時期以及現代宗教等數十萬件藝術品，其展示路線總計長達七公里，典藏之宗教文物堪稱世界之最[7]。

【圖5-10】　　中華民國（臺灣）駐梵蒂岡大使館——上方國旗所在處

資料來源：梁恩綺提供

---

[6] 除了梵蒂岡外，我國在1999年時曾與巴爾幹半島國家馬其頓（Macedonia）建立起外交關係，但維持僅兩年，2001年其遂與臺灣終止外交關係。其爲中華民國政府遷臺後曾於該國設立「大使館」層級的國家。另一爲波羅的海三國中的拉脫維亞（Latvia），於1992年至1994年曾於該國首都里加（Rīga）設立「總領事館」。

[7] 張芳玲總編輯，《羅馬·佛羅倫斯·威尼斯·米蘭》，臺北：大雅出版有限公司，2010年4月10日，頁92。

（二）德國城堡及大學城介紹

德國的古蹟景點相當多，其實德國就像是一個美麗的童話王國與童話世界一般，到處都有著華麗與具代表性的城堡。因此，我們遠離塵囂的城市，特別介紹兩個比較特別的景點：1.新天鵝石堡。2.海德堡。3.字母與符號的城市。

1. 新天鵝石堡（Neuschwanstein）

在德文裡的「Neu」即是英文的「New」，新的意思。而「Schwan」和英文的「Swan」意思相同。「Stein」就是英文裡的石頭「Stone」。因而直接翻譯成「新天鵝石堡」（Neuschwanstein）。「新天鵝石堡」位於德國巴伐利亞西南方，鄰近霍亨斯瓦格城（Hohenschwangau）與福森（Füssen）。新天鵝石堡最美麗的特色在險峻的山丘突起的頂端，宛如童話世界裡山林中的古堡與森林相呼應的美景。這座城堡所呈現的是極致的浪漫與壯觀，更是代表著典型歐洲古堡的美麗。

這座城堡的建造者為十九世紀末巴伐利亞國王路德維希二世（Ludwig Otto Friedrich Wilhelm, 1845-1886）。歐洲十九世紀初期開啟的浪漫主義，對於中世紀的建築特色有著一份復古與憧憬的思維。在浪漫主義的影響下，十九世紀中期德國境內許多地區都在修復已經毀壞和傾圮的中世紀城堡，亦或者在這些知名的中世紀城堡遺址中再加蓋新式的城堡。而當時也流行仿中世紀城堡與模擬古堡的建築形式，「新天鵝石堡」即是當時所完成的德國境內最美麗城堡之一[8]。

---

[8] 紅山雪夫著，陳昭伶譯，《德國城堡・街道之旅》，臺北：精英出版社，1998年5月，初版三刷，頁73。

【圖5-11】　德國的新天鵝石堡

資料來源：作者提供

2. 歐洲封建時期的城堡

　　大學時第一次至歐洲旅遊，在印象中參觀的行程裡，著名的景點往往都是某某「城堡」或「教堂」等。進而讓人了解此即爲歐洲中古封建社會所遺留之文化資產，以及根深柢固的宗教文化之呈現。因此，在歷史上，宗教與社會制度面所呈現的文化與藝術頗具代表性。【圖5-11】這個角度拍攝的「新天鵝石堡」是最普遍的，因爲其側邊剛好是可以上山去賞景的山丘，因而這樣的取景所拍攝的是最方便的地點。正面的平臺空間甚小，無法拍攝到美麗壯觀的城堡全景，可能需要借助空拍機方可完成。定點拍攝多半只能從側面拍攝全景。在照片中仍然可以看到其富麗堂皇，隱身於山林的傳統古堡氣息。美中不足的是無法看到城堡的正門，但仍可以感受到「新天鵝石堡」充滿著十足童話王國意境般的魅力。

3. 海德堡（Heidelberg）

　　「海德堡」（Heiderberg），正確翻譯名稱應爲「海德山」，但由於
「山」（Berg）譯音與「堡」（Burg）相近，便譯音成大家熟悉的「海德
堡」。海德堡是德國西南部巴登－符騰堡（Baden-Württemberg）地區著
名的大學城鎮，亦是歐洲古老傳統的典型「大學」之代表。幾世紀以來，
以其著名的自由學風與傑出的學術成果爲眾人所知。當中以哲學、法學等
聞名於世。

　　其實，「大學」這種教育機構是在歐洲中世紀才開始出現的。實際上
中世紀的大學基本亦是教師或學生的聯合體。而後來大學一詞逐漸用來指
一種擁有文科的學校，或更多從事專業學門（包括：法律、醫學、神學）
等專門學科院系的教育機構。約在1200年以後，波隆那大學與巴黎大學被
視爲大學最先的形式。十三世紀以後，著名的劍橋（Cambridge）、牛津
（Oxford）、那不勒斯（Naples）等著名的教學機構紛紛建立起來，並獲

【圖5-12】　由城堡高處可遠眺海德堡全景，以及遠方的老橋

資料來源：作者提供

得正式認可。中世紀的日耳曼地區則要等到十四世紀才開始有大學這一學術機構的建立[9]。

　　海德堡是德國著名，或許應該說是歐洲著名的大學城。關於「大學城」，在本章〈沒有圍牆的大學〉裡有介紹。海德堡大學建於西元1386年，校區遍及整個城鎮。沒有固定的圍牆與壯闊的校門，也就是說，在街道上逛了老半天，根本也看不到校門口在哪。在這裡，遊客與學生一同在熙攘的街道（校園）中漫步，共享著那股充滿學術氣質、自由自在與恬靜悠閒的「海德堡大學」。海德堡大學也是經典電影《學生王子》（*The Student Prince*）拍攝的地點。故事敘述1920年代一位來自卡爾斯堡王國的王子卡爾‧法蘭茲（Karl Franz）於海德堡求學、戀愛的故事。當中看到了著名的學生監獄、酒吧、老橋與城堡等。片中也描繪當時貴族子弟與一般平民子弟在學校中的互動關係，十分有趣。老橋（Alte Brücke），一般臺灣學生在海德堡多會稱其為「老橋」，但其正式名稱為卡爾‧特雷多橋（Karl Theodor）。橋對面的「哲學家步道」（Philosophenweg）更是值得一遊的景點，雖走起來有些小累，但沿著小小的山坡前進，足以感受山林的清新與山上的美景。最後介紹一首在片中歡樂傳頌的主題歌〈喝、喝、喝〉（Drink Drink Drink）！隨著輕快的歌聲感受那股學生生活的歡愉，以及德國道地典型的「啤酒文化」。

---

[9]　Phillip Lee Ralph, Robert E. Lerner, Standish Meacham, Edward McNall Burns等著，文從蘇譯，《世界文明史──中世紀的世界》，臺北：五南圖書，2003年3月初版一刷，頁187-188。

【圖5-13】 海德堡市區街景——雖假日人潮多,但仍可感受到一股獨到的學術氣息

資料來源:作者提供

曼海姆(Mannheim),緊鄰海德堡的一個字母
與號碼的美麗城市

到過德國西南部城市曼海姆(Mannheim)的人大概都會發現,這個城市有一個很有趣的特色,就是市中心的街道編號大多用字母與符號來表示,例如:L14~16、N6~10、07~20號等。在德國許多的城市當中,許多的街道、廣場、地鐵站等,都用名人的名字來命名,像俾斯麥、艾德諾、海涅等;這樣的符號現象出現在曼海姆這個城市,的確是別具意思和特色。據聞,在二次大戰期間,因為盟軍的轟炸,此地損毀嚴重;因此在戰後重建時,便將城市街道重新劃分命名,而有了如此有趣的現象。這不免讓人再次回想起戰爭的殘酷,並讓世人有所警惕。曼海姆距離海德堡僅十多分鐘火車車程,但海德堡因其大學與古城名氣太大,而當年盟軍將領當中,不乏多位出身於此,也因此讓海德堡得以倖免於轟炸。海德堡古城得以完整保存,長久以來散發出的古意詩情、

文風氣質至今尚存，但鄰近的曼海姆在戰時卻無法倖免於難。
兩個城市，不同境遇，若今日有幸到海德堡觀光，也可順道來此一
純樸又美麗的城鎮。歷經戰火的洗禮，這城市依然依偎在美麗的萊
茵河畔，已尋不著任何戰爭所帶來的瘡痛。清晨時分，熙攘人潮與
電車聲即已交會於耳，如今的曼海姆，象徵著精神與希望。和世上
每一個充滿希望的城市一般，每日朝氣蓬勃的迎接嶄新的未來。而
追求和平的信念和價值永遠是世人共同的目標與期待。

原文刊載於：方子毓，〈字姆與符號的城市〉，中華日報副刊，2007年4月30日，C5。

| 【圖5-14】　曼海姆（Mannheim）市區街景之一角（一） | 【圖5-15】　曼海姆（Mannheim）市區街景之一角（二） |

資料來源：作者提供　　　　　　　　資料來源：作者提供

（三）法國巴黎

　　提到巴黎，相信國人提到歐洲的意象，對於巴黎是不陌生的。畢竟
其在歐洲的藝術、文化、建築甚至歷史文明的發展上都具有舉足輕重的地
位。法國人對於自身的文化深感驕傲，因此也格外重視。綜觀巴黎市區，
盡是藝術與文化的殿堂。

　　巴黎有著數不盡的古典名勝與古蹟，也有觀念前衛的現代建築。這些著名的建築已成為巴黎市的地標，也是法國重要的文化資產，每年吸引著眾多的觀光客前來。這些景點包括大家熟悉的：代表中世紀的歷史聖殿巴黎聖母院（Norte-Dome）、聞名中西的藝術殿堂羅浮宮（La Museum Louvre）、雄偉壯闊的凱旋門（Arc de Triomphe）和香榭麗舍大道（Avenue des ChampsÉlysées），以及凡爾賽宮等。還有1889年紀念法國大革命一百週年所舉辦的世界博覽會中，因應此而建造的艾菲爾鐵塔（La Tour Eiffel）等。以及代表著二十世紀著名當代前衛藝術的龐畢度藝術文化中心（Centre National d'Artoet de Culture G. Pompidou）。

1. 凡爾賽宮及其花園

　　凡爾賽宮是巴黎最著名景點之一，其歷史可以追溯至十七世紀初法王路易十三的時代。當時路易十三喜歡在附近的森林及田野中打獵，最後於1623年4月8日買下了整個凡爾賽領地，並在此打造了一個小型狩獵行宮。後來年幼即位的路易十四於1660年開始擴建其父親的宮殿。在建築師路易・勒沃（Louis Le Vau, 1612-1670）的指揮下，將現存的行宮前再修建兩排平行建築，宮殿內部也重新整建，花園也興建起來。但這樣的成果並沒有讓路易十四滿意，在1668年進行了第二次的擴建，這次的擴建興建了「國家宮」。1670年路易・勒沃去世後，平臺設計交給佛朗克西斯・奧貝。而在這個平臺上可以俯瞰整個花園，這樣的設計也受到了巴洛克式建築的啟發[10]。

　　路易十四時期，法國建築藝術主要集中在宮廷的發展，他把歐洲最優秀的藝術家請來為其服務。凡爾賽宮在建築師們用心擘劃之下，花了三十

[10] Marco Cattaneo, JasminaTrifoni著，鄭群、王琳、黃昆、劉浩等譯，陳秀琴主編，《100藝術的殿堂（The Treasures of Art）》，臺北：閣林國際圖書，2004年10月，頁122。

年時間完成。因此在十七世紀末期時，這座宏偉宮殿儼然已經成為代表法
國皇家藝術之極致表現。到了十八世紀，歐洲各國紛紛仿效凡爾賽宮的模
式興建其皇室宮殿，如此一來也將法國巴洛克之藝術傳播至歐洲各國[11]。
凡爾賽宮興建期間，路易十四還親自監工，估計當時每年約有三萬五千名
工人於此工作，工程浩大。現今為巴黎旅遊中熱門景點與必遊景點之一，
從暑假期間大熱天下排隊的人潮就可見其魅力。

【圖5-16】　凡爾賽宮鳥瞰圖

　　凡爾賽宮位於巴黎近郊，占地達800多公頃，因其面積太大，若僅
選擇重點參觀，加上排隊人潮或許也得耗上一整天。內部主要分為：宮
殿（La Châueau）、大翠安儂宮（Trianon）、小翠安儂宮、花園和樹叢
（La Parc）以及馬廄（En Ville）等部分。在凡爾賽宮殿裡面最著名的即

[11] 張心龍，《西洋美術史之旅》，臺北：雄獅圖書，2006年8月二版八刷，頁126。

【圖5-17】　凡爾賽宮入口處之排隊人潮

資料來源：蔡裕鎮提供

是「鏡廳」（Galerie des Glaces），這間長廊的廳室曾經作爲國王接見貴
賓和舉辦化裝舞會的地點。在2007年5月整修完工後已開放參觀，是個值
得一看的推薦景點。而除了宏偉的宮殿外，以神話爲題材的各種噴泉和雕
塑，搭配井然有秩的花園與森林[12]。這個在法國王室歷史上具有指標性意
義的宮殿，還眞足以令人讚嘆它的美。

　　我們知道，凡爾賽宮也是路易十四在位時封建貴族至高王權的代
表。根據英國史家彼得‧柏克（Peter Burke）所著《製作路易十四》裡
提及：時至今日，提到「凡爾賽宮」，所令人想到的不僅是一棟建築物
的名詞，也包括了一個宮廷生活的社交世界，亦是代表著國王每日儀
式般的生活起居。從晨起（Lever）至晚間就寢（Coucher），以及用餐
（Couvert）等都有其儀式化[13]。而關於宮廷中的這種規律生活，路易
十四在1682年遷至凡爾賽宮後，即決定開放他的住所，讓當時的上流社

[12] 王瑤琴，《開始看懂羅浮宮＋凡爾賽宮》，臺北：太雅生活館出版社，2009年9月10日，頁79。
[13] 彼得‧柏克（Peter Burke）著，許綏南翻譯，《製作路易十四》，臺北：麥田出版，2005年6月1日，二
版一刷，頁109。

會人士一週有三次機會可以前
來宮中娛樂。這也是為了顯示
國王親近大臣與民眾的一個表
現[14]。

2. 巴黎自由女神像

　　應該沒有人不知道美國
曼哈頓紐約港的自由女神拿著
火把照亮世界的樣子，但各位
知道嗎？在巴黎的塞納河也有
一尊「小型」的自由女神呢。
這座小尊的自由女神就座落在
巴黎塞納河上的「天鵝島」
（lle aux Cygnes）。這座自
由女神僅有22公尺高，面向西
邊，和美國紐約的自由女身遙
相對應著。塞納河上的天鵝島
是個人工島，這座島嶼建造於
1827年，當時是為了用來保護
格勒那勒港以及加強河上三座
橋梁的結構而建。眾所皆知，

【圖5-18】　　鏡廳

資料來源：蔡裕鎮提供

美國自由女神是法國在十九世紀的1870年代決定送給美國，為了慶祝其
獨立一百週年紀念。當時法國著名的藝術家巴特勒迪（Frédéric August

---

[14] 彼得‧柏克（Peter Burke）著，許綏南翻譯，《製作路易十四》，臺北：麥田出版，2005年6月1日，二
版一刷，頁114。

Barthold, 1834-1904）被委託製作了這尊雕像。從1875年至1884年間共有
六百多人從事這項工程，完成後便以兩百多個箱子裝載運送至紐約。美國
總統克里夫蘭（Grover Cleveland, 1837-1908）於1886年10月28日與巴特
勒迪一同參與美國自由女神的揭幕儀式。之後有許多複製品被送到法國，
在奧賽美術館與盧森堡公園等地都有其身影[15]。由【圖5-19】中所見，其
實這尊自由女神距離艾菲爾鐵塔並不遠，其背景當中的橋即是橫跨巴黎第
15區與第16區的格勒納勒橋（Pont de Grenelle）[16]。

　　法國總統卡諾（Sadi Carnot）在1889年7月14日國慶日，為這尊位於
天鵝島的自由女神雕像揭幕，原本其向東方，但在1937年巴黎舉行的世界
博覽會當中做了一次新的擺飾，即是目前所立的方向[17]。

【圖5-19】　　巴黎塞納河畔也有一個「小一號」的自由女神喔！

資料來源：蔡裕鎮提供

---

[15] 〈法國旅遊網站〉Travel France，https://travelfranceonline.com/statue-of-liberty-ile-aux-cygnes-paris/。
[16] 王瑤琴，《開始看懂羅浮宮＋凡爾賽宮》，臺北：太雅生活館出版社，2009年9月10日，頁108。
[17] 〈法國旅遊網站〉Travel France，https://travelfranceonline.com/statue-of-liberty-ile-aux-cygnes-paris/。

3. 香榭麗舍大道（Avenue des Champs Élysées）

　　巴黎市區著名的景點香榭麗舍大道（Avenue des Champs Élysées），由凱旋門（Arc de Triomphe de l'Étoile）前方的戴高樂廣場（Place de Charles de Gaulle），一直延伸到協和廣場（Place de La Concorde），最後會看到華裔名建築師貝聿銘所設計的金字塔，由此便可知羅浮宮（Musée du Louvre）到了。由金字塔中走進羅浮宮，下去分為四個方向，遊客可以自由選擇要由哪一館開始參觀。

　　香榭麗舍大道的起點為凱旋門，在建築上歸類為新古典主義之作品。1805年12月，拿破崙擊潰了俄、奧聯軍之後聲望如日中天。為了慶祝此次的勝利，於1806年2月宣布在今日的戴高樂廣場前興建。無奈拿破崙一生未見此棟偉大的建築落成。凱旋門直至1836年始完工。巴黎市區的主要十二條大街道都以凱旋門為中心向四周呈放射狀。

【圖5-20】　凱旋門頂端平臺所俯瞰之香榭麗舍大道

資料來源：蔡裕鎮提供

【圖5-21】 以多廣角鏡頭所拍攝之凱旋門下放射線狀道路

資料來源：蔡裕鎮提供

　　由多廣角鏡頭下更可以清楚呈現凱旋門為巴黎市十二條道路之起點。臺灣有些城市的規劃上（例如：臺南市），可以看到在當初設計時，許多地段的道路設計是否也是以「放射狀」的方式來呈現的呢？由現今臺南市區裡許多日治時期留下的圓環，便可見一般吧。

【圖5-22】 羅浮宮前華裔設計師貝聿銘設計之金字塔

資料來源：蔡裕鎮提供

【圖5-23】　羅浮宮前金字塔之美麗夜景

資料來源：蔡裕鎮提供

（四）西班牙巴塞隆納

1. 巴塞隆納的文化成就

　　在西班牙的諸多城市當中，本段介紹位於東北部的加泰隆尼亞自治區。加泰隆尼亞以庇里牛斯山（Pirineus）和法國緊鄰，東部至南部瀕臨地中海。該區著名城市巴塞隆納（Barcelona）位於加泰隆尼亞東南方，亦瀕臨地中海，目前為該自治區首府。曾於1992年舉辦過第25屆奧林匹克運動會。加泰隆尼亞自治區在2017年的10月1日舉行了獨立公投，境內有許多想脫離西班牙獨立的聲音。

　　不僅如此，巴塞隆納這個瀕臨地中海的城市亦充滿著陽光與熱情。除了舉辦過奧運會外，也曾在十九世紀末的1888年舉辦過萬國博覽會，以及1929年的世界博覽會等。巴塞隆納以其獨特的城市風格積極向世界招手。現代主義風格下的煦麗建築，高第聖家堂的宏偉聞名於世。巴塞隆

納爲西班牙第二大城，有著屬於自己的語言及文化。有別於所謂的「西班牙語」（Español），即：Castellano[18]，巴塞隆納有著屬於自己的加泰隆尼亞語（Català）。從許多的文化、語言顯示他們和「西班牙人」是不同的。而這裡也是對於外來文化包容度及接受度極高的地方，因此擁有文明的國際視野。加上本身輝煌的歷史及中世紀流傳下來的豐富藝術與文化，讓這個城市在兼容並蓄下發展出屬於自己的特色。因著這樣獨特的氣質，也讓十七世紀著名的西班牙小說家塞凡提斯（Miguel de Cervantes Saavedra, 1547-1616）稱其爲世界上最美麗的城市[19]。

2. 高度藝術文化的城市

提到巴塞隆納（Barcelona），不免讓人聯想到這是一個充滿藝術氣息的城市。著名的立體派畫家畢卡索在其14歲時即舉家遷到巴塞隆納。而二十世紀流行的超現實主義著名代表畫家之一的胡安・米羅（Joan Miró Ferrà, 1893-1983）就是道地的巴塞隆納人。在這樣機緣與背景之下，來到巴塞隆納就不免讓人想去參觀象徵這兩位藝術大師而成立的「畢卡索美術館」及「米羅美術館」了。

巴塞隆納是西班牙境內第二大城，近代美術史的大師們都或多或少居住或生長於此。畢卡索、米羅、達利等人皆是。如同文藝復興時期的義大利佛羅倫斯（Florence）一樣是個人文薈萃的地方，具有其代表性意義。在這裡，光是美術館就有約28個之多[20]。

著名的畢卡索美術館在1963年盛大開館，1970年畢卡索把巴塞隆納

---

[18] 現行西班牙語，我們所謂「西語」（Español），即是以「卡斯迪亞諾」（Castellano）爲主，而巴塞隆納所使用的語言是傳統的「加泰隆尼亞語」（Català）。「加泰隆尼亞語」也是拉丁語系中使用人口有一定比例的語言，除了加泰隆尼亞自治區外，同屬伊比利半島東部鄰近的一些省分及庇里牛斯山區的小國「安道爾侯國」（Principatd'Andorra）也使用加泰隆尼亞語。

[19] 張芳玲總編輯，《西班牙：巴塞隆納・馬德里・賽維亞》，臺北：大雅出版社，2011年12月10日二版，頁118-119。

[20] 何肇衢，《歐洲美術館導覽》，臺北：藝術家出版社，2000年9月二版，頁178。

時代的全部作品，再加上8歲起的初期作品等總數達3,500件，贈送給美術館。這些作品從館內一樓陳列至三樓，畫作從他各個時期的作品皆有展示，依序著年代排列也讓觀眾可以清楚地欣賞到畢卡索每一個時期的轉變[21]。距離美術館不遠的舊城區裡有一條亞維儂街，這題街景就是畢卡索著名立體派畫作1907年的《亞維儂的少女》（*Las señoritas de Avignon*）畫中場景。

3. 美食介紹——伊比利火腿

【圖5-25】中一片片薄小的肉片，就是著名的巴塞隆納「伊比利火腿」。它的外表是金黃色澤，切開裡面則是緋紅的細膩紋理。食用時餐廳師傅會以特製長刀切下薄薄一片，入口滋味甘甜，細膩的油脂在口裡融化，是巴塞隆納當地遠近馳名的一道料理。可與中國的金華火腿相比擬。事實上，「伊比利火腿」是根據豬隻的品種、豬腿的種類與醃製時間來細分[22]，以下是幾種選用的豬隻種類及其製作方式。

伊比利黑蹄豬（Cerdo Ibérico），此一豬種毛色較黑，產量也較少，價格相對高。以此黑蹄豬後腿做出來的即是「伊比利火腿」（Jamón Ibérico）。因為是「黑蹄」（Pata négra）的豬隻做出來的火腿，因而也暱稱它為「Pata négra」。白蹄豬（Cerdo Serrano）則是毛色較白，產量多，價格也相對便宜。而以這種豬隻後腿肉做成的就叫做「塞拉諾火腿」（Jamón Serrano）。再者，豬腿的種類又分兩種，一種為「前腿肉」（Paleta），一種為「後腿肉」（Jamón）。前腿肉一般油脂少、肉質乾，單價也較便宜。而相對的後腿肉油脂較多，內質細膩、肉較多，因此單價也較高。根據醫學證明，這種火腿帶有高含量單元不飽和脂肪酸，能降低血液中的低密度脂蛋白膽固醇。並提高體內有益的高密度脂蛋白膽固

---

[21] 何肇衢，《歐洲美術館導覽》，臺北：藝術家出版社，2000年9月二版，頁182。
[22] 王儷瑾，《巴塞隆納不只高第》，新北市：奇光出版，2016年5月17日，二版六刷，頁48。

醇，是屬於一種相當健康的食品[23]。

※製作方法

　　先將豬腿以粗海鹽醃製，利用鹽來進行脫水即可保存。等到鹽分平均分散於再用熱水刷洗，接著讓醃製過的豬腿肉放置約40天到60天左右。讓散布在豬腿的鹽分慢慢滲透到裡面，一方面也讓豬腿裡面的水分慢慢蒸發出來，然後再讓這製成的火腿自然風乾6到9個月。最後放進地窖讓它進行長時間「陳年醃製」（Envejecimiento en bodega）18到32個月，就像是陳年釀製的酒一樣擺放著。西班牙對於原產地名稱有所謂的「保護制度」（Denominación de origen）。即是保證只有真正出產在某個地區的食物、食品才可以冠上該地區之名稱銷售。這也在於維護產地的商譽，避免誤導消費者，以防購買到低劣的非真正產區食品。根據伊比利火腿的產區命名有：西班牙中部的「Guijuelo伊比利火腿」、西班牙南部的「Huelva伊比利火腿」和「Los Pedroches伊比利火腿」，以及西班牙西部的「Extremadura伊比利火腿」等[24]。

　　要食用西班牙伊比利火腿時，必須要以長刀先仔細地將火腿上的肉一片片切下，如【圖5-24】。這需要刀工與技術，也是一門廚藝的學問，更是西班牙傳統飲食文化的一部分。

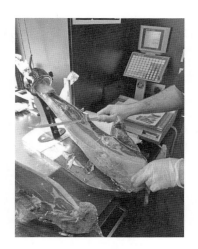

【圖5-24】　伊比利火腿的切片方式

資料來源：許佛山提供

[23] 王儷瑾，《巴塞隆納不只高第》，新北市：奇光出版，2016年5月17日，二版六刷，頁48-49。
[24] 王儷瑾，《巴塞隆納不只高第》，新北市：奇光出版，2016年5月17日，二版六刷，頁50-51。

【圖5-25】　伊比利火腿切片Jamón　　圖【5-26】　巴塞隆納海灘

資料來源：許佛山提供　　　　　　　　　資料來源：許佛山提供

　　另外，瀕臨地中海的巴塞隆納海灘，有著沙灘、陽光，亦充滿著熱情與活力。是個非常吸引人的景點。

4. 美食介紹──加泰隆尼亞「烤大蔥」（Calçots）

　　在加泰隆尼亞除了可以品嚐火腿外，還有一個特別的美食，即是「烤大蔥」（Calçots）。臺灣人愛吃蔥，許多食物、食品都會添加蔥，而遠在歐洲伊比利半島的加泰隆尼亞人也愛吃蔥。以下介紹這一種讓當地人吃起來津津有味的烤大蔥。這類的蔥Calçots比我們臺灣平常食用的蔥還要粗一些，而蔥頭和一整支蔥的大小差不多，約20公分長。這種蔥的味道略帶點甜味而不辛辣。其作法是直接以炭火來燒烤。在吃之前要先圍上專用的圍巾，再來用手抓住大蔥上頭的綠葉，並將底部烤熟的焦黑外皮部分拉除。之後可以看到整根大蔥中間白色蔥心的部分，此即食用的部分。

食用時先將大蔥沾上特製的Romeso醬料，再將其高高舉起後[25]，放入嘴巴即可享用，如【圖5-28】所示。烤大蔥是加泰隆尼亞地區的一道季節菜，大約在每年的2月至3月。其吃法也會搭配一些香腸（Butifarra）、豬肉、牛肉與羊肉等。

【圖5-27】　加泰隆尼亞「烤大蔥」　　【圖5-28】　　「烤大蔥」制式吃法

　　　　　　（Calçots）　　　　　　　　資料來源：許佛山提供

　資料來源：許佛山提供

25 王儷瑾，《巴塞隆納不只高第》，新北市：奇光出版，2016年5月17日，二版六刷，頁54。

（五）奧地利薩爾斯堡（Salzburg）

1. 薩爾斯堡的獨特氣質

　　還未到薩爾斯堡之前，就對於這個曾是電影《眞善美》（*The sounds of Music*）的拍攝地點心生嚮往。記得第一次踏上這個城市的時候，一下車即感受到的一股恬靜、優雅、輕鬆與充滿文藝氣質的感覺。

　　「薩爾斯堡」（Salzburg），字面上的意思爲「鹽」的城堡、「鹽」的城市。這個美麗城市的形成，要追溯到西元八世紀時開始在「薩爾河」（Salzach），即：「鹽河」上游採集鹽礦，因而逐漸形成聚落[26]。薩爾斯河流經城市中央，左岸是最初主教公國統治的領地，以聖彼得修道院爲核心擴展到主教府邸以及山丘上的城堡（FestungHohensalzburg），這也是薩爾斯堡最精華的「舊城區」一帶。薩爾斯河流的右岸則擁有人氣頗夯的景點「米拉貝爾宮」（Schloß Mirabell），宮殿前的「米拉貝爾花園」（Mirabellgarten）更因爲電影《眞善美》（*The sounds of Music*）劇情中，女主角瑪麗亞帶領七個天眞可愛的孩子於此歡唱，因而聞名於世。附近城鎮中的黃色外觀建築「莫札特之家」（Mozart Geburthaus），更是遊客必到的景點之一[27]。

　　再者，位於山丘上的「薩爾斯堡城堡」（Festung Hohensalzburg）是著名的歷史建築，該城堡始建於1077年，起因是大主教賈赫（Gebhard）爲了抵禦巴伐利亞公爵入侵而建。基於此，每位上任的大主教都會爲此城堡或多或少添磚加瓦，直至十六世紀。到薩爾斯堡來一般都會在卡比第廣

---

[26] 在中歐及東歐地區許多國家使用的食鹽來自於「鹽礦」，包括德國南部、波蘭、奧地利等地有許多鹽礦坑。由於歐洲地區氣候較爲乾燥，因此鹽礦尚可保存。有些鹽礦坑有開放民衆參觀，亦有販售「礦鹽」的紀念品。但相較於氣候較爲溼潤的臺灣，一般不建議購買。因回臺後或許氣候潮溼會導致曠鹽變成「液態」狀。

[27] 墨刻編輯部著，林琴惠主編，《奧地利》，臺北：墨刻出版，2014年6月初版，頁108。

【圖5-29】　莫札特之家

【圖5-30】　薩爾斯堡城堡

場（Kapitelplatz）搭乘高速纜車上山，這也是輕快便利的方式[28]。而山丘上的城堡更可以一覽無遺地俯瞰薩爾斯堡美景。入夜時，啤酒屋人潮漸漸集聚。在此可以一邊慢慢品嚐美酒佳餚，一邊欣賞夜景，也不失為此行中最浪漫的回憶。

2. 經典電影——《眞善美》（*The Sound of Music*）拍攝地點

　　這部搭配優美音樂旋律所拍攝的好萊塢電影《眞善美》上映後轟動全世界，至今仍讓許多人回味無窮。這部電影是根據瑪麗亞・奧古斯塔・馮・崔普（Maria Augusta von Trapp, 1905-1987）的傳記《崔普家庭的歌手們》（*The Story of The Trapp Family Singers*, 1949），和一部1958年上映的德國電影《菩提樹》[29]（*Die Trapp-Familie in Amerika*）爲故事藍本改編而成的電影劇本，並邀請1961年因電影《西城故事》（*West Side Story*）而獲得最佳導演的羅伯懷斯擔任導演。並由茱莉・安德魯斯（Julie Andrews, 1935-）飾演一位從小在修道院長大，樂觀進取、活潑開朗的女孩瑪麗亞。茱莉・安德魯斯曾在1964年主演電影《歡樂滿人間》（*Mary Poppins*）而獲得奧斯卡最佳女主教獎。《眞善美》推出之後一直頗受歡迎，其票房直到1978年電影《火爆浪子》（*Grease*）才打破其紀錄[30]。

　　這部好萊塢音樂劇經典名片，作者在求學階段已從許多課堂中觀賞過，該片的確讓人回味無窮。尤其是那膾炙人口的多首代表歌曲，至今仍讓許多人耳熟能詳。該片於1965年上映。除了茱莉・安德魯斯外，男主角則是由克里斯多福・柏麥（Arthur Christopher Orme Plummer, 1929-）飾演家庭中的父親角色。片中以崔普家庭一家人和家庭教師瑪麗亞的故事，

---

[28] 墨刻編輯部著，林琴惠主編，《奧地利》，臺北：墨刻出版，2014年6月初版，頁112。

[29] 中文片名《菩提樹》是直接翻譯自日文。

[30] 墨刻編輯部著，林琴惠主編，《奧地利》，臺北：墨刻出版，2014年6月初版，頁122。

呈現奧地利富有音樂色彩的藝術文化特色。該片也曾爲「歐洲概論」課程選播影片之一，片中許多知名歌曲如：〈Edelweiss〉（小白花）、〈Do Re Mi〉、〈My favorite thing〉、〈Climb every Mountain〉等，至今仍在世界各地不斷傳唱。2001年電影《紅磨坊》（*Moulin Rouge*）片中即有幾首眞善美電影裡之歌曲重新翻唱，足見其在電影音樂之影響力。可惜的是由於時間過長，因此播放次數並不高，實屬遺憾。《眞善美》這部影片彰顯了人性的光輝，相信本片許多學生與老師應該不陌生，是一部可以充分顯現歐洲藝術、音樂、歷史與文化的經典影片。

3. 音樂神童──莫札特（Wolfgang Amadeus Mozart, 1756-1791）

　　關於薩爾斯堡的意象，還有一位大家熟悉的「音樂神童」──莫札特（Wolfgang Amadeus Mozart, 1756-1791）。相信大家對於莫札特應該都相當熟悉，因爲小學的音樂課本裡一定少不了他。他不僅能夠演奏，亦能作曲，當中也汲取各種音樂風格並創作出一首首膾炙人口的曲目。他是十八世紀末古典時期的代表性人物之一[31]。在莫札特諸多的創作作品中，許多曲目給人感覺是一種輕快愉悅，尤其這首令大家耳熟能詳的《G大調弦樂小夜曲》在寧靜的夜晚中聆聽，藉著悠揚的樂聲更有一種足以令人沉醉的魔力。

【圖5-31】　青年時期即已充滿音樂氣質的莫札特

---

[31] 黃健琪，《愛樂讀──18位不朽的西方音樂家》，新北市：康軒文教事業，2017年7月二版二刷，頁31。

　　這首《G大調弦樂小夜曲》作品的誕生，與當時流行的「約會」文化有著密不可分的關係。當時不論是貴族或一般的平民都喜歡「夜曲」這種形式的音樂，每到黃昏或節日慶典，大街小巷就會充滿著這類優美動聽的音樂旋律。通常都是男性向女性訴情的情境之下所搭配的樂風。這首曲子原本主要是以小型室內樂形式的樂器演奏[32]，通常以弦樂器演出爲主。有空的話不妨聽聽看，體驗一下用音樂來詮釋夜晚的浪漫感覺。

（六）比利時布魯塞爾（Bruxelles）

1. 有歐盟首都之美譽

　　布魯塞爾同時也是「歐盟執委會」的所在地，因而又被譽爲歐盟的首都。除此之外布魯塞爾目前也是「北大西洋公約組織」（NATO）的總部所在。這些歐洲重要的政治軍事所在地都在此，相形之下更突顯了這個城市的重要性與代表性。布魯塞爾位於比利時北部地區荷語區的南方，但布魯塞爾基本上以是法語人口爲多數。不過在許多的餐廳、旅館、道路或公共場所的指標與名稱都會有三種語言標示：（1）荷蘭語、（2）法語、（3）弗萊明語（Flemish）等。弗萊明語（Flemish）屬於南荷蘭語系，又俗稱「比利時荷蘭語」（Belgian Dutch）。

　　布魯塞爾是個非常國際化的城市，外國移民人口也不少，更是每年暑假觀光季人潮眾多的歐洲城市之一。雖說整個城市主要是以法語、荷語、弗萊明語爲主，但有時英語也可通行。畢竟其地理位置位於歐陸西北方，往來歐洲眾多國家之間交通也相當便利。「歐洲之星」

---

[32] 黃健琪，《愛樂讀——18位不朽的西方音樂家》，新北市：康軒文教事業，2017年7月二版二刷，頁35。

【圖5-32】 停靠在布魯塞爾Midi車站的「西北列車」（Thalys）

資料來源：作者提供

（Eurostar）列車可通行法國巴黎（Paris），並穿越英吉利海峽海底隧道至英國倫敦（London）。此外，另一列高鐵「西北列車」（Thalys），其航線也可達德國科隆（Köln）、法國巴黎（Paris）以及荷蘭阿姆斯特丹（Amsterdam）等地。

　　有別於臺灣海島國家，歐陸國家中大多國與國之間疆界相連，因此火車運輸就顯得相當重要。在這些歐洲各國連結的高速列車當中，最具代表性的國際航班列車即是在1994年起開始航行於巴黎、倫敦以及布魯塞爾的「歐洲之星」列車。而歐洲著名的高鐵中，還有法國的「TGV」、德國的「ICE」以及義大利的「ETR」等。「西北列車」（Thalys）於1996年正式上路，為一全新概念設計之高速列車，列車頭部分為酒紅色，車身並繪有投擲標槍女性的標誌[33]，十分具有藝術概念與美感。

[33] 三浦幹南、秋山芳弘、原田隆行著，張雲清翻譯，蘇昭旭審訂，《世界高速列車之旅》，臺北：人人出版，2002年4月15日，頁20-21。

2. 可愛的「尿尿小童」（le Petit Julien）銅像

這個位於布魯塞爾市政廳南側的恆溫街（Rue de I'Etuve）和橡樹街（Rue de Chene）的交叉口，就是著名的「尿尿小童」（le Petit Julien）銅像所在。「尿尿小童」位於比利時首都「中央車站」附近，步行即可到達。這尊青銅製的小童在1619年建造，目前已經差不多400歲了。由各方捐贈超過數百件以上的衣服，目前也展示在布魯塞爾市立博物館（亦稱：國王之家Maison du Roi）內[34]。因此「尿尿小童」幾乎每天都會換上不同的服裝，如【圖5-33】，若要看到這一張以原始面貌呈現的小童，其實要靠運氣喔！

【圖5-33】　布魯塞爾尿尿小童

---

[34] 實業之日本社旅遊書海外版編輯部著，許懷文譯，《荷蘭 比利時 盧森堡》，臺北：人人出版，2010年8月第一版第二刷，頁170。

3. 布魯塞爾大廣場（Grand Place）

　　這裡觀光客眾多，「尿尿小童」銅像前的恆溫街（Rue de L'Etuve）直走即可到達著名的「布魯塞爾大廣場」（Grand Place），一般也有人習慣稱其為「黃金廣場」。這個廣場又被法國大文豪譽為「歐洲最美麗之廣場」。除了建築外，該廣場有太多歷史價值的代表，聯合國教科文組織在1998年將其列為世界文化遺產。由於世界各國觀光客眾多，因此恆溫街（Rue de L'Etuve）兩旁到處可見到販售紀念品的店家。尤其布魯塞爾是歐盟執委會主要機構所在，因此在所販售的紀念品中，到處可看到杯子、T恤、鑰匙圈等都印有歐盟「12環狀星旗」的標誌。此外，亦可品嘗此地特有的「鬆餅」，其外觀和臺灣在餐廳所食用的格狀鬆餅一樣，大約是一塊板擦的大小。可添加草莓、蜂蜜等口味，蠻符合臺灣人味蕾。旅行到此地，來一塊鬆餅加上一杯可樂，坐在大廣場周圍看著熙攘人群，亦是一番輕鬆悠閒的享受。

【圖5-34】　布魯塞爾大廣場（Grand Place）（一）

【圖5-35】　布魯塞爾大廣場（Grand Place）（二）

資料來源：楊證富教授提供

　　值得一提的是，「布魯塞爾大廣場」（Grand Place）曾是十五世紀西班牙女王伊莎貝拉（Isabel I la Católica, 1451-1504）、十九世紀法國大文豪維克多・雨果（Victor Marie Hugo, 1802-1885）以及法國詩人波特萊爾（Charles Pierre Baudelaire, 1821-1867）等名人讚嘆不已的地方[35]。

（七）荷蘭馬斯垂克（Maastricht）

　　這裡介紹的馬斯垂克，相信大家已經不陌生了。因為在本書第四章「歐洲統合」單元裡面一直出現的「馬斯垂克條約」（Maastricht

---

[35] 實業之日本社旅遊書海外版編輯部著，許懷文譯，《荷蘭 比利時 盧森堡》，臺北：人人出版，2010年8月第一版第二刷，頁170。

Treaty），也讓這個位於荷蘭的邊界小鎮聲名大噪。

馬斯垂克位在德國與比利時的邊界地帶，是荷蘭東南林堡省
（Limburg）的首府。由於荷蘭爲一「低地國」（Nederland），荷蘭境內
最高山點爲海拔321公尺。而這個東南的省份是荷蘭境內難得被丘陵所環
繞的地方，雖然這樣的高度對於我們生長在多山島國的臺灣而言一般稱爲
丘陵，但當地人習慣將其稱爲「山」。也由於荷蘭國土有別於我們的特殊
性。馬斯垂克城市境內還有馬斯河（Maas）流經，這裡在西元前一世紀
時曾是古羅馬人建的一個渡船地，之後便逐漸發展成爲「歐洲十字路口」
的交通要地[36]。也讓這個位於荷蘭東南部的古都城市見證了許多歐洲文明
的發展。

由於位在邊界地帶，傳統上這城市景致較接近鄰近的法國與德國。馬
斯垂克在十七世紀至十八世紀時曾多次被法國占領，後來重回荷蘭領土。
但1830年發生的歐洲革命風潮中（見第二章：歐洲歷史與文明〈革命的
年代──法國1830年「七月革命」〉與1848年「二月革命」），比利時脫
離荷蘭而獨立。在這一年歐洲的紛爭當中，當地的駐軍選擇了中立，直到
1839年的《倫敦條約》才確立馬斯垂克隸屬於荷蘭領土的地位。而1992
年歐盟高峰會在此舉行，也讓這個小鎮象徵了歐洲統合的劃時代意義。到
此一遊除了參觀馬斯垂克，感受那股純樸寧靜的街景風貌外，附近亦有古
羅馬時期的浴場遺址以及舊城區的中世紀城牆等[37]。

馬斯垂克就像是許多位於歐洲的邊界城市一樣，馬斯垂克亦是一個擁
有多國文化特色的迷人小鎮。這個號稱荷蘭天氣最好的城市，自羅馬帝國
時代就已經開始發展。城內古蹟中有著許多層層相疊於不同時期的城牆，

---

[36] 實業之日本社旅遊書海外版編輯部著，許懷文譯，《荷蘭 比利時 盧森堡》，臺北：人人出版，2010年
8月第一版第二刷，頁142。
[37] 李曉萍、講育荏、墨刻編輯部著，《荷比盧》，臺北：墨刻出版，2016年3月3刷，頁174。

像是靜靜地訴說著馬斯垂克多次抵禦入侵的壯烈歷史。1795年還曾爲法軍占領，在多國文化的交織之下讓這個美麗小鎮醞釀出了其特殊的氣質。如今馬斯垂克已不再是傳統上兵家必爭之地，在城內多處的歷史古蹟中更見證了這個純樸小鎮豐富的歷史[38]。

【圖5-36】　馬斯垂克

「伯尼芳坦博物館」（Bonnefantenmuseum）

　　【圖5-37】造型特別的建築物是座博物館，即馬斯垂克鎮裡最有趣，以及造型最特別的現代建築。是義大利著名建築師亞德・羅西（Aldo Rossi）所設計建造。座落於馬斯河（Meuse River）的東岸。在兩邊對稱的中間豎立一座醒目，類似砲彈造型的金屬圓頂（Dome）。該博物館是座以美術爲主要收藏的美術館，館內館藏以歐洲中古時期至十九世紀，以

---

[38] 趙光華，《荷蘭・阿姆斯特丹》，臺北：太雅生活館出版社，2007年8月1日，頁178。

及現代藝術作品爲主。中古時期的部分
包括了許多雕塑作品、十七世紀1650年
以前北荷蘭地區和義大利藝術大師的繪
畫、十五及十六世紀德國繪畫及雕塑，
還有法國十六至十七世紀法蘭德斯畫派
的作品，展示了包括十九世紀法國著名
繪畫大師秀拉（Georges-Pierre Seurat,
1859-1891）在內的許多藝術名家之
作[39]。

　　由於馬斯垂克位於荷蘭、比利時與
德國邊界上，交通十分方便，只要幾十
分鐘就可以到達另一個國家。距離比利
時的列日（Liege）近在咫尺，距離德國
杜塞爾道夫（Düsseldorf）也不遠。早
餐在此享用，不用幾小時就可以到達盧

【圖5-37】　造型特別的「伯尼芳坦
博物館」（Bonnefanten-
museum）

森堡市區享用午餐，可見其來往各國間的便利[40]。該城市雖小，但對歐洲
統合象徵意義重大，作者第一次到該城旅遊當天剛好是星期天，除了感受
一股小鎮的寧靜與悠閒氣息外，街道十分整潔，並不會像歐洲許多知名景
點，每到假日去參觀任一景點都是滿滿遊客。馬斯垂克從鄰近各國搭乘火
車即可到達。或許自助旅行的時候到此一遊，也可以安排個幾天，順道來
個荷蘭、德國、比利時、法國還有盧森堡等國之旅。也未嘗不是一個絕佳
選擇。

---

[39] 趙光華，《荷蘭‧阿姆斯特丹》，臺北：太雅生活館出版社，2007年8月1日，頁180。
[40] 趙光華，《荷蘭‧阿姆斯特丹》，臺北：太雅生活館出版社，2007年8月1日，頁179。

【圖5-38】　荷蘭邊界小鎮──馬斯垂克

（八）位於東歐的布拉格（Praha）爲捷克首都

　　布拉格是中、東歐國家中古老而典雅的城市，亦是公認世界上最美麗的城市之一。布拉格在二十世紀初的一次大戰後，於1918年成爲捷克共和國的首都。早在十四世紀著名的查理四世（Karl IV, 1316-1378）統治時期，布拉格即是神聖羅馬帝國及波希米亞王國的首都[41]。查理四世並在此建立「布拉格查理大學」（Univerzita Karlova vPraze, 1348），爲歐洲最古老傳統大學之一。從歷史發展上來看，布拉格更是兼具中、東歐地區政治、經濟、教育及文化的重心。

　　布拉格在城市的劃分基本上分爲「舊城區」（StaréMěsto）與「新城區」（Nové Město），「城堡區」與「小城區」（Mala Strana）等四部分。許多古建築物上端高塔聳立，從城市景觀上看來，布拉格又有「百塔

城」之稱。布拉格的小城區保留了中世紀的城市風貌，狹窄的巷弄、石塊砌成的小路、昏暗的煤氣街燈以及小酒鋪等。漫步於此一充滿歷史文物的地方也往往使人不禁發思古之幽情[42]。布拉格新城區在1348年查理四世時期就已經開始規劃了，初步在此建立一個獨立的行政中心。但一直到十九世紀才開始具備現在的規模，由於規劃較晚，使得這個區塊的街道顯得整齊且寬敞，並接近現代化的都市規模[43]。

　　臺灣遊客一般對於布拉格這個城市相信也都不陌生。它從九世紀末以來即是波希米亞王國的首都，一千多年來一直保持著其固有的氣質與美麗。也因為如此，這個具有歷史象徵性的城市，其市區內可以看到幾個世紀以來的代表性建築。舉凡：十一至十三世紀的羅馬式建築、十三至十五世紀的哥德式建築、十五及十六世紀文藝復興時期的建築以及十七世紀後的巴洛克建築等。這麼多精彩豐富，並在各個藝術時期皆有的歷史建築，在眾多時期的建築風格調和之下也讓布拉格展現其特有的城市風貌[44]。

　　查理大橋（Karlův Most）離布拉格舊城區不遠，沿著查理街（Karlovaulice）便可到達。這段狹窄的老舊街道記錄了布拉格舊城的過往記憶。沿路許多店家的老房子大多有百年以上的歷史了。查理大橋是一座始建於十四世紀，橫跨伏爾塔瓦河（Vltava）的石橋，總長有516公尺，寬10公尺，整座橋共有16個橋拱。它有三個橋塔，其中的老城橋塔亦被公認為是世界上最好的哥德式建築代表之一。該橋有30座雕像，這些雕像多半完成於1683至1714年之間。而原件作品為了防止日久風化，現已保存於國家博物館內，如今所看到的多為複製品[45]。若要去查理大橋，最好是清晨或傍晚時刻遊客較為稀少時。此時更可以細細仰望高塔，看著寧

[42] 周力行，《捷克史——波希米亞的傳奇》，臺北：三民書局，2008年4月初版一刷，頁20-21。
[43] 謝明蓉，《捷克‧布拉格》，臺北：太雅出版有限公司，2007年7月1日，頁84。
[44] 地球の步き方編輯室原著，周衷馨譯，《東歐》，臺北：宏觀文化，1998年，頁28。
[45] 維一編著，《再見東歐》，香港：萬里書局，2010年1月，頁97。

【圖5-39】　查理大橋（Karlův Most）

資料來源：蔡裕鎮提供

靜的伏爾塔瓦河，以及欣賞橋上的雕像等，亦不失為一番悠閒的享受。

　　查理大橋（Karlův Most）是座捷克橋梁建築藝術的精華，也是歐洲最美的「古橋」之一。查理大橋是連結舊城區和布拉格城堡區的唯一橋梁，目前僅供行人行走。但在二十世紀以前這裡是往來布拉格舊城區的主要通道，因此早在十二世紀時即有橋建築於此。1357年查理四世對此橋進行改建，據傳查理四世做任何事情都非常嚴謹、仔細，不會忽略任何細節。因此，橋梁的建造有非常明確的記載，比方說建造時間始於1357年7月9日上午5點鐘。這座石橋完工於1402年，在十九世紀的1870年以前都被稱為「石橋」（Kamenny Most）或「布拉格橋」（Prazsky Most）[46]。

　　舊城區廣場是布拉格市區景點中人氣僅次於查理大橋的。這個廣場從西元十世紀開始就是布拉格的核心，但面積並不大，僅約1.7英畝，相當於一個籃球場的大小。不過暑假期間到此一遊的人實在太多，廣場裡也

---

[46] 周力行，《捷克史——波希米亞的傳奇》，臺北：三民書局，2008年4月初版一刷，頁28-29。

【圖5-40】 老城橋塔，搭配自然美景，也令人心曠神怡！

資料來源：蔡裕鎮提供

到處充滿著街頭藝人表演、露天咖啡座以及冰淇淋攤等。在廣場中央有一
座揚・胡斯（Jan Hus）雕像[47]，如【圖5-41】。胡斯因為堅持宗教改革遭
到宗教法庭判處死刑。其事件並引發了捷克（波希米亞地區）歷史上第一
次群眾反抗威權的運動（本書第二章：歐洲歷史與文明，對揚・胡斯有詳
述）。這座雕像在胡斯死後的500年，於1915年7月6日聳立在舊城區廣場
中，取代了原先在此的哈布斯堡王朝紀念柱。而著名的作家法蘭茲・卡夫
卡（Franz Kafka, 1883-1924），其成長的背景幾乎也都圍繞著布拉格舊城
區廣場。不過有趣的是，在卡夫卡小說中所呈現的陰鬱氛圍很難與眼前華
麗的建築風格景象結合[48]。這位被譽為二十世紀歐洲最重要小說家之一的
卡夫卡，與布拉格的關係尤其密切，卡夫卡生於斯，也葬於此。在他小說

[47] 關於15世紀波希米亞宗教家揚・胡斯（Jan Hus）之事蹟，可參閱本書第二章「歐洲歷史與文明」中的
宗教改革。
[48] 謝明蓉，《捷克・布拉格》，臺北：太雅出版有限公司，2007年7月1日，頁43。

中亦常呈現二十世紀初期布拉格市區街景的意象。而這座位於城堡區的
《卡夫卡展示廳》，即是卡夫卡出生的地方──卡夫卡之家。現在則長期
展示他所有的小說初刷版本、手稿、日記與相關圖片等。在此也展示了許
多以不同角度所拍攝的布拉格街景照片。館內還有一個小書店，專賣卡夫
卡小說作品及相關之產品，相關書籍也有各種翻譯版本[49]。

　　除了大學、老橋、傳統街道之外，布拉格還有一座歐洲最大的哥德式
建築教堂之一，這座教堂在1344年由查理四世聘請建築師馬嘉斯・阿拉斯
（Matyášz Arrasu, 1290-1352）所設計建造，建築過程中也如同歐洲各地
中世紀所興建的大型哥德式教堂一般歷經了多次的修建，直到二十世紀的
1929年方才竣工。教堂裡保留了國王的皇冠及加冕用的權杖，波希米亞皇
室的陵寢即安放於此，查理四世逝世後即在此長眠[50]。

【圖5-41】　位於布拉格舊城區廣場裡的揚・胡斯（Jan Hus）雕像

[49] 謝明蓉，《捷克・布拉格》，臺北：太雅出版有限公司，2007年7月1日，頁56。
[50] 周力行，《捷克史──波希米亞的傳奇》，臺北：三民書局，2008年4月初版一刷，頁22。

第六章　結語

在「歐洲概論」課程中，對於學生在了解歐洲的基礎上提供一個完整的資訊平臺。而這個資訊平臺不單單是由授課教師所提供，多年來課堂中參與互動的學生也讓本課程的內容更加多元與精進。畢竟，歐洲研究的範圍暨深且廣，而整體而言，歐洲國家對於當今世界局勢的影響又不容小覷。因此在通識中心開授的人文社會領域或區域研究課程中，歐洲概論實為一門可以引導學生來「認識歐洲」的基礎課程。在一學期十八週的課程裡，會不定時提醒學生在了解歐洲文化的各項學習中，面對眾多的知識領域，何者是「需要」知道的基本常識，像是歐洲國家與歐洲地理位置不能搞錯。其次，哪些又是「一定要」知道的常識，即歐洲有哪些文明、藝術與歷史發展。像是希臘羅馬的文明與文藝復興都是基本的知識議題。再來是絕對不可忽略的「不能不」知道的歐洲相關議題。這些議題會隨著時事、時空環境而「改變」的，也是一種活的知識運用。例如：歐洲時事的發展、歐洲各國的情勢，以及歐洲統合與歐盟的未來等。尤其是時事問題的探討，藉此可以更加深學生對於歐洲的意象。而從這些關於歐洲各種面向的分析與討論，都能不斷地激發我們對於歐洲的了解與認識。

而如何才能在歐洲概論課程中學習到充足的知識與運用呢？這個部分取決於學生對於歐洲文化的興趣，依個人而異。有些同學喜歡音樂、文學與藝術，有些同學則偏好旅遊、餐飲，更有部分同學熱衷政治議題、歐洲各國政府與研究，當然亦有同學對歐洲歷史與文化有極大的興趣。這些都是在歐洲概論課程中，學習歐洲專題與更認識歐洲文化的一股動力。這些各式各樣的興趣也能讓學生在歐洲研究的基礎學習上，真正了解歐洲是什麼？何謂歐洲文化？最重要的是從個人的觀點中確切地說出「歐洲」是什麼！以導引式方法來學習認識歐洲，更能達事半功倍之成效。

何以歐洲文化的認識與學習是重要議題，從歐洲對世界文化的影響及重要性來看，十九世紀至二十世紀藉由海外殖民與貿易的拓展，讓歐洲的文化逐漸在世界各地傳播。舉凡文學、音樂、藝術、醫學與科學等不斷影

響人類文明的發展，在許多層面都對人類的社會有著相當程度的貢獻和影響。不論從國際觀、歷史文明發展、政治文化、經濟與外交等，歐洲的確是一個非常值得研究的議題。開課之動機，也是希望藉由「歐洲概論」課程的知識內容，以及與學生間的互動過程中來彼此了解各自所認識的「歐洲」。或許這種方式也更能夠引起更多想要了解歐洲、對於歐洲議題有興趣的學生一同來加入。這個課程關於歐洲的認識與研究是跨領域的，重要的是在師生間的互動中往往也讓歐洲的相關知識與精彩度更為豐富。總歸，在作者十餘年的授課經驗中所得：「歐洲概論」是一門可以讓師生之間在課堂中彼此發揮所長，相互學習與一同在歐洲的知識領域中成長的最佳園地。

對歐洲文化的認識是學無止境的，畢竟它是存在於人類社會文明發展的一部分，內容豐富精彩。當然本書尚有許多未羅列及未能整理與敘述的部分。例如，在節慶文化方面：法國波爾多紅酒節、德國慕尼黑啤酒節（十月節）、義大利威尼斯面具節、西班牙番茄節、奔牛節等。而體育方面，「足球」應該是令歐洲人最狂熱的球類運動之一。德國（4）、義大利（4）、西班牙（1）、法國（1）與英國（1）分別榮獲過「世足賽」（World Cup）之冠軍，（括號裡標示的數字是獲冠軍次數）。但您可能不知道，荷蘭雖未曾獲得過冠軍，卻有三次世界「亞軍」的紀錄。足見歐洲人對於足球這項運動的喜愛程度。而歐洲著名歷史人物方面，政治上則有羅馬時期的凱撒、屋大維；文藝復興時期義大利的達文西、米開朗基羅等人；以及近代法國的拿破崙、德國俾斯麥等。文學與藝術方面，包括英國大文豪莎士比亞、小說家狄更斯等；法國大仲馬、雨果、莫泊桑等；以及德國湯瑪斯曼、徐四金。音樂文化方面則以：德國音樂家巴哈、貝多芬、布拉姆斯；奧地利作曲家莫札特、約翰·史特勞斯以及舒伯特等人最為人熟悉。舉凡如此不勝枚舉，各領域皆可成一主題進行研究與學習。此一方式可以激發學生想像，並動手研讀資料、找尋資訊，將最精彩的歐洲

議題呈現於課堂上。

　　總言之，歐洲概論的課程內容十分廣泛，在每學期的授課過程中也是教師自我學習的一個最佳空間。本書的出版是作者長年在歐洲方面的各項研究議題、成果與教學經驗。並與同領域學者、教師及授課學生等，對於歐洲文化、各項專業議題有興趣者及專精者一同研究分享的心得結晶。與其說以此書來介紹歐洲、研究歐洲文化，不如說是藉由此書的出版，能讓更多對歐洲議題有興趣的讀者一起來分享歐洲研究與學習的經驗，使歐洲文化的學習能更加多元與豐富。而作者的用意亦在於希望能夠藉此來拋磚引玉，引起更多的共鳴和迴響，讓大家都能夠一同來研究歐洲、探討歐洲文化，了解歐洲相關各類知識，彼此相互學習與賜教。而這也正是本書所要傳達的實質意涵！

　　最後，想再跟各位分享的是：關於歐洲文化的學習與研究，最大動機在於自我本身的興趣與熱情。並培養自己對於廣泛歐洲文化的了解，以增加歐洲各類知識的深度。作者認為，對於歐洲研究的學習精神，應視所有「歐洲」方面相關的議題為重要，即使是再簡單、稀鬆平常的日常知識都要發揮求知欲去學習。在歐洲知識文化的累積中，不論議題是屬於普遍性或專業性，絕對沒有一項是毫無用處的「冷知識」。秉持如此精神來學習歐洲知識、認識歐洲文化，才能在對歐洲的學習與研究上獲得最大成就與快樂。

參考書目

一、中文書目

David Fromkin著，王瓊淑譯，《世界之道——從文明的曙光到21世紀》，臺北：究竟出版社，2000年5月。

Truth In Fantasy著，趙佳譯，《武器屋》，臺北：奇幻基地出版，2016年1月8日四版16.5刷。

丁建弘、李霞著，《普魯士的精神和文化》，臺北：淑馨出版社，1996年8月。

小松田直著，黃秋鳳譯，《圖解世界史》，臺北：易博士文化，2012年5月22日。

方子毓，〈第一次世界大戰前德國外交政策與英德關係——1888-1984〉，《成大歷史學報第38卷》，臺南：國立成功大學歷史學系，2010年5月。

方子毓，《電影不只是電影》，自由時報，2011年9月24日，A15。

王北固，《歐洲版圖與伊斯蘭》，臺北：文苑出版社，2001年8月初版一刷。

王尚德編著，《希臘文明》，臺北：佳赫文化，2010年6月初版一刷。

王曾才，《世界通史》，臺北：三民書局，1996年12月。

王曾才，《西洋近代史》，臺北：正中書局，2000年5月，臺三版第八次印行。

王曾才，《國際史概論》，臺北：三民書局，2008年1月。

安東尼・派格登（Anthony Pagden）著，徐鵬博譯，《西方帝國簡史》，臺北：左岸文化，2004年8月。

呂理州，《學校沒有教的西洋史》，臺北：時報文化出版，2004年9月20日。

周力行，《捷克史——波希米亞的傳奇》，臺北：三民書局，2008年4月初版一刷。

林立樹、蔡英文、陳炯彰編著，《近代西方文明史》，臺北：五南圖書，2002年5月初版一刷。

林立樹，《世界文明史（下）》，臺北：五南圖書，2004年2月，初版。

芮爾夫（Philip Lee Ralph）、Robert E. Lerner、Standish Meacham、Edward Mcnall Burns等合著，薛克強譯，《世界文明史——近代早期的世界》，臺北：五南圖書，2004年9月。

芮爾夫（Philip Lee Ralph）、Robert E. Lerner、Standish Meacham、Edward Mcnall Burns等合著，林姿君譯，《世界文明史——法國大革命、工業革命及其後果》，臺北：五南圖書，2003年11月。

吳于廑、齊世榮主編，毛昭晰、詹天祥、周啟迪、易寧、劉家和、朱龍華、楊巨平、王敦書、施治生等合著，《世界通史——上古篇》，臺北：五南圖書，

2002年6月。

吳圳義，《法國史》，臺北：三民書局，2013年11月增訂二版。

李康武著，陳安譯，《中學生必須認識的世界史》，臺北：聯經出版，2010年3月初版二刷。

李鳳玲，孫秀英編著，《著名發明家和他的發明》，臺北：德格出版社，2001年3月初版一刷。

高階秀爾著，潘襎譯，《法國繪畫史──從文藝復興到世紀末》，臺北：藝術家出版社，1998年1月。

陳正茂、林寶琮，《世界文化史》，臺北：新文京，2001年12月。

張正修，《西洋哲學史──近代哲學》，臺北：財團法人國家展望文教基金會，2006年4月。

張海，《歐洲發展史新釋──從古代到工業革命》，廣州：廣東人民出版社，2002年9月。

孫炳輝、鄭寅達，《德國史綱》，臺北：昭明出版社，2001年3月。

宮布利希著，張榮昌譯，《寫給年輕人的簡明世界史》，臺北：城邦文化，2008年8月19日初版52刷。

宮崎正勝著，黃秋鳳譯，《圖解世界近現代史》，臺北：易博士文化，2012年7月26日二版1刷。

吳滄海，《山東懸案解決之經緯》，臺北：臺灣商務印書館，1987年。

保羅·甘迺迪（Pual Kennedy）著，張春柏、陸乃聖主譯，《霸權興衰史──1500至2000年的經濟變遷與軍事衝突》，臺北：五南圖書，2008年10月二版一刷。

姚忠達，《建築的人文與藝術》，臺北：中興工程科技研究發展基金會，2007年3月。

費夫賀、馬爾坦（Lucien Febvre and Henri-Jean Martin），李鴻志翻譯，《印刷書的誕生》，臺北：貓頭鷹出版社，2005年11月。

喬治·勒費弗爾（Georges Lefebvre）著，沈昭明總編輯，《法國大革命──從革命前夕到拿破崙崛起》，臺北：廣場出版，2016年7月

張廣智，《影視史學》，臺北：揚智文化事業，1998年10月。

趙光華，《荷蘭·阿姆斯特丹》，臺北：太雅生活館出版社，2007年8月1日。

趙麗編著，《一本書讀完英國歷史》，臺北：驛站文化，2012年1月。

維吉爾·希利爾著（Virgill Mores Hillyer），王奕偉譯，《希利爾講世界歷史》，臺北：海鴿文化出版，2017年5月1日一版一刷。

橋本浩著，顏誠廷譯，《圖解科學史》，臺北：易博士文化，2012年8月。

曹若梅編著，《歷史第八堂課：世界人物誌》，臺北：教育測驗出版社。

歷史之謎探究會原著，曾亞雯譯，《2小時讀懂世界歷史》，臺北：商周出版，
　　2012年10月。

羅伯托·瑪格塔（Roberto Margotta）著，李城譯，《醫學的歷史》（*History of*
　　Medicine），臺北：究竟出版社，2005年月。

愛德華·吉朋（Edward Gibbon）著，席代岳譯，《羅馬帝國衰亡史（第一
　　卷）》，臺北：聯經出版，2004年10月。

羅福惠著，《黃禍論》，臺北：立緒文化，2007年6月初版一刷。

楊欣倫主編，《圖說世界文明史》，新北市：人類智庫，2012年3月20日。

Marco Cattaneo, JasminaTrifoni著，鄭群、王琳、黃昆、劉浩等譯，陳秀琴主編，
　　《100藝術的殿堂（The Treasures of Art）》，臺北：閣林國際圖書，2004年10
　　月。

Marco Cattaneo, JasminaTrifoni著，閣林編譯小組翻譯，陳秀琴主編，《100遺失的
　　城市（上）Ancient Civilizations》，臺北：閣林國際圖書，2005年12月。

PacoAsensio著，謝珺容譯，《高第與達利》，臺北：好讀出版，2005年1月15日。

Philippe Thiebaut原著，陳麗卿譯，《高第——創造幻想的建築詩人》，臺北：時報
　　文化出版，2002年6月24日。

Roger Hanoune, John Schied原著，黃雪霞譯，《羅馬人》（NosAncêtres les
　　Romains），臺北：時報文化出版，1999年5月10日，初版一刷。

Vanina著，呂淑蓉譯，《奧賽美術館》，臺北：金鴻兒童文教基金會，2000年12月
　　初版。

文生·梵谷著，雨云譯，《梵谷普羅旺斯信札》，臺北：藝術家出版社，2010年3
　　月。

王岳川主編，《100個影響世紀的偉大建築》，臺中：好讀出版，2004年11月15
　　日。

王裕華，蔡清徽，《遇見世界十大教堂》，臺北：時報文化出版，2015年10月23
　　日。

王富徵主編，光復書局編輯部編印，《高更》，臺北：光復書局，2005年8月再
　　版。

田麗卿主編，范毅舜撰文、攝影，《歐陸教堂巡禮》，臺北：秋雨文化，2003年5
　　月初版二刷。

尼爾·毛律士（Neil Morris）著，閣林翻譯組翻譯，《文藝復興時期的歐洲》，臺
　　北：閣林國際圖書，2010年2月。

何政廣主編，《大衛》，臺北：藝術家出版社，1999年2月。

何政廣主編，《達文西》，臺北：藝術家出版社，1999年6月。

何政廣主編，《拉斐爾》，臺北：藝術家出版社，1999年6月。

何政廣主編，《米開朗基羅》，臺北：藝術家出版社，2008年5月修訂版。

何政廣主編，《彭拖莫──矯飾主義先聲》，臺北：藝術家出版社，2004年9月。

何肇衢，《歐洲美術館導覽》，臺北：藝術家出版社，2000年9月二版。

伍德福特（Susan Woodfort）著，羅通秀譯，《劍橋藝術史（2）希臘與羅馬》，臺北：桂冠圖書，2000年4月。

徐秀菊主編，《藝術領域的課程設計與實踐》，花蓮：國立花蓮師範學院印行，2004年7月。

邵大箴主編，汪曉青校訂，《西方美術欣賞》，臺北：五南圖書，2002年7月。

桐生操著，謝琪瑛譯，《謎樣、不可思議的歐洲歷史》，臺北：究竟出版社，2004年。

艾瑪‧畢格斯（Emma Biggs）著，陳品秀譯，《馬賽克創作技法小百科，The Encyclopedia Mosaic Techniques》，臺北：城邦文化，2005年8月。

艾蜜莉‧柯爾主編，陳鎬等譯，《世界建築經典圖鑑》，臺北：城邦文化，2012年2月。

馮作民，《西洋繪畫史》，臺北：藝術圖書公司，1999年元月30日。

布倫‧阿特列著，牛小婧、鄒瑩譯，《數學與蒙娜麗莎》，臺北：時報文化初版，2007年8月20日。

李明玉發行，王存立統籌，陶心怡、張瑜、徐靖遠翻譯，《一生必遊的100華麗教堂》，臺北：京中玉國際股份有限公司，2008年6月。

阿朗‧塞赫著，謝蕙心譯，《看！畢卡索畫格爾尼卡》，臺北：典藏藝術家出版，2011年6月。

吳介祥，《恣彩歐洲繪畫》，臺北：三民書局，2002年1月。

楊培中發行，《天才藝術家──哥雅》，臺北：閣林國際圖書，2013年7月初版。

高源清（中文版發行人），《牛頓雜誌第9期》，臺北：牛頓雜誌社發行，1984年1月15日出版。

許鐘榮，《西洋繪畫2000年──從新古典主義到後印象派》，臺北：錦繡出版，2001年11月。

理查‧曼奇維茲（Richard Mankiewicz）著，李盈嬌校定、蔡信行翻譯，《數學的故事》，臺北：世潮出版，2004年2月。

羅成典，《西洋現代藝術大師與美學理論》，臺北：秀威資訊科技，2010年6月。

蔣勳，《從羅浮宮看世紀美術》，臺北：臺灣東華書局，2015年6月2版。

蔣勳，《破解米開朗基羅》，臺北：天下遠見出版，2006年10月25日第一版第一次發行。

蔣勳，《破解梵谷》，臺北：天下遠見出版，2009年11月25日第一版第九次印行。

鄭治桂、黃茜芳、曾璐，《360°發現高更》，臺北：原點出版，2010年12月初版一

刷。

蘇俊吉，《西洋美術史》，臺北：正文書局，2005年9月1日。

廖錦祥發行，《閱讀新奇美》，臺南：財團法人奇美博物館基金會，2016年4月初版四刷。

麗莎·戴維森、伊麗莎白·艾爾著，郭雪貞、王尚勝、王雅清翻譯，《巴黎》，臺北：秋雨文化，2005年4月。

蘭伯特（Rosemary Lambert）著，錢成旦譯，《劍橋藝術史——二十世紀》，臺北：桂冠圖書，2000年4月。

謝其淼編撰，《維納斯藝術的故事》，臺北：藝術家出版社，2009年8月。

張心龍，《西洋美術史之旅》，臺北：雄獅圖書，2005年3月二版七刷。

張心龍，《西洋美術史之旅》，臺北：雄獅圖書，2006年8月二版八刷。

廖瓊芳著，何政廣主編，《杜米埃》，臺北：藝術家出版社，2000年11月。

鄭治桂、林韻丰著，《感覺雷諾瓦》，臺北：原點出版，2013年7月。

潘福等編著，《印象主義繪畫》，臺北：藝術家出版社，2001年9月。

Christiann N. Chabot著，何喻芳譯，《貨幣新秀歐元》，臺北：聯經出版，1999年3月二版。

Daniel Levy, Max Pensky, John Topey主編，鄧伯宸譯，《舊歐洲、新歐洲、核心歐洲》，臺北：國立編譯館與立緒文化，2007年10月初版一刷。

方子毓，《德國於當代歐洲經濟整合的角色》，臺北：淡江大學歐盟資訊中心通訊，淡江大學覺生念紀念圖書館發行，2013年12月。

王曾才，《世界現代史（下）》，臺北：三民書局，1999年1月。

王泰銓，《歐洲聯盟法總論》，臺北：台灣智庫，2008年6月。

林信華，《邁向一個新的歐洲社會》，臺北：五南圖書，1999年12月。

林碧娥，《歐洲聯盟第五次擴大之進程研究——以捷克申請加入歐洲聯盟為例》，新北：淡江大學歐洲研究所碩士論文，2003年1月。

林德昌編著，《歐洲聯盟：組織、功能與議題》，臺北：行政院青年輔導委員會編印，2006年7月。

邱晃泉、張炳煌，《歐洲共同體解讀》，臺北：月旦出版，1993年10月。

郭秋慶，《歐洲聯盟概論》，臺北：五南圖書，1999年9月。

施正峰編，《歐盟的廣化與深化》，臺北：前衛出版，2004年7月初版第一刷。

張亞中，《歐洲統合：政府間主義與超國家主義的互動》，臺北：揚智出版，1998年10月。

張福昌，《邁向「歐洲聯盟」之路》，臺北：三民書局，2002年1月。

鄧維禎總校閱（中文版），亞瑟·史列辛格（英文版總編輯），露斯·許芙曼著，諶悠文譯，《狄托》，臺北：鹿橋文化，1995年。

陳麗娟，《歐洲共同體法導論》，臺北：五南圖書，1996年11月。

黃偉峰主編，《歐洲聯盟的組織與運作》，臺北：五南圖書，2003年4月。

黃健琪，《愛樂讀──18位不朽的西方音樂家》，新北市：康軒文教事業，2017年7月二版二刷。

黃得豐，《評估歐債危機之影響與因應方法》，國家政策研究基金會，2011年6月20日。網址：http://www.npf.org.tw/post2/9325。

章鴻康，《歐洲共同體法概論》，臺北：遠流出版社，1991年5月1日。

張維邦，《莫內與「歐洲煤鋼共同體」的建立》，臺北：一橋出版社，2003年12月。

鄒忠科、沈娟娟、蔡裕鎮著，《歐洲聯盟史》，臺北：五南圖書，2011年1月。

Philip Thody著，鄭棨元譯，《歐洲聯盟簡史》，臺北：三民書局，2001年1月。

露特‧賴希史坦（Ruth Reichstein）著，東吳大學德國文化學系翻譯，《歐盟的101個問題（Die 101 wichtigsten Fragen: Die Europäische Union）》，臺北：臺灣商務印書館，2013年4月。

實業之日本社旅遊書海外版編輯部著，許懷文譯，《荷蘭 比利時 盧森堡》，臺北：人人出版，2010年8月第一版第二刷。

遠藤乾著，國立編譯館主譯，姜家雄審閱，王文萱譯，《歐洲統合史》，臺北：五南圖書，2010年7月。

費爾南‧布勞岱爾（Fernand Braudel）著，曾培耿、唐家龍翻譯，《地中海史（第一卷）》，臺北：臺灣商務印書館，2002年6月。

三浦幹南、秋山芳弘、原田隆行著，張雲清翻譯，蘇昭旭審訂，《世界高速列車之旅》，臺北：人人出版，2002年4月15日。

王儷瑾，《巴塞隆納不只高第》，新北市：奇光出版，2016年5月17日，二版六刷。

王瑤琴，《開始看懂羅浮宮＋凡爾賽宮》，臺北：太雅生活館出版社，2009年9月10日。

古智雄主編，《科學與人文的會通──實踐與省思》，花蓮：國立花蓮師範學院，2004年7月。

李曉萍、講育荏、墨刻編輯部著，《荷比盧》，臺北：墨刻出版，2016年3月3刷。

紅山雪夫著，陳昭伶譯，《德國城堡‧街道之旅》，臺北：精英出版社，1998年5月，初版三刷。

地球の步き方編輯室原著，周衷馨譯，《東歐》，臺北：宏觀文化事業股份有限公司，1998年。

劉文雯、朱月華，《歐洲藝術之旅──追尋藝術家的足跡遊歐洲》，臺北：聯經出

版，1997年2月。

黃秀慧主編，陳澄和、蘇瑞屏、王季文、朱紀蓉翻譯，《羅馬》，臺北：遠流出版
　　社，2001年二版一刷。

謝明蓉，《捷克・布拉格》，臺北：太雅出版有限公司，2007年7月1日。

維一編著，《再見東歐》，香港：萬里書局，2010年1月。

張芳玲總編輯，張敏慧主編，《西班牙：巴塞隆納・馬德里・賽維亞》，臺北：大
　　雅出版社，2011年12月10日二版。

墨刻編輯部著，林琴惠主編，《奧地利》，臺北：墨刻出版，2014年6月初版。

蘇瑞銘，《一生至少要去一次的美麗城市——歐洲精選小旅行》，香港：城邦文
　　化，2013年10月。

Peter Collet著，徐健譯，《歐洲人歐洲風》，臺北：方智出版社，1995年2月。

Phillip Lee Ralph, Robert E. Lerner, Standish Meacham, Edward McNall Burns等著，文
　　從蘇譯，《世界文明史——中世紀的世界》，臺北：五南圖書，2003年3月初
　　版一刷。

彼得・柏克（Peter Burke）著，許綏南翻譯，《製作路易十四》，臺北：麥田出
　　版，2005年6月1日，二版一刷。

鄒忠科，《中立國家之新角色——奧地利加入歐洲聯盟與歐洲統合》，臺北：五南
　　圖書，1996年7月初版一刷。

二、外文書目

Beat Hemmi, "*Kaiser Wilhelm und die Reichsregierung im Urteil schweizerischer
　　diplomatischer Berichte 1888-1894*", Zürich: Fretz & Wasmuth Verlag AG, 1964.

Der Brockhaus "*Geschichte" Personen, Daten, Hintergründe,* F. A. Brockhaus
　　Mannheim, Leipzig.

dtv-Atlas," *Weltgeschichte, Band 2 von der Französischen Revolution bis zur Ggenwart*",
　　München: Deutscher Taschenbuch Verlag GmbH, 1966, 1991.

"*Die Große Politik der Europäischen Kabinette, 1871-1914, Band.9*". Berlin: Deutsche
　　Verlagsgesellschaft für Politik und Geschichte M.B.H. W8, 1923.

Douglas Brinkley & Clifford Hackett, "*Jean Monnet-The Path to European Unity*",
　　London: Macmiliam, 1991.

Dr. Klaus Gottheiner, Prof. Dr. Ying-Yen Chung: "*Deutsche Literaturgeschichte von den
　　Anfängen bis 1945*", (Taipei: Kaun Tang International Publication Ltd. 1994).

Eleanor E. Zeff & Ellen B. Pirro, "*The European Union and the Member States*". London:
　　Lynne Rienner, 2001.

Gordon A. Graig, "*Europe since 1815*", Hinsdale, Illinois (USA): The Dryden Press, 1974.

Fernand Braudel, "*Le Méditerranée et le Monde Méditerranéen à l'Époque de Philippe II*", France: 1949(first published). Great Britain: 1972(English translation of second revised edition, Harper Collins Publishers).

Hans Zache (Hrsg.), "*Die Deutschen Kolonien-In Wort und Bild*", Leipizig: Marix Verlag GmbH, 2004.

HagenSchulze, "*Kleine deutsche Geschichte*", München: Deutscher Taschenbuch Verlag GmbH, 2003.

James Chastain, "*The Liberation of sovereign peoples*", Ohio University Press (USA), 1988.

John Rewald," *Post-Impressionism, from van Gogh to Gauguin*", England: Martin & Secker & Warburg Limited, 1974.

John E. Sohrecker, "*Imperialism and Chinese Nationalism: Germany in Shantung*", Cambridge, Mass Harvard University Press, 1971.

Joseph Rovan, "*Geschichte der Deutschen-Von ihren Ursprüngen bis heute*", München: Deutscher Taschenbuch Verlag GmbH & Co. KG, 2001.

Karl Cordell, "*Poland and the European Union*", London: Routledge, 2000.

Klaus-Jürgen Matz, "*Regententabellen zur Weltgeschichte*", München: Verlag C. H. Beck, 1980.

Mrtin McCauley, "*The Soviet Union Under Gorbachev*", Houndmills, Basingstoke, Hampshire, Macmillam Press, 1987.

Priscilla Robertson, "*Revolutions of 1848"*, New Jersey: Princeton University Press, 1952.

Roland N. Stromberg, "*European Intellectual History since 1789(sixth edition)*", New Jersey (USA): Prentice-Hall, Inc. 1994.

Susan Senior Nello & Kare E. Smith, "*The European Union and Central and Eastern Europe*", England: Ashgate publishing Ltd, 1998.

Volker R. Berghahn, "*Imperial Germany, Economy, Society, Culture and Politics*", New York: Berghahn Book, 1994.

"*Tatsachen über Deutschland*", Societäts-Verlag, Frankfurt/Main, 15. Oktober. 1993.

"The Agricultural situation in the European Union", 1999 Report (European Commission).

Thomas Urban, "*Polen, Beck'sche Reihe Länder*", München: Beck, 1998.

三、網路資源

Der Kniefallvon Warschau

http://www.planet-wissen.de/geschichte/persoenlichkeiten/willy_brandt/pwiederkniefallv
onwarschau102.html

歐盟官方網站：*"European Neighbourhood policy and Enlargement Negotiations"*，
https://ec.europa.eu/neighbourhood-enlargement/countries/check-current-status_en

〈長跑十年克羅埃西亞加入歐盟〉，自由電子報，2013年7月1日。

網路資料

http://news.ltn.com.tw/news/world/paper/692819

拉斐爾〈雅典學院〉

https://zh.wikipedia.org/zh-tw/%E6%9C%80%E5%90%8E%E7%9A%84%E6%99%9A
%E9%A4%90_(%E8%BE%BE%E8%8A%AC%E5%A5%87

達文西〈最後的晚餐〉

https://zh.wikipedia.org/zh-tw/%E6%9C%80%E5%90%8E%E7%9A%84%E6%99%9A
%E9%A4%90_(%E8%BE%BE%E8%8A%AC%E5%A5%87)

拿破崙為約瑟芬加冕

https://zh.wikipedia.org/zh-tw/%E6%8B%BF%E7%A0%B4%E4%BB%91%E4%B8%8
0%E4%B8%96#/media/File:Jacques-Louis_David_006.jpg

維基百科

https://zh.wikipedia.org/zh-tw/%E5%A5%A5%E8%AF%BA%E9%9B%B7%C2%
B7%E6%9D%9C%E7%B1%B3%E5%9F%83#/media/File:Honor%C3%A9_
Daumier_-_Gargantua.jpg

〈法國旅遊網站〉：Travel France

https://travelfranceonline.com/statue-of-liberty-ile-aux-cygnes-paris/

維基百科——**Jan Hus**

https://en.wikipedia.org/wiki/Jan_Hus#/media/File:Jan_Hus_2.jpg

維基百科——〈馬其頓阿吉德王朝陸軍〉

https://zh.wikipedia.org/zh-tw/%E9%A6%AC%E5%85%B6%E9%A0%93%E9%98%BF
%E5%90%89%E5%BE%B7%E7%8E%8B%E6%9C%9D%E9%99%B8%E8%BB
%8D#/media/File:Makedonische_phalanx.png

國家圖書館出版品預行編目資料

歐洲概論 / 方子毓著. — 初版. — 臺北
市：五南, 2018.01
　　面；　公分

ISBN 978-957-11-9509-4(平裝)

1.通識教育 2.歷史教育 3.高等教育

525.33　　　　　　　　106022589

1WJ3

歐洲概論

作　　者 ― 方子毓

發 行 人 ― 楊榮川

總 經 理 ― 楊士清

主　　編 ― 陳姿穎

責任編輯 ― 許馨尹

出 版 者 ― 五南圖書出版股份有限公司

地　　址：106台北市大安區和平東路二段339號4樓

電　　話：(02)2705-5066　　傳　　真：(02)2706-6100

網　　址：http://www.wunan.com.tw

電子郵件：wunan@wunan.com.tw

劃撥帳號：01068953

戶　　名：五南圖書出版股份有限公司

法律顧問　林勝安律師事務所　林勝安律師

出版日期　2018年1月初版一刷

定　　價　新臺幣380元